"十四五"职业教育国家规划教材

U0739073

大学生创新创业基础

张敏华 李栋◎主编

马安博 马晶◎副主编

张迪◎主审

微课版 第2版

人民邮电出版社

北京

图书在版编目（CIP）数据

大学生创新创业基础：微课版 / 张敏华，李栋主编.
2版. -- 北京 ：人民邮电出版社，2025. --（高等职业
院校新形态通识教育系列教材）. -- ISBN 978-7-115
-50258-2

Ⅰ. G647.38

中国国家版本馆 CIP 数据核字第 2025UE7263 号

内 容 提 要

本书以通俗易懂的语言、系统的知识和丰富的案例，对创新及创业活动进行了详细的介绍，具体
内容包括创新创业起航、创新意识与创新精神培养、创新思维开发、创新能力与创新方法应用、创新
成果的保护与转化、创业者与创业团队组建、创业机会与风险防范、创业资源与商业模式设计、创业
规划与创业计划书拟定、新企业的创办与管理、创新创业大赛政策与案例分享等内容。

本书采用活页式编排，并提供了大量的案例供大学生学习与参考，有利于引导大学生树立正确的
创业意识，培养创新创业的能力，合理规划自己的创业梦想。本书既可作为高等职业院校"大学生创
新创业"课程的教材，又可供有志于创业的社会人士参考。

◆ 主　　编　张敏华　李　栋
　　副 主 编　马安博　马　晶
　　责任编辑　曹可可
　　责任印制　王　郁　彭志环
◆ 人民邮电出版社出版发行　　北京市丰台区成寿寺路 11 号
　　邮编　100164　电子邮件　315@ptpress.com.cn
　　网址　https://www.ptpress.com.cn
　　涿州市京南印刷厂印刷
◆ 开本：787×1092　1/16
　　印张：13.5　　　　　　　　2025 年 7 月第 2 版
　　字数：343 千字　　　　　　2025 年 9 月河北第 3 次印刷

定价：52.00 元

读者服务热线：(010)81055256　印装质量热线：(010)81055316
反盗版热线：(010)81055315

前　言

创新是当今时代的重要命题，新一轮科技革命和产业变革迅猛发展，人类社会正在进入一个创新引领巨大变革的新经济时代。党的二十大报告提出："完善科技创新体系。坚持创新在我国现代化建设全局中的核心地位。"

大学生是富有朝气、激情、梦想和能力的群体，拥有一定的专业知识和敢于拼搏的勇气，是国家现代化建设的主力军。高校是为社会输送人才的重要渠道，随着创新创业受到社会各界的广泛关注，创新创业型人才培养已成为各高校教育改革的重要方向。深化创新创业教育改革，是高校响应创新驱动发展战略的重要举措和推进高等教育高质量发展的时代使命。为了更好地帮助院校开展相应课程，我们于2021年编写并出版了《大学生创新创业基础（微课版）》一书，获得了良好的反响。

几年后，大学生所面临的创新创业环境已经发生了一定的变化，人工智能产业迅速发展、智能产业全领域落地开花，新能源、AI大模型、新材料、低空经济、量子技术等新质生产力引领下的重点产业都逐步走上了发展的快车道。为了适应这些变化，我们在第1版的基础上进行了修订优化，调整了章节结构、删减了部分冗余的内容、更换了阅读材料，并增添、更新了关于人工智能的新内容和新案例，介绍了最新的"双创"大赛资讯与创业案例等，以帮助大学生更好地开展创业实践与创业活动，进一步提升创业者素质。

本书特色

作为大学生创新创业指导书，与市面上的其他同类书相比，本书的内容和形式具有以下特色。

● **采用活页式设计**。本书既具备传统书的内在逻辑，又具备活页形式的外在结构，符合国家对教材改革的要求。本书可以分为三个部分，一是基础理论，二是实践课堂，三是创业家故事，这三个部分可以自由组合：基础理论相组合就是一本完整的理论指导书；实践课堂相组合就是一本实训手册；创业家故事组合就是一本创业故事集锦。本书采用活页式装订形式，老师可以根据教学需要、行业动态变化、国家政策的调整等自由取出或加入新的内容，大学生也可以添加读书笔记或拆分重要知识点。

● **体例结构新颖**。本书的每个章节，均按照"学习目标—本章导图—案例导入—析例启智—正文—实践课堂—创业家故事"的体例进行编排，符合读者思维习惯，有助于读者吸收知识、掌握技能。

- **案例丰富**。本书在讲解中穿插了大量案例，贯彻每一模块，包括章首的案例导入、正文中穿插的案例阅读及章末的创业家故事，这些案例既包括各个领域的企业家、行业精英的创新创业故事，又包括大学生创新创业案例，这些故事都是真实的，具有很强的可读性和参考性，大学生可以从中得到感悟和启发。此外，本书最后还介绍了在中国国际大学生创新大赛、中国青年创青春大赛等赛事中获奖的真实案例，帮助大学生进一步理解和实践创新创业活动。

- **设计实践课堂与活动**。本书每个模块都提供实践课堂，实践课堂由多个任务组成，任务内容为基于本模块知识的实践，形式丰富，内容有趣，能够引起大学生的兴趣，锻炼大学生的能力。

- **配套资源丰富**。本书配有拓展阅读资源，读者可以通过扫描书中二维码查看。另外，本书还提供了PPT、教学大纲、教学教案和练习题库等配套资源，读者可在人邮教育社区（www.ryjiaoyu.com）搜索书名，在对应页面下载配套资源。

编者与致谢

本书由张敏华编写项目十、十一；李栋编写项目一、二、三；马安博编写项目四、五、六；马晶编写项目七、八、九；张迪负责主审。

本书在编写过程中参考和使用了一些资料，在此谨向这些资料的作者致以诚挚的谢意。

编　者
2024年12月

CONTENTS

///////////////// 目 录 /////////////////

项目一

创新创业起航

本章导图 ↓

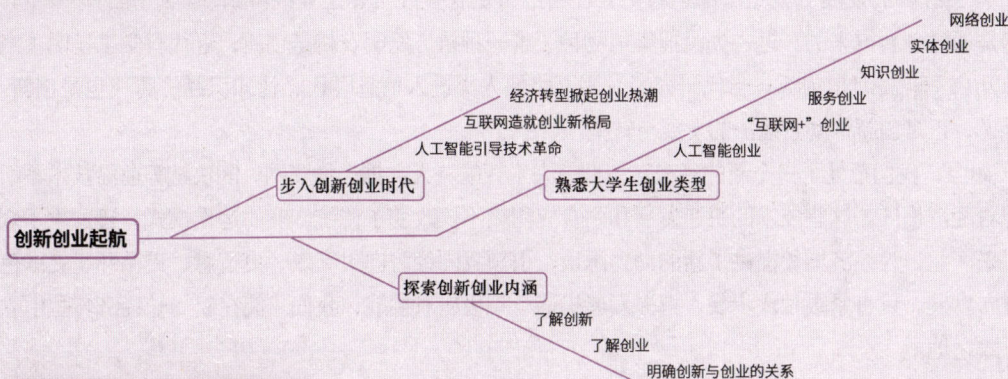

案例导入 ↓

1995 年，29 岁的王传福看准手机电池行业的巨大发展前景，决心辞职创业，在深圳莲塘的一个旧车间里，成立了比亚迪公司。1999 年，比亚迪开发出当时行业内领先的 SC2100P 大电流放电电池，镍镉电池产量达到 1.5 亿支，客户包括诺基亚、爱立信等。

在电池业务风生水起之际，王传福又将目光锁定了汽车，他认为，电动汽车将成为汽车行业的未来。很快，比亚迪进军汽车行业，它一边制造传统燃油汽车，同时也加紧研发电动汽车。2006 年，比亚迪第一款搭载磷酸铁锂电池的 F3e 电动车研发成功，但由于充电问题未能上市。为了解决此问题，比亚迪又于 2008 年推出不依赖充电设备的双模电动车 F3DM，并在 2010 年成功上市，开启了比亚迪新能源汽车的新篇章。随着以电动汽车为代表的新能源汽车的不断发展，比亚迪汽车的销售量也不断攀上新高。2022 年，比亚迪全球总销售量达到 186.35 万辆，成为全球新能源汽车领域的"销冠"。2024 年 11 月，比亚迪实现了 1 000 万辆新能源汽车下线。

析例启智 ↓

2023 年，王传福曾透露，过去 12 年中，有 11 年比亚迪的研发投入超越了当年的净利润，有时甚至是净利润的三到四倍。比亚迪二十余年磨一剑，长期深耕电动汽车行业，终于成为新能源汽车行业的领军者。请同学们搜集与比亚迪新能源汽车发展相关的信息，想一想以下 2 个问题。

（1）比亚迪的新能源汽车为什么能够取得成功？

（2）比亚迪的成功对当代大学生有何启示？

任务一　步入创新创业时代

其实，电动汽车早在 1834 年就已经被发明，但由于技术、成本等各方面原因，燃油车一直是市场的主流。后来由于石油价格提高、空气污染加剧，新能源汽车行业逐渐发展，2012 年中国新能源汽车的销售量仅为 1.2 万辆，4 年后的 2016 年就突破了 50 万辆，2018 年就直接突破了 100 万辆整数关口，到 2020 年后更是井喷式发展。2024 年 11 月 14 日，中国汽车工业协会公布数据称，中国新能源汽车年产销售量已经突破 1 000 万辆。正是随着行业的兴旺，比亚迪新能源汽车也走上了发展的"快车道"。

可见，比亚迪新能源汽车的大获成功，除其自身的努力外，也得益于时代潮流的推动。现在，我们正处在一个"新时代"，创新、创业在华夏大地上蔚然成风，掀起了一股时代浪潮。

一、经济转型掀起创业热潮

社会经济的发展史就是一部创新史，社会经济从农业经济、工业经济到知识经济的每一步转变都是通过创新得来的。远古先民搜集植物种子统一种植、发明农耕是创新；近代科学家发明蒸汽机、开启工业先河是创新；当代研究者发明网络使人类进入信息时代、让知识经济腾飞也是创新。可以说，正是创新推动着经济的发展与转型。

如今，我们正处于一个新的经济转型期，人工智能、大数据、物联网、区块链等前沿技术不断重塑着经济格局。这些技术的快速发展和融合应用，不仅改变了传统产业的运作模式，还催生了众多新兴产业，为经济增长提供了新的动力源泉，引领我国经济向更高效、更智慧、更循环、更绿色的方向发展。只有紧跟时代步伐、把握发展机遇、积极应对挑战，我们才能在新一轮经济转型中立于不败之地。

🔍 案例阅读

科技创新赋能传统产业转型升级

传统纺织业曾一度被视为劳动密集型产业。如今低碳环保和可持续发展已成为全球共识，传统纺织业面临前所未有的挑战，亟须探索新的出路以实现产业的转型升级。在这一过程中，科技创新无疑是关键驱动力。

纤维是纺织业必不可少的原料，主要有两大类。一类是棉、麻、毛、丝等天然纤维，它们主要来源于地表，需要占用大量农田，产量有限；一类是以石油、煤炭等为原料加工而成的合成纤维，它们则需要消耗石油、煤炭等一次性能源，加工过程复杂，极易造成污染，舒适性也相对较差。

为适应绿色环保和可持续发展的需求，研究开发新型生物基化学纤维已成为纺织纤维行业转型升级的关键策略。2023 年末，青岛大学夏延致教授团队的"千吨级纺织用海藻纤维产业化成套技术及装备"项目获得中国纺织工业联合会技术发明一等奖。

自 20 世纪 40 年代起，国外学者便尝试从海藻中制取纤维，但鲜有突破。直至 2004 年，夏延致团队大胆创新，成功从海藻中制取出纤维，并发现其拥有阻燃、抑菌防霉、环保无毒等多重优势。海藻纤维对大肠杆菌、金黄色葡萄球菌的抑菌率高达 99%，其舒适性更是超越棉质，堪与羊绒、丝绸媲美。

夏延致说:"海藻纤维的原材料海带比较容易获得,一亩海田可产 5 至 10 吨淡干海带,能够提取出约 1 至 2 吨纤维级海藻酸钠,而 99% 的纤维级海藻酸钠可加工成海藻纤维,几乎没有副产品。照此计算,一亩海田能制造出的海藻纤维产量大概是一亩棉花田的棉花纤维产量的 4 至 8 倍以上。而且中国海洋面积 2.997 亿公顷,有极广阔的海田待开发利用。"在资源枯竭、自然环境遭受破坏的背景下,开发海藻纤维作为纤维的第三来源,不仅拓宽了行业视野,还是响应"碳达峰与碳中和"国家重大战略的必然选择。这种天然、环保的纤维材料,将为纺织行业的可持续发展注入新动力。

夏延致及其团队秉持脚踏实地的精神,从实验室基础研究起步,实现了多项关键技术从"0"到"1"的突破。他们不仅掌握了纺织服用海藻纤维的全套生产工艺与装备,还成功打通了从上游原料加工到海藻纤维生产,再到下游制品应用的全产业链,为我国构建"海上棉仓"的宏伟蓝图提供了切实可行的路径,更为我国纺织产业的绿色发展开辟了新的道路。

启示:夏延致团队充分利用青岛的海洋资源及纺织产业的优势,通过海藻纤维连接海藻产业与纺织产业,为青岛传统纺织业的转型升级提供了新的样本。

在新的经济转型期,能源消耗和劳动密集型产业将失去优势,知识、信息资源的重要性逐渐凸显,新兴企业将得到更多机会;经济结构的调整必然会打破原有成熟行业的内部平衡,引起成熟行业内部重组,竞争力弱的企业可能会被淘汰,为创新者腾出空间;新需求的出现促使企业不断创新,以满足这些需求;加之政府政策的引导和支持,全国范围内兴起了一波创业热潮。而大规模的创新创业活动进一步推动了经济转型,实现经济社会发展和市场环境优化,人们能更便捷、更广泛、更及时地实现资源共享。每个创业者都应面对经济转型时代的新局面、新问题,了解未来、顺应时代、坚持创新,做时代的"弄潮儿"。

二、互联网造就创业新格局

自建立并普及以来,互联网已经深度融入整个社会,并深刻影响了人们的生产与生活。与此同时,互联网技术的迅猛发展与广泛应用,也在全球范围内催生出全新的商业形态与创业格局。

1. 互联网催生出互联网经济

互联网技术的飞速发展及其在全球范围内的广泛应用,不仅改变了人们的消费习惯、生活方式,还催生了一系列新兴产业,如电子商务、互联网金融、即时通信、搜索引擎、在线视频等,这些依托互联网技术形成的新型经济形态,被统称为互联网经济。

根据 2024 年 8 月 29 日中国互联网络信息中心发布的第 54 次《中国互联网络发展状况统计报告》,2024 年上半年,我国互联网行业保持良好发展势头,互联网基础资源夯实发展根基,数字消费激发内需潜力,数字应用释放创新活力,更多人群接入互联网,共享数字时代的便捷和红利。工业和信息化部《2024 年 1—5 月份互联网和相关服务业运行情况》数据显示,我国规模以上互联网和相关服务企业在 2024 年 1 至 5 月完成互联网业务收入 6 861 亿元,同比增长 5%。可见,互联网经济已成为一种重要的经济形式,在社会经济发展中发挥着巨大的作用。

2. 互联网引导传统产业变革

互联网技术的普及与发展,同样对传统行业产生了深远的影响,促使其在多个层面上发生了根本性的变革。传统零售业依靠互联网实现转型,使消费者可以随时随地通过网络购买商品和服务,成就了线上线下结合的"新零售"。互联网与工业自动化技术相结合，推动了智能制造的发展，企业能够实现生产过程的智能化管理，不仅提高了生产效率和产品质量，还促进了个性化定制生产的发展。在服务模式上，互联网技术的应用促使服务业向个性化和定制化方向发展，通过大数据分析，企业能够更准确地捕捉到用户的需求，提供更加贴心的服务……越来越多的行业借助互联网实现了新的发展。仅以零售业为例，国家统计局数据显示，2024年上半年，我国网上零售额达到70 991亿元，同比增长9.8%。其中，实物商品网上零售额为59 596亿元，同比增长8.8%，占社会消费品零售总额的25.3%。

3. 互联网拓宽了市场边界

第54次《中国互联网络发展状况统计报告》显示，截至2024年6月，我国网民近11亿人（10.996 7亿人），较2023年12月增长742万人，互联网普及率达78.0%。庞大的用户规模，使企业得以借助互联网打破时间和空间的界限，轻松跨越地理界限，即时面向全国乃至全球市场销售产品或服务。这无疑为企业成长提供了更广阔的空间，尤其是对于那些地理位置偏远的小型企业来说，互联网更是它们连接世界市场的桥梁。

4. 互联网促进信息流通

互联网极大地促进了信息的自由流动和即时获取。一方面，企业可以迅速了解到最新的市场动态、消费者需求变化、竞争对手状况等重要信息，为决策提供依据；另一方面，互联网平台信息沟通的便利性能够有效撮合供需双方，例如，众筹平台让有创意但缺乏资金的项目获得支持，人才招聘网站帮助企业快速找到合适的员工。

三、人工智能引导技术革命

人工智能（Artificial Intelligence，AI）是研究开发能够模拟、延伸、扩展人类智能的理论、方法、技术及应用系统的一门新的技术科学，其研究目的是促使智能机器能够会听、会看、会说、会思考、会学习、会行动。相较于传统的技术创新，人工智能不是人类体力的突破与超越，而是大脑智慧的体外拓展与延伸，尤其在自我学习与进化的能力上，它超越了传统信息技术的界限。我国拥有海量的数据资源、雄厚的研究基础和发展迅速的配套教育，这些为人工智能的快速发展奠定了坚实基础。

近年来，在全球人工智能蓬勃发展的态势下，我国也取得了显著成果。深圳市人工智能行业协会组织编写的《2024人工智能发展白皮书》显示，2023年我国人工智能核心产业规模为1 751亿元，同比增长11.9%，人工智能发明专利申请数量接近8万件。

我国的AI大模型如雨后春笋般涌出，如"文心一言""豆包""Kimi"等，展现了数据驱动、泛在应用的智能互联网新生态。人工智能的广泛应用正在深刻改变着各行各业。在政策方面，政府出台条例加强治理，积极推动技术研发和应用；在研发动态方面，大模型技术成为热点，企业、研究机构和高校纷纷推出大模型成果；在落地应用方面，人工智能在办公、娱乐、医疗等领域取得显著进步，从智能推荐、无人驾驶到新药研发、国防安全，人工智能都展现出强大的变革力量。

随着数字中国战略的提出，人工智能技术对实体产业的赋能作用日益凸显。人工智能在各行业的渗透和嵌入能够迅速替代劳动时间长、简单重复及很多人类难以胜任的高精度或高速度的操作性劳动，极大地提高了人类的生产效率，人工智能还具备强大的数据生成与汇聚能力，这一特性将促使数十亿人成为潜在的知识创造者、问题解决者和创新者。此外，人工智能也为人类提供了更高效、更准确和更便捷的服务，从根本上重塑着人类的生活方式，更在优化资源配置、改善公共服务、改善国际格局等多个维度产生深远影响。人工智能正逐步成为提升人类幸福感、促进社会进步的重要力量。

任务二　探索创新创业内涵

比亚迪能够在新能源汽车领域取得成功，是与其数十年如一日的坚持投入与创新研发分不开的。可以说正是不断地创新，使得其产品不断进步，最终才实现了创业的成功。其实，在我们的社会经济中，成功创业的背后，往往有创新作为支撑。很多同学会问，究竟什么是创新？什么是创业？创新和创业之间有什么关系？只有深入探索创新创业的内涵，我们才能了解创新和创业。

微课视频

探索创新创业内涵

一、了解创新

"创新"是一项古已有之的活动，"创新"一词在我国亦早有记载，如《魏书》中的"革弊创新"，《周书》中的"创新改旧"等。我国最早的一部百科词典《广雅》将"创"释义为"始也"，将"新"释义为"与旧相对"，从这个层面来看，创新包含了"新开始"的意义。英语中的"innovation"（创新）一词，最初起源于拉丁语。它包含3层含义：一是更新；二是创造新的事物；三是改变。当然，创新是一个抽象的概念，历史上的很多人都对创新下过不同的定义。

创新被当作一种理论，则始于20世纪。美国经济学家约瑟夫·熊彼特（Joseph Alois Schumpeter）在其1912年的著作《经济发展理论》中，首次将"创新"一词引入经济领域。在该书中，"创新"是指把新的生产要素和生产条件重新组合后引入生产体系，即"建立一种新的生产函数"。在经济领域，创新包含产品、生产、市场、资源和组织5个方面的内容，如图1-1所示。

产品	采用新的产品，即消费者还不熟悉的产品或某种产品的新的品质。
生产	采用新的生产方法，即制造部门在实践中尚未知悉的生产方法，这种新的方法不需要建立在科学新发现的基础上：这种生产方法可以存在于商业上对一种商品进行新的处理中。
市场	开辟新的销售市场，也就是相关国家的制造部门以前不曾进入的市场，这个市场以前可能存在，也可能不存在。
资源	获得原材料或半制成品的新的供应来源，不论这种供应来源是否业已存在（过去没有注意到或认为无法进入），还是需要创造出来。
组织	实现一种新的组织，如造成垄断地位或打破垄断地位。

图1-1　熊彼特的创新理论

熊彼特的这个说法影响广泛，很多研究者在他的基础上对创新做了进一步的解释，取得了很多成果，本书采用这一解释：对创业者而言，创新是创业者着眼于市场潜在的盈利机会，或技术的潜在商业价值，为了获取现实效益，对生产要素和生产条件进行新的组合，提升生产经营体系的效率，从而推出新的产品、新的生产（工艺）方法，开辟新的市场，获得新的原材料或半成品供给来源或建立企业新的组织的过程。企业创新是包括科技、组织、商业和金融等一系列活动的综合过程。

我国在 20 世纪 90 年代就把"创新"一词引入科技领域，形成了知识创新、科技创新等说法，进而又将其扩展到社会生活的各个领域，形成了观念创新、经济创新、商业创新、艺术创新、娱乐创新、通信创新等。

当代大学生的创新，实质上就是使用有别于常规或旧有见解的思维，本着满足社会需求的理念，以别出心裁的方式运用现有的知识和物质，改进或创造新的事物、方法、元素、路径、环境，并获得一定效果的行为。

> **小贴士**
>
> 创新从哲学上说是一种人的创造性实践行为，这种实践行为的目的是增加利益总量，需要对事物、发现进行利用和再创造，特别是对物质世界矛盾的利用和再创造。人类通过对物质世界矛盾的利用和再创造，制造新的矛盾关系，形成新的物质形态。

二、了解创业

"君子创业垂统，为可继也"（语出《孟子》）是我国古人对于创业这一概念的早期表达。在当时，创业的词义为"开创事业"或"创立基业"，随着时间的推移，创业开始专指在商业领域开创事业。大学生想要创业，就需要科学、全面、客观地认识创业。当下，高校毕业生人数逾千万，毕业生就业问题突出，党的二十大报告指出"完善促进创业带动就业的保障制度，支持和规范发展新就业形态"。创业带动就业，不仅可以缓解高校毕业生的就业问题，还能促进灵活就业和新形态就业的发展形势。

《史记》中的《货殖列传》专门记叙了从事"货殖"活动的杰出人物的故事，"货殖"便是经商营利。可见在当时，商业活动已经十分繁荣，很多人已经成了专职的商业"创业者"。现代对创业的定义大部分来源于经济学家——杰弗里·蒂蒙斯（Jeffry A. Timmons）提出的"创业是一种思考、品行素质，杰出才干的行为方式，（创业者）需要在方法上全盘考虑并拥有和谐的领导能力"。哈佛大学教授霍华德·斯蒂文森（Howard Stevenson）则将创业表述为"在不拘泥于资源约束的前提下，追逐机会并创造价值的过程"。

现代管理学认为，创业是创业者对自己拥有的资源或通过努力对能够拥有的资源进行优化整合，从而创造更大经济或社会价值的过程。这是对创业相对规范的阐述，本书也采用这一说法。

三、明确创新与创业的关系

创业的经济价值主要是通过获取利润实现的，而利润就是对资源进行创造性整合和使用，从而产出的超过资源本身的价值，因此，创新是实现利润的主要方式，是创业的灵魂。当创新者进入市场，在资金、资源、信息、经验等条件都不如行业前辈的情况下，想要在市场上立足，赢得市场竞争，都必须依靠创新。因此，虽然创业与创新是两个不同的概念，但存在本质上的契合、内涵上的相互包容和实践过程中的互动发展。

1．创新是创业的基础

"创新理论"鼻祖约瑟夫·熊彼特提出："创业包括创新和未曾尝试过的技术。"创业者只有在创业的过程中具备持续不断的创新思维和创新意识，才可能产生新的富有创意的想法和方案，才可能不断寻求新的模式、新的思路，最终获得创业的成功。没有创新，创业就会沦为单纯"复制"已有企业，无法建立自己独特的竞争优势，也就无法取得成功，创业活动也就失去了存在的意义与价值。

2．创新的价值在于创业

创新的价值在一定程度上表现为将潜在的知识、技术和市场机会转变为现实的生产力，为社会提供新的产品和服务，获得更高的社会效益。创业正是实现这种转化的根本途径，因此创业能够实现创新的价值。

3．创新能促进创业事业的发展

创新是推动创业企业发展的重要力量，主要体现在以下三个方面。

（1）创新可以帮助创业者开拓市场。消费者有不同的消费需求，通过创新，企业可以满足消费者的新需求。例如，为了满足"淘金客"的需要，发明结实耐磨的牛仔裤，从而开辟了工装裤的新市场。此外，创新还能够解决以前未能解决的问题，例如，为了解决鱼类长途运输中死亡的问题，进行人工增氧，从而将鱼类产品投放到更远的市场上。

（2）创新可以帮助创业者获得竞争优势。在市场经济中，企业无不面临竞争，只有在竞争中占据优势的企业才能够存在并发展。创新可以提高产品的性能，拓展产品的功能，增强产品的竞争力。创新也有利于降低生产、储存、运输等成本，降低销售价格。创新的宣传有助于企业扩大知名度，吸引更多用户。

（3）创新可以帮助创业者赢得消费者。创新能够帮助创业者开发独特、前沿的产品和服务，吸引消费者；新奇的产品和服务能够给消费者新的消费体验，激发消费者的购买欲望；创新能够给消费者留下深刻的印象，消费者的口口相传有助于促进企业的口碑建设。

4．创业推动并深化创新

创业可以推动新发明、新产品或新服务的不断涌现，创造出新的市场需求，从而推动和深化各方面的创新，因而也就提高了企业甚至是全社会的创新能力，推动了经济的增长。

综上所述，创新与创业是有机联系、相辅相成的整体。创新是创业的基础和动力，创业是创新的实践，创业只有在不断创新中才能取得长久的发展。

🔔 **小贴士**

创新和创业是通过创新者而关联在一起的。可以说，创新者也许不是发明家，但他们一定是能够发现潜在利益、敢于冒险并具备组织能力的企业家。创业之初，创新者需要将创新成果转化为生产力，继而向创业的道路迈进。

身处良好创业环境中的创业者利用创业资源将创新落实到创业的过程就是技术创新转化的过程。这个过程涉及创新构思的产生、技术的研究开发、技术管理、生产制造、市场营销及用户体验等一系列活动，这些活动相互联系、相互作用，完成了由创新到创业的转化。

任务三　熟悉大学生创业类型

微课视频

熟悉大学生创业类型

比亚迪通过自行研发、制造产品并向外销售获取利润，这是一种比较传统的创业方式。而对于今天的大学生而言，创业可以采取更为多样的方式。下面将介绍大学生常见的几种创业方式，熟悉大学生创业的类型，能够帮助大学生审视自身的优势与劣势，选择最适合自己的创业方式。

一、网络创业

网络创业是指利用互联网技术开展商业活动，实现创业目标的一种方式。随着互联网的普及和技术的发展，网络创业已经成为越来越多人的选择。网络创业通常成本较低、市场范围广、进入门槛相对较低，是大学生创业的最佳选择之一。

1. 网店创业

网店创业是依托市面上的网络购物平台，如淘宝、京东、拼多多等，在平台上开设自己的网店，售卖商品的创业方式。在顾客下单后，商家将商品打包，并通过快递的方式交付，顾客收到货物后即完成交易。

2. 自媒体创业

近年来，随着视频类新媒体产品在社交平台的裂变式推广，越来越多的大学生选择加入社交平台成为一名UP主（uploader，上传者，指在视频网站、论坛等站点上传视频、音频文件的人），他们借此吸引粉丝，进而实现商业变现。对于大学生来说，自媒体创业不仅可以发挥个人特长，还能积累社会经验，提升综合能力。

案例阅读

"玉静妹妹"：大学生美食自媒体

"屏幕上一个戴着眼镜胖乎乎的姑娘正在一家美食店里大快朵颐，边吃边抬头对着手机说话，每样东西吃之前都要在手机前展示一下，然后再被她快速消灭掉。"抖音、B站美食账号"玉静妹妹"每个视频几乎都是这样的画面，而"玉静妹妹"账号的运营者就是洛阳某学院大学生李玉静。

"因为我吃饭很香，加上我本身很喜欢美食，所以就萌生了做自媒体账号的想法，在探寻发展机会的同时，又能吃到自己喜欢吃的东西，是个不错的选择。"李玉静分享自己做自媒体的初衷。彼时，她的哥哥在一家互联网公司就职，略懂一点自媒体运营。兄妹俩一拍即合，利用周末和晚上的课余时间，哥哥拍摄，妹妹出镜，"玉静妹妹"美食账号正式启动。

在账号运营的初期，"玉静妹妹"反响平平，直到一条零食超市视频，凭着独特的爆点和有讨论性的内容，得到了大量的曝光与流量，最终获得了百万浏览量与上万点赞。这让李玉静备受鼓舞，她认为，创业让她不仅在一定程度上实现经济自由，还可以做很多自己想做的事情；她的精神世界也更加自由，人生履历也变得越来越丰富。在未来的规划和发展方向上，她决定专职做自媒体博主，不再局限于在洛阳做美食类的视频，而是面向全国各地做出一些新的尝试。

启示：李玉静基于自己的热爱，利用课余时间拍摄短视频，进行自媒体创作，取得了不错的成果，锻炼了自己，也明确了自己未来的发展道路。

3. 个人创作创业

很多大学生都有自己的一技之长，如数字绘画、配音、剪辑、写作等，这些大学生就可以通过网络平台与顾客进行交易，将自己的作品出售，或者按照顾客的要求进行创作，这样也能获得收入，实现创业。通过网络进行个人创作创业，投入小，成本低，只需要一台计算机就能够起步，是非常适合大学生的创业方式。

案例阅读

"00后"网文作家"季越人"

2024年的夏天，当很多同龄人还在找工作时，某大学2020级房地产开发与管理专业的一名普通本科生季越人（笔名）就已经凭借写网络小说获得了百万稿酬。

受家庭环境熏陶，自幼喜爱文学的季越人一直对写作充满兴趣。"大学前两年主要写写短篇，大三假期刚好有时间，看了相关的书就想着自己试着写一下长篇。"季越人说。于是，2022年10月，他开始在起点中文网连载自己的长篇网络小说。令人意想不到的是，这本小说一经推出就广受欢迎，更新不过三个月，季越人很快拿到了每月5 000元的稿费。到2024年，季越人已经写作超200万字，长期位列网站排行榜前十。

对于未来的创作，季越人希望自己能够在网络小说写作中融入更多现实思考，向着严肃小说的方向靠近。处在大四毕业的十字路口，他也在认真考虑以后全职写作。他说："热爱变成工作，或许会失去最初那份纯粹的快乐，但即使面临挑战，也会比从事不热爱的工作来得轻松和满足。"

启示： 季越人凭借自己的热爱和坚持，通过网文写作发挥了自己的天赋，获得了读者的认可，同时也获得了经济报酬。当代大学生应该勇于尝试和创新，利用现代科技和平台，为自己创造更多的机会。

二、实体创业

实体创业是指在现实世界中建立和运营企业的过程，这通常涉及开设实体店铺、生产实体产品或提供具体的服务。与通过互联网创业相比，实体创业可能需要更多的初始投资，并且在选址、租赁、装修、库存管理等方面面临更多挑战。按照实体创业的规模，大学生常见的实体创业可以分为摊贩型创业、居家型创业、门店型创业和小微企业型创业。

1. 摊贩型创业

摊贩型创业是一种成本相对较低、灵活性高的创业形式，通常为在街头、夜市、景区、车站等人流量较大的地方设置临时或固定的摊位，销售商品或提供服务。这种创业模式所需的资金较少，且具有很高的灵活性，已成为许多人特别是初次创业者实现创业梦想的首选途径。

2. 居家型创业

居家型创业是指创业者在家中或其他适合工作的场所进行创业活动的一种模式，比如家庭烘焙、手工艺品制作等。其利用家庭住所作为经营场所，减少了租金等固定成本，且可以根据个人的生活习惯和工作效率来安排工作时间和地点，不受传统办公环境的限制，为创业者提供了更多的灵活性。

3. 门店型创业

门店型创业是指创业者通过开设实体店铺来进行商业活动的一种创业模式。这种模式通常为租赁或购买商铺，进行装修和布置，然后提供产品或服务给顾客。门店型创业是传统且常见的创业方式，适用于多种行业，如零售、餐饮等。

相较于摊贩型创业和居家型创业，门店型创业通常需要更高的初始投资，包括租金、装修等，但是门店是一个固定的经营场所，提供了一个实体的空间，有助于建立稳定的客户基础。

🔍 案例阅读

陈家欢：用紫砂壶打造年轻人的文化空间

春节刚过，寒气依旧侵袭着江南，江苏省宜兴市丁蜀镇一家名为"相见欢"的茶空间里却热闹非凡。创始人"90后"姑娘陈家欢忙里忙外招呼着客人，这里是她创业梦开始的地方。

丁蜀镇，这座以紫砂闻名于世的江南小镇，曾是宜兴陶瓷制作的发祥地。陈家欢从记事起，就听父母一遍遍讲述"陶朱公"的故事——相传范蠡助越王灭吴后，退隐此地，带领当地百姓采泥做坯、筑窑烧陶，成为一段佳话。

长大后，陈家欢发现一起度过学生时代的朋友，基本上都在北上广深做体面的工作，与父辈制陶事业渐行渐远。"我也必须沿着这样的人生轨迹吗？"陈家欢从心底问自己。"回溯读书生涯，我总觉得遇到的优秀中华文化、精神和哲思，都需要用器物进行落地的表达，而紫砂壶恰恰能够成为一个文化阐释与魅力呈现的载体，"陈家欢说，"在'传播力就是影响力'的时代，更要求我们中国青年不断发声，向着更辽阔的天地传承、表达中国文化。"

可是，父亲做了一辈子紫砂壶，深谙做壶的艰辛，常劝她不要轻易"入坑"。宜兴本地也有"一把壶做三年"的说法——三年来，除了练基本功，还要跟着师傅同吃同住、打扫庭院。这种说法着实吓跑了不少人，但陈家欢义无反顾地投身其中。

在完成第一件作品并得到父亲的认可后，陈家欢留在家乡正式创业，她以"相见欢"为名打造自己的茶空间。紫砂壶曾一度作为奢侈品被束之高阁，老百姓难以接触到，所以她的想法很简单，就是做年轻人日常可以用的紫砂壶。

志同道合的朋友为她的创作提供了不少灵感。有一年春天，她和朋友背上茶筐，在宜兴游山玩水，朋友提议做一只适合女孩子捧在掌心的小壶。回去后，她翻阅典籍，随即开始画图制作。不久，一款名为"小宫灯"的紫砂壶问世。

"有趣才有生命力，才能打动人，"在她看来，年轻人心中都存在一个远离尘世喧嚣的美好小世界，紫砂壶与茶文化能够满足他们的精神追寻，"'小宫灯'虽小，甚至不少人乍一看以为是玩具，但足以容下胸中乾坤，养护小壶其实也是在滋养人的精神家园。"

从创业那一刻起，陈家欢一直尝试紫砂文化的年轻化表达，并以紫砂为媒介，汇聚青年才俊，一起向世界传播当代中国的文化自信。在她的打理下，"相见欢"茶空间里也迎来了很多外国友人来一睹宜兴紫砂壶的容颜。"希望通过紫砂文化，让中国与世界相遇，相见欢。"她说。

启示：陈家欢开设"相见欢"茶空间，将传统技艺与现代消费需求结合，以有趣的文化表达来打动人，让传统文化焕发新的生机，同时也实现了自己的创业梦想。追梦的路上充满了挑战，但只要我们坚定信念，勇于尝试，就能够实现自己的梦想。

4. 小微企业型创业

所谓小微企业，是指在中华人民共和国境内依法设立的，人员规模、经营规模相对较小的企业。小微企业型创业是指创业者通过创办小型企业或微型企业，开展商业活动的一种创业形式。很多大学毕业生以开办补习班、艺术工作室、摄影工作室、手工艺品作坊等方式创业，就属于小微企业型创业。

三、知识创业

知识创业是指创业者利用自身拥有的专业知识、技能和经验，通过创新的方式将知识转化为商业价值的过程。这种创业模式强调知识和智力资本的重要性，通常涉及高科技、教育、咨询、文化创意等领域。

大学生往往拥有特定领域的专业知识，如计算机科学、工程学、艺术设计等，且往往更倾向于采用新技术、新方法解决问题，因此大学生是当前知识创业的主力军。大学生常见的知识创业方向包括应用程序（App、小程序等）独立开发、网站建设、个人咨询服务等。

四、服务创业

服务创业是指创业者通过提供各种服务来创造商业价值的一种创业模式。这种创业模式通常涉及专业技能、客户关系管理和服务质量的持续提升。服务创业的范围非常广泛，几乎涵盖所有需要人际互动和专业技能的行业。

案例阅读

大学"宿舍经济"兴起

近年来，一种新型的营销模式——"宿舍经济"在大学校园里正逐渐兴起并蓬勃发展，一些大学生利用自己的技能爱好和空余时间，在宿舍干起了自己的小生意。

大学生可馨，凭借自己优秀的化妆技术，在大一时就利用闲暇时间做起了宿舍约妆。"一开始我是免费给大家化妆的，因为这样可以积累经验和口碑，随后逐渐开始收费，慢慢提升价格，"可馨说，"初期一个月只有几百元，旺季集中在周末和毕业季，最好的月份可达到3 000多元。收入有季节性，一般来讲有很大波动。"

小韩从大二开始就做校园跑腿儿，以及代买代购的业务。小韩说："大二时想着搞点零花钱，校园外卖、校园跑腿、抢演唱会的票，还有卖电影票、返乡大巴票都做。自己弄个电动车在学校送外卖，送到宿舍楼下一单是一两块钱不等。"

某学院的学生孙愉从大一开始给自己和朋友做美甲，在朋友的建议下迈出了宿舍美甲的第一步；某师范大学的刘洛在宿舍楼内提供打印服务；有的同学提供足不出户的便捷干洗服务……如今的大学校园里，不少大学生充分利用自己的特长和空余时间，将宿舍变成了创业的舞台，做起了"宿舍经济"的小生意。

启示：这些"宿舍经济"大多属于微小规模的服务型创业，在宿舍中创业，起点低、投入小，但也能锻炼自身的能力并获得一定的经济收益，为日后的个人发展打下基础。

五、"互联网+"创业

"互联网+"是依托互联网信息技术实现互联网与传统产业深入融合的一种模式，是互联网技术在知识信息时代中的进一步发展和应用，是互联网开放、平等、互动等网络特性在传统产业中的运用。

2015年7月4日，国务院印发《关于积极推进"互联网+"行动的指导意见》（国发〔2015〕40号），明确了"互联网+"的11个重点行动领域：创业创新、协同制造、现代农业、智慧能源、普惠金融、益民服务、高效物流、电子商务、便捷交通、绿色生态、人工智能。借助"互联网+"，各个行业和领域都可以与互联网的创新成果深度融合，通过优化生产要素、更新业务体系、重构商业模式等途径，以产业升级增强经济生产力和发展动力，提升效益，从而实现经济的全面转型和升级，为创新创业提供无限可能。

大学生是具有较高知识水平，对与互联网相关的技术较为熟悉的群体，也应该充分发挥自身优势，投身到"互联网+"创业的大潮中，实现自己的创业梦想。

🔔 小贴士

"互联网+"作为一种推动传统产业转型升级的新型发展模式，其应用领域不断扩展，近年来还在以下多个新兴领域展现出新的活力和发展潜力。

（1）"互联网+"工业：工业互联网平台、工业App等应用不断深化，推动制造业向智能化、网络化、服务化方向发展。通过大数据分析优化生产流程，提高生产效率和产品质量。

（2）"互联网+"文化：为用户提供更加沉浸式体验的数字博物馆、在线展览等让文化遗产得以数字化保存并广泛传播，传统文化借助互联网平台获得了新生，吸引了更多年轻受众。

（3）"互联网+"政务：全国一体化在线政务服务平台建设不断完善，政务服务事项逐步实现"一网通办""跨省通办"，政府在线服务能力显著提升。

（4）"互联网+"环境保护：智能监测、大数据分析等技术的应用不断提升环保工作的效率和准确性。通过"互联网+"手段加强环保监管和治理，推动生态文明建设向更高水平迈进。

（5）"互联网+"养老：智慧养老服务平台、可穿戴健康监测设备等让老年人享受更加贴心的服务。通过互联网技术，养老服务变得更加人性化、智能化。

六、人工智能创业

随着以生成式大模型为代表的人工智能（AI）技术取得突破和愈加广泛的应用，利用人工智能进行创业也成为一种新的创业方式。中国互联网络信息中心发布的《生成式人工智能应用发展报告（2024）》显示，截至2024年6月，我国生成式人工智能产品的用户规模已达2.3亿人，相关企业超过4500家，核心产业规模已接近6000亿元。

各行各业正在积极拥抱生成式人工智能带来的智能化升级浪潮：制造业利用人工智能改进生产线，提高生产效率；服务业启用人工智能客服，大大节约了人力；金融行业利用人工智能技术完善风险防控机制，实现了风险的高效识别……目前人工智能正在朝着垂直领域细化发展。人工智能创业项目广泛的市场应用前景，无疑为希望在这个充满活力和技术变革的时代实现梦想的创业者提供了发展机遇。

实践课堂

实训一 举办创业故事分享比赛

古往今来有许多创业者留下了十分精彩的创业故事，通过了解这些真实的故事，同学们能更深刻地认识创业。请同学们按照以下步骤完成活动。

1. 请同学们自行分组，并如实填写分组信息。

（1）小组人数：＿＿＿＿＿＿＿＿＿人（不超过 5 人）

（2）小组组长：＿＿＿＿＿＿＿＿＿

（3）小组成员：＿＿＿＿＿＿＿＿＿＿＿＿＿＿＿＿＿＿＿＿

2. 每小组自主收集相关材料，整理出真实的创业故事，并如实填写以下信息。

（1）为什么选择该故事？

＿＿＿＿＿＿＿＿＿＿＿＿＿＿＿＿＿＿＿＿＿＿＿＿＿＿＿＿＿＿＿＿

＿＿＿＿＿＿＿＿＿＿＿＿＿＿＿＿＿＿＿＿＿＿＿＿＿＿＿＿＿＿＿＿

（2）该故事的主题是什么？

＿＿＿＿＿＿＿＿＿＿＿＿＿＿＿＿＿＿＿＿＿＿＿＿＿＿＿＿＿＿＿＿

＿＿＿＿＿＿＿＿＿＿＿＿＿＿＿＿＿＿＿＿＿＿＿＿＿＿＿＿＿＿＿＿

3. 每小组分别到讲台上分享创业故事（总时间不超过 10 分钟），要求每位小组成员都必须发言，并如实填写以下信息。

（1）你在小组中担任的角色：＿＿＿＿＿＿＿＿＿＿＿＿＿＿＿＿

（2）你在小组中负责的工作：＿＿＿＿＿＿＿＿＿＿＿＿＿＿＿＿

（3）你在比赛中讲解的故事的主要内容：＿＿＿＿＿＿＿＿＿＿＿＿＿

＿＿＿＿＿＿＿＿＿＿＿＿＿＿＿＿＿＿＿＿＿＿＿＿＿＿＿＿＿＿＿＿

＿＿＿＿＿＿＿＿＿＿＿＿＿＿＿＿＿＿＿＿＿＿＿＿＿＿＿＿＿＿＿＿

4. 每小组按表 1-1 所示的评分表给其他小组打分，评出本次比赛的前 3 名。

表 1-1 评分表

被评小组：	成员：		总分：100 分	
评分表				
序号	内容	分值	打分	理由
1	主题是否突出、鲜明、深刻	15		
2	情节是否完整、具有吸引力	10		
3	表述是否准确、富有逻辑	10		
4	语言是否规范	10		

被评小组：	成员：		总分：100 分	
评分表				
序号	内容	分值	打分	理由
5	口齿是否清晰	10		
6	普通话是否标准	10		
7	表达是否流畅	10		
8	情绪渲染是否到位	10		
9	仪表举止是否端正	10		
10	时间是否控制在 5～10 分钟	5		
最终得分：				
				评分小组：

5. 赛后感想。请每位同学写下参加该活动的感想，写一写自己对创业有了哪些新的认识。

_____

_____

_____

_____

_____

_____

_____

_____

_____

_____

_____

_____

_____

_____

_____

_____

_____

_____

_____

实训二　调查创业案例

其实，在我们身边，也有很多创业者，他们各自的创业故事不同，请同学们结成小组，选择一个创业案例，进行实地调查。

1. 请同学们自行分组，并如实填写分组信息。

（1）小组人数：＿＿＿＿＿＿＿＿＿＿人（不超过 5 人）

（2）小组组长：＿＿＿＿＿＿＿＿＿

（3）小组成员：＿＿＿＿＿＿＿＿＿＿＿＿＿＿＿＿＿＿＿＿＿＿＿＿

2. 请同学们进行小组讨论，选择一个调查对象。调查对象可以是能接触到的任意创业者。选定调查对象后，搜集其基本信息，填在下面。

＿＿＿＿＿＿＿＿＿＿＿＿＿＿＿＿＿＿＿＿＿＿＿＿＿＿＿＿＿＿＿＿

＿＿＿＿＿＿＿＿＿＿＿＿＿＿＿＿＿＿＿＿＿＿＿＿＿＿＿＿＿＿＿＿

＿＿＿＿＿＿＿＿＿＿＿＿＿＿＿＿＿＿＿＿＿＿＿＿＿＿＿＿＿＿＿＿

＿＿＿＿＿＿＿＿＿＿＿＿＿＿＿＿＿＿＿＿＿＿＿＿＿＿＿＿＿＿＿＿

3. 如果有条件，尽量安排一次面对面的访谈或视频会议，直接与创业者对话。在交流中，了解创业者的创业动机、创业经历、遭遇的困难与解决办法、创业心路历程，以及其对创业的看法等。

＿＿＿＿＿＿＿＿＿＿＿＿＿＿＿＿＿＿＿＿＿＿＿＿＿＿＿＿＿＿＿＿

＿＿＿＿＿＿＿＿＿＿＿＿＿＿＿＿＿＿＿＿＿＿＿＿＿＿＿＿＿＿＿＿

＿＿＿＿＿＿＿＿＿＿＿＿＿＿＿＿＿＿＿＿＿＿＿＿＿＿＿＿＿＿＿＿

＿＿＿＿＿＿＿＿＿＿＿＿＿＿＿＿＿＿＿＿＿＿＿＿＿＿＿＿＿＿＿＿

＿＿＿＿＿＿＿＿＿＿＿＿＿＿＿＿＿＿＿＿＿＿＿＿＿＿＿＿＿＿＿＿

＿＿＿＿＿＿＿＿＿＿＿＿＿＿＿＿＿＿＿＿＿＿＿＿＿＿＿＿＿＿＿＿

4. 各小组基于收集到的信息和个人见解编写一份详细的调查报告，每个小组向全班同学汇报研究成果，分享过程中可以采用 PPT 演示、视频等形式增加互动性。待所有小组都分享完毕后，大家畅所欲言，谈谈自己的体会与收获。

＿＿＿＿＿＿＿＿＿＿＿＿＿＿＿＿＿＿＿＿＿＿＿＿＿＿＿＿＿＿＿＿

＿＿＿＿＿＿＿＿＿＿＿＿＿＿＿＿＿＿＿＿＿＿＿＿＿＿＿＿＿＿＿＿

＿＿＿＿＿＿＿＿＿＿＿＿＿＿＿＿＿＿＿＿＿＿＿＿＿＿＿＿＿＿＿＿

＿＿＿＿＿＿＿＿＿＿＿＿＿＿＿＿＿＿＿＿＿＿＿＿＿＿＿＿＿＿＿＿

＿＿＿＿＿＿＿＿＿＿＿＿＿＿＿＿＿＿＿＿＿＿＿＿＿＿＿＿＿＿＿＿

＿＿＿＿＿＿＿＿＿＿＿＿＿＿＿＿＿＿＿＿＿＿＿＿＿＿＿＿＿＿＿＿

创业家故事："00后"杜俊豪的民宿创业

满山的绿色，溪水叮咚，一年四季常青，"00后"职校生杜俊豪在一次偶然的旅行中来到了位于浙江省磐安县的浙中大峡谷，当即便沉醉于无边美景之中。

明明这么美，为什么吸引不来游客？在游玩过程中这个问题一直在他的脑海中盘旋。他发现尽管这里的民宿很多，但由于宣传力度不够，很多人不知道还有如此静谧之地。"我觉得这在当地是一片很大的蓝海"，他敏锐地察觉到了在这里做民宿的巨大潜力。

创业的想法早在他初中时就已经产生。起初，他想做和宠物相关的工作，所以在高中时就运营了一个宠物类的社交账号，粉丝人数最多时高达两万人。不过这次，他更坚定了创业的决心，"跟酒店相比，民宿能给人'家的感觉'，让人感受到当地人文的温度，而且能更好地体验当地的特色"。杜俊豪决定，这次创业就做民宿。

从2021年的暑假起，杜俊豪就开始利用寒暑假，集中对当地的民宿和景区进行调研与资源整合。磐安所有的民宿和景区，他几乎都一一拜访过，用脚丈量过，不但了解每一家民宿的价格、特色、环境，更对景区里的游玩项目、游客数量、淡旺季时间烂熟于心。

他借助中药材"浙八味"，设计出主题为"药文化"的民宿。在他经营的民宿中，门牌上面有对应的中药材的名字，如"元胡""浙贝母"等，房间里配备了中药材的香薰，走廊上的相框里都是真实的"浙八味"中药材。这不仅让他的民宿变得古色古香，还起到了传播传统文化的作用。

创业过程中，在学校物业管理课程上学到的知识，帮助他在调研民宿时能够迅速判断出一家民宿哪些地方做得比较好，哪里还需要改善，然后把比较好的地方整合在一起。

他经营的民宿注重细节，致力于打造舒适的住宿环境，为游客提供个性化的服务。

2022年3月，杜俊豪创立公司，经营民宿并开始布局乡村旅游。"民宿作为乡村旅游的重要组成部分，不仅为游客提供了独特的住宿体验，也成为乡村文化传播和乡村经济发展的重要载体。同时，民宿的运营也可以带动当地农副产品的销售，增加就业机会。"杜俊豪这样说。

开创一家属于自己的公司、经营十多家民宿、民宿获评当地五星级民宿，这些都是杜俊豪毕业一年内取得的成绩。2022年9月，在学校创业园开业仪式上，杜俊豪作为学生代表分享了他的创业经验："大学的时候有时间、有精力，就是要去尝试。"他给还在校的学弟学妹提了几个建议："要在平时的活动或生活中发现机会。有想法的就要去做，不能空有想法，要有勇气去开拓。"

杜俊豪运营的"浙八味"主题民宿

项目二

创新意识与创新精神培养

学习目标 ↓

- 知识目标：了解创新意识的概念与类型，了解创新精神的构成要素。
- 技能目标：掌握培养创新意识和创新精神的方法。
- 素养目标：能够积极主动培养自己的创新意识与创新精神，认识到生活中的可创新之处。

本章导图 ↓

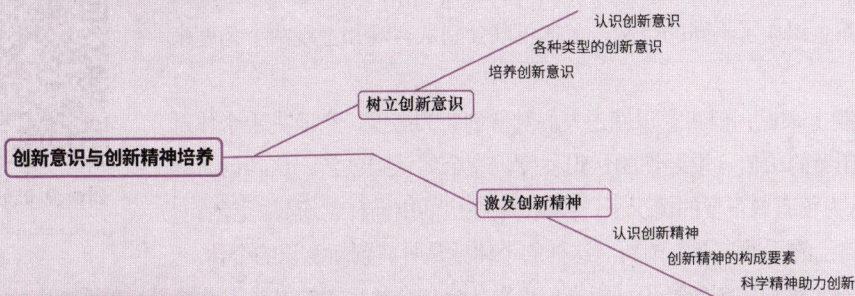

案例导入 ↓

　　疟疾是一种由疟原虫引起的寄生虫病，主要通过被携带疟原虫的蚊子叮咬导致感染，它是全球非常古老的疾病之一。我国早在3 000多年前的殷商时代就有疟疾流行的记载，及至近代，也有许多人因疟疾而亡。

　　20世纪60年代，在氯喹抗疟失效、人类饱受疟疾之害的情况下，中医研究院中药研究所实习研究员屠呦呦于1969年接受了国家疟疾防治项目"523"研究任务，并担任中药抗疟研究组组长，从此开启了中药抗疟之旅。

　　通过整理中医药典籍、走访老中医，屠呦呦汇集了640余种治疗疟疾的中药单秘验方。在青蒿提取物实验药效不稳定的情况下，东晋葛洪《肘后备急方》中对青蒿截疟的记载——"青蒿一握，以水二升渍，绞取汁，尽服之"给了屠呦呦新的灵感。历经300多次鼠疟筛选和屠呦呦等3名科研人员以身试药，1972年，屠呦呦团队从中药青蒿中分离得到抗疟有效单体，命名为青蒿素，对鼠疟、猴疟的原虫抑制率达到100%。1973年，经临床研究，取得实验室一致结果，抗疟新药——青蒿素由此诞生。自20世纪70年代青蒿素问世以来，所治愈的疟疾患者不计其数。

析例启智 ↓

　　世卫组织全球疟疾项目主任佩德罗·阿隆索说："屠呦呦团队开展的抗疟科研工作具有卓越性，贡献不可估量。"青蒿素的研制无疑是一项伟大的创新，请同学们搜集与青蒿素研制相关的信息，想一想：

　　（1）青蒿素是在什么背景下被研制的？其成功研制依靠哪些关键因素？

　　（2）屠呦呦带领团队研制青蒿素的经历带给你哪些启示？

任务一 树立创新意识

在青蒿素研制成功后，屠呦呦及其团队还开始探索青蒿素在其他疾病中的治疗效果，最终发现其在临床中，对治疗肺动脉高压、抗糖尿病、胚胎毒性、抗真菌等症状都有一定的效果，大大扩展了药物的应用领域。这种将已有药物应用于新领域的尝试，显示出屠呦呦团队出色的创新意识。

意识决定了人的行动，在创新上也是如此，屠呦呦及其团队在青蒿素的研发过程中展现出了强烈的创新意识，大学生也要培养自己的创新意识，养成主动发现、积极探索、努力解决问题的意识，这样才能为自己的创新行动打好基础。

一、认识创新意识

创新意识是形成创造性思维和创造力的前提，是创业者进行创造活动的出发点和内在动力。那么究竟什么是创新意识呢？不同学者从不同的角度对创新意识作了不同的定义，大体可以分别从客观和主观两个角度来阐述。

从客观上来说，创新意识就是人们对待创新的态度，它取决于个体对于创新及创新的价值、重要性的认识程度。在个体认同创新，认同创新具有价值，认为创新很重要的情况下，个体就会在生活中向往创新、注重创新，甚至调整自己的活动来追求创新。这样的个体就是具有创新意识的个体。

从主观上来说，创新意识是指人们根据社会和个体生活的发展需求，引起创造新事物或新观念的动机，并在创造活动中表现出的意向、愿望和设想，具体表现为个体主动识别或发现问题，并以创造性思维积极探索解决问题。

知识驿站

创新意识的内涵

案例阅读

更方便的悬挂式抽纸

抽纸是我们生活中很常见的物品，但是人们发现，当一包抽纸剩余纸张数量不多时，抽纸时往往会抽不出纸，而将一包抽纸一起带起来。大部分人对此习以为常，因为此时只需要两只手协作，问题就解决了。但有人却感觉这不方便，于是巧妙地设计了悬挂式抽纸。

悬挂式抽纸的包装顶部直接挂在墙上，使用时从下方抽取，这样包装内剩余的纸巾就会不断下移，人们可以方便地单手抽出纸巾，哪怕是最后一张。此外，人们在使用中还发现，悬挂式抽纸可以直接挂在墙上，不占用桌面的空间。还不易受潮或被水打湿，因此受到了消费者的认可。现在，很多卫生纸品牌都推出了自己的悬挂式抽纸产品，这种新型的抽纸产品正在走进千家万户。

启示： 创新意识是一种自觉的行为倾向，我们在接触不同的事物，思考不同的问题时，要敢于打破常规。悬挂式抽纸就是对抽纸这一常见事物进行了新设计，是创新意识的具体写照。

二、各种类型的创新意识

根据表现形式的不同，创新意识可以分为求新求异意识、求真务实意识、求变意识和问题意识四种类型。

1．求新求异意识

在生活中，我们不难发现一个现象，当大多数人都保持同一观点、判断或行为时，个体往往会对自己与此有异的观点、判断或行为产生怀疑，转而附和大多数人，这其实就是从众心理。而求新求异意识，则要求创新者能够破除从众心理，敢于追求新颖奇特的事物或方法。

求新求异意识是创新活动的内部动力，是创新意识的主要类型。求新求异意识要求人们敢于突破思维的惯性，寻找新奇的角度来思考问题，而不能局限于生活中的"理所当然"。譬如人们依靠直觉认为重的物体比轻的物体下落速度更快，而伽利略却换了一个思考方式，他提出了一个思维实验："若质量越重的物体下落速度越快，则将一重物与一轻物绑在绳索两端，同时放下，则重物下落速度快，轻物下落速度慢，轻物会拉扯重物，下落速度将慢于重物单独下落的速度；而将重物、轻物与绳索视作一个整体，则重于重物，因此其下落速度应当快于重物单独下落的速度，与前面的结论相悖。"

2．求真务实意识

创新意识要求创新者不断求新，然而求新并不是一味偏激地标新立异，而要在保持求真务实精神的基础上求新。在创新过程中，创新者不能任意将标新立异的观点、行为当作创新，而要尊重客观规律，这样才能得到有价值的成果。因此，创新离不开求真务实，求真务实本身又是不断创新的基础。

我国古代帝王劳民伤财的炼丹术、欧洲中世纪风靡的炼金术、科学家乐此不疲研究的"永动机"，他们"求新"的本质都已经脱离了实际，不符合客观规律，所以最后都以失败告终。但"炼丹"炼出了豆腐、火药等副产品，"炼金"则炼出了实验器具，促进了许多天然矿物的发现，"永动机"的研究也促成"能量守恒定律"的发现，这些成果都产生于求真务实的过程中，因此这些"创新行为"也从另一个层面说明了求真务实意识的重要性。

3．求变意识

求变意识的"变"主要是指变革、革新，是对既有格局的突破，也是对已有事物的补充、重构和再发展。创造性活动源于创新意识，而开展创造性活动就是不断破旧立新、不断变革的过程。随着时代的发展和社会情况的变化，当原有事物已不能适应新环境时，就需要运用求变意识来另寻出路。

🔔 小贴士

求新求异意识和求变意识在思维方式上具有一定的相似处，容易混淆。求新求异意识是在创新者主动寻求创新，对可以通过惯常手段解决的问题，依然去思考和寻找更优化的解决方案的过程中产生的意识；而求变意识则是在创新者因为面临用惯常手段无法解决的问题，而不得不寻求改变来打破困局的过程中产生的意识。要明确的是，这两种创新意识不分高下，只是适用的条件不同而已。

4. 问题意识

发现问题是形成创新意识的起点，没有问题，创新会成为无源之水、无本之木。同时，发现问题又是创新的前提，一切发明创新都源于质疑。因此，创新者要培养自己的问题意识。

创新者的问题意识，首先表现为善于观察问题并找出问题。爱因斯坦（Einstein）曾说过："提出问题比解决问题更重要。"只有在找出问题后才能够解决问题。其次，问题意识也表现在运用现有途径和手段无法有效解决问题时，创新者要思考现有途径和手段无效的原因，并由此寻求新的方法以解决问题。

三、培养创新意识

在知识经济时代，知识的增长速度、更新速度、转化速度都明显加快，人才竞争日趋激烈。而当下社会的人才竞争不仅是知识、技术的竞争，更是创新能力的竞争。当代大学生不仅要具备深厚的文化底蕴、高度综合化的知识，还要具备善于独立思考、敢于标新立异、勇于质疑、长于解决问题的能力，全面培养创新意识，以实现自我价值。

1. 正确认识创新

很多大学生认为创新距离自己十分遥远，认为创新只出自学者、科学家、工程师之手，其实不然。著名教育家陶行知先生曾经说过："处处是创造之地，时时是创造之时，人人是创造之人。"创新是每个人与生俱来的能力，人人都能创新，人人都具备创新的潜能。为了把这种创新潜能激发出来，使自己具备创新意识，大学生首先就要正确认识创新，消除认为自己难以创新的心理障碍，树立创新的信心。为此，大学生应做到以下三点。

（1）战胜从众心理。从众心理会严重阻碍大学生创新意识的培养和创新能力的发展，而辩论是战胜从众心理、培养独立思维的好方法。大学生在对某一问题持有不同看法时，应充分发表自己的独到见解，据理论事，不盲目从众，这样便能很好地战胜从众心理。

（2）战胜胆怯心理。胆怯心理表现在创新方面，即不敢尝试创新，这会在很大程度上抑制大学生的创新意识。大学生要想战胜胆怯心理，就应当敢于质疑、勇于探索、自我激励。

（3）战胜自卑心理。自卑心理会使大学生缺乏自信心和想象力，从而难以培养创新意识。要想战胜自卑心理，大学生应当具备坚定的自信心和顽强拼搏的精神，进行积极的自我暗示，辩证地看待创新道路上遇到的失败和挫折。

2. 广泛涉猎知识

创新意识并不是异想天开和凭空臆造的，创新意识的培养是建立在知识的积累上的。大学生要培养创新意识，必须具备勤奋求知的精神，培养自己的求知欲，提升知识积累的广度和深度。只有知识面广，大学生才能在创新时触类旁通；只有知识面深，大学生才能更加深刻地理解事物本身的规律及事物间的相互关系，找到创新的机会。

当大学生掌握了创新的基础知识和基本技能，了解了科技发展和知识更新的动态，形成了较强的学习能力和思维能力时，其创新意识就能得到有效的激发。

3. 积极探索追问

古今中外，有很多真知灼见、发明创造都是通过不断探索而获得的，而激发人们探索欲望和探索行为的，往往是人们的求知欲和好奇心。好奇心会使人们对客观世界充满兴趣，这些兴趣会促使人们去质疑、探索或刨根问底，会让人们的思维变得活跃，并使人们的潜能得到激发和释放，使人们的创造情绪随之高涨。

积极地探索、不断地追问能够帮助大学生找到创新的机会并实现创新，就如瓦特改良蒸汽机的故事，他发现这个创新机会正是源于他对于"水烧开顶起盖子"现象的不断追问与探索。

4．开展创新实践

创新是基于实践探索、创造新成果的一种活动，创新意识作为创新活动的基本前提，也必然要保证其求真务实的特性。创新者在培养创新意识的过程中，一定要明确创新的内涵，树立科学的创新理念，在实际的探索过程中发掘创新的价值。

为了有效增强大学生的创新创业实践能力，教育部深入实施了"国家级大学生创新创业训练计划"，倡导以学生为主体开展创新性实践。目前，我国各部门已主办了多种面向大学生的创新创业竞赛，如中国国际大学生创新大赛、"挑战杯"中国大学生创业计划竞赛、中国创新创业大赛、全国大学生电子商务"创新、创意及创业"挑战赛、"创青春"中国青年创新创业大赛、"中国创翼"创业创新大赛、"创客中国"中小企业创新创业大赛、中国大学生服务外包创新创业大赛、全国林业草原创新创业大赛等。

当然，在参与创新实践的过程中，大学生创业者也不要怕犯错误，要大胆尝试，激发自己的创新意识，学会思考、怀疑与探索，这样才能在创新之路上成长起来。

📖 案例阅读

人工合成淀粉，技术造物新突破

2021年，人工合成淀粉团队在国际刊物《科学》杂志上发表了结合人工光合反应和生物酶催化反应构筑了从水和二氧化碳合成淀粉的新体系。"这是一项里程碑式的突破，将在下一代生物制造和农业生产中带来变革性影响。"审稿专家如此评价。

"当今世界面临气候变化、粮食安全、能源资源短缺等挑战，如何把二氧化碳转化成对人类有意义且有市场价值的物质？"在出差回天津的高铁上，这个念头突然出现在天津工业生物技术研究所时任所长马延和的脑海中。经过所里认真研判，人工合成淀粉项目在2015年正式提出。

在自然界，玉米、小麦、土豆等农作物通过光合作用将太阳光能、二氧化碳和水转化成淀粉。但这个自然过程需要大量的土地和淡水资源，且受天气影响很大。能不能模拟自然界淀粉的合成过程，通过技术手段实现人工合成淀粉？

最初，团队的思路是利用可再生能源分解水产生电子或氢，然后利用电子或氢将二氧化碳还原为甲酸、甲醇等简单化合物，进一步通过酶催化简单化合物聚合生成淀粉。在农作物中，淀粉的合成大约需要60步代谢反应。如果要进行工业化生产，就必须简化步骤。研究者从6 568个生化反应中进行系统挖掘和筛选，分别从甲酸或甲醇出发，设计了最短的人工淀粉合成路径。理论上，二氧化碳仅通过9个主反应就能合成淀粉。

实验最突出的问题是"酶"。淀粉合成过程中多数反应都需要酶，自然界中的反应路径通过长期自然选择进化而成，各个酶都能够适配协作，但人工设计的反应路径却不同。研究者对酶进行定向改造或人工设计新酶，来满足淀粉合成人工路径对酶的需要。

讨论、实验、推翻、再讨论、再实验……团队尝试利用甲醇中"氢燃烧"产生的能量驱动产生甲醛的反应，解决反应中的热力学与动力学不匹配的问题，9个主反应也相应被拓展到11个。终于，在2018年7月24日上午，实验产物在滴入碘液后出现了一抹淡蓝色——这说明实验产物中含有淀粉！

在随后的几年，团队完成了人工合成淀粉技术的迭代升级，不断提高淀粉合成产量，把淀粉的生产强度较最初版本提高了136倍，人工淀粉合成速率是玉米淀粉合成速率的8.5倍，并可根据需要实现不同类型淀粉的定向可控合成。

启示： 人工合成淀粉团队从自然界中植物合成淀粉的方式着手，不断试错，不断优化合成路径，最终成功实现了淀粉人工合成，并进行了工艺迭代。团队运用了多学科知识，不断探索试错，不断实践，最终才得以成功。

任务二 激发创新精神

屠呦呦团队在研发青蒿素的过程中，筛选了多种草本药物，为提高青蒿提取物的有效性尝试了多种不同的提取方法，解决了一个又一个的难题，整个研究过程充满了挑战和不确定性，但屠呦呦及其团队始终保持着坚定的信念和不懈的努力，而这正是一种重要的创新精神。其实，无论是科学发现、技术革新，还是商业创新，所有的创新都离不开创新精神。了解创新精神，培养自身的创新精神，是大学生开展创新的必要一步。

一、认识创新精神

创新精神是指个人或组织在面对新情况、新问题时，能够积极主动地寻找新的解决方法和途径的一种态度和能力。这种精神鼓励人们打破常规思维，勇于尝试不同的解决方案，不断探索未知领域，从而推动科学技术、文化、艺术等各个领域的进步和发展。

创新精神是一种勇于超越传统框架、探索未知领域的态度与能力，它体现在不满足于已有的知识和理论而不断追求新的见解和发现中，体现在对现有的生活方式、生产方式、工具、材料等持有批判性眼光，并根据实际需求或面临的新情况主动寻求改进与创新中；体现在不拘泥于既定的规则、方法或习惯而是敢于挑战现状寻找更加有效的新规律和新方法中；体现在不盲目相信书本知识或权威观点而是基于事实和个人分析勇于提出质疑并形成自己独到的看法中……这些特质共同构成了创新精神的核心内容，推动着个人乃至整个社会向前发展。

🔔 小贴士

创新意识是发现问题并认识到需要创新的第一步，而创新精神则更进一步，不仅包含上述意识层面，还涉及实际行动的能力与态度。

我们可以说，创新意识是激发创新行为的基础，而创新精神则是将这种意识转化为实际行动的关键因素。两者相辅相成，共同推动创新活动的开展及创新成果的产生。

二、创新精神的构成要素

创新精神是创新的基础，是指创新者在创新过程中表现出的主观思想，它并不是单指一种精神，而是多种精神的集合。

1．开拓精神

开拓精神是指自强不息、追求卓越、争先创优的开拓进取精神。开拓精神是创新者必须具备的精神。拥有开拓精神的创新者，能够积极主动地探索新事物，不断发现、开拓新的领域。

创新创业的过程总是充满困难、艰辛和曲折的，大学生更需要具备开拓精神，打破常规，突破自身的局限，不断完善自己，创造价值。开拓精神主要来自人的意志力和信念。

（1）意志力。纵观大多数成功的企业家、发明家，不难发现他们都具有强大的意志力。只有拥有钢铁般坚强的意志力，才能克服创新过程中的种种困难。

（2）信念。俗话说："不忘初心，方得始终。"创新者在创新前就已经明确了自己的目的与动机，即为什么要创新？创新的理想和价值是什么？在创新的过程中也要铭记初心、坚定信念，不要迷失方向和目标。

2．开放精神

开放精神是指不自我约束、放眼天下的精神。创新者必须具有开阔的视野、包容的胸怀、长远的目光，才能更好地发现问题和解决问题，获得更多创新的灵感，为创新提供动力和方向。

从创新的角度讲，开放精神包括两点：一是创新，包括从无到有的创新；二是开放的心态，创新者要在不断变化的市场环境中，积极吸收新的内容，做好新旧的融合。开放精神就是"走出去、引进来"，做好"内引外联"。

3．批判精神

批判是指站在更高的层面上，对现实进行甄别和审视，对人或事进行分析和解剖，以期发现问题和解决问题。批判精神就是指评论人或事物是非的一种意识、思维活动和一般心理状态。批判精神是一种宝贵的创新精神，也是成功的创新者需要具备的精神品质。创新者如果没有强烈的自我批判精神和强大的自我批判能力，不去除陈旧、不能适应当前和未来发展需要的思想观念，就会失去竞争的优势，无法在激烈的竞争中冲破现有模式的桎梏，获得长足的发展。

4．学习精神

学习精神是指广闻博学、深钻细研的虚心好学的精神。当今社会的发展是非常快速的，大学生只有坚持学习，做好知识储备，才能通过知识的探索实现创新，从而在激烈的市场竞争中获得优势。学习是一种完善自我、提升自我能力的手段，但学习又是艰苦、长远的，大学生应养成主动学习的好习惯。

5．冒险精神

大多数有建树的创新者，一般都有鲜明独特的个性品质：敢冒风险，敢于走别人没有走过的路。拥有冒险精神的创新者敢于承担责任，不怕挫折和失败，能够把握创新的最佳时机，果断做出决策，力争更多的成功创新。

6. 执着精神

创新是一个长期的过程，因而需要具备坚持不懈、持之以恒的追求精神。创新的过程是漫长、艰辛的，容易削减创新者的热情，使他们产生放弃的想法，而拥有执着精神的创新者，则可以不畏艰辛、一往无前，在遭遇挫折时顽强拼搏。

7. 合作精神

个人的力量是有限的，具备合作精神可以充分发挥团队的力量，积极进行外部合作可以获得更多的机会和资源。合作精神就是集思广益、通力协作的攻关精神。创新团队需要由具有合作精神的人组成，并由一个出类拔萃的领军人带头，通过集体的智慧来实现优势互补。

案例阅读

索南加：高原虫草创业之旅

索南加是西藏自治区那曲市比如县人，他从小在虫草产区长大，对虫草了如指掌，深知虫草采挖过程中的艰辛和不易。虫草被采挖后，根部会残留一定的泥土，采挖者在挖出虫草后，需要当天把附在虫体上的泥土清理干净，并在第二天将虫草暴晒在太阳下，以求晒出金灿灿的颜色，以保证虫草的药用价值和品相。

在传统的做法中，虫草采挖者大多会使用毛刷去除泥土，但效果并不理想，耗时耗力。晒干虫草时，大多数人是将毛毯、氆氇等铺在地上，然后把虫草撒在上面，但晒干用时较长，还要有人看着，费时费力。索南加注意到了其中的不便，他想，要是发明一种能够快速处理虫草的机器，就能免去这些麻烦，家乡的虫草产业也能更上一个台阶。

说干就干，索南加找到几个志同道合的伙伴，自学了机械知识，着手研制虫草清洗机，并不断地试验、改良，先后研发了四代虫草清洗机，前三代为手动机器，第四代为电动机器。第四代机器上市后，以往一小时的工作量，五分钟内就可以轻松完成，十分节省时间。而第三代机器通风透气效果好，晒干迅速，不但可以使虫体固定得更挺拔笔直，而且虫体晒干后颜色也更佳。

因为了解客户需求、了解市场，索南加的产品一经推出便得到虫草采挖者的大力追捧，大家纷纷排队抢购，短时间内就创造了400多万元的净利润。

启示：索南加面对虫草加工处理难的问题想到用机器解决，可见其开放精神；能自学机器知识，可见其学习精神；能坚持不断试验、改良，可见其执着精神；与同伴一起创新，可见其合作精神。正是在创新精神的支撑之下，索南加才取得了最后的成功。

三、科学精神助力创新

创新必须以遵循客观规律为前提，只有当创新精神符合客观需要和客观规律时，创新才能顺利地转化为创新成果，成为促进自然和社会发展的动力。因此创新精神也是一种科学精神，大学生要提高自身的科学素养，才能够更好地实现创新。

在现代科学技术飞速发展、人们生活水平不断提高的当下，科学素养已经逐步成为现代公民必备的基本素养之一。对国家来说，公民的科学素养越高，公民的生活质量就越高，国家的综合素质就越高，文化软实力就越强，国家在国际上的竞争力和影响力也会越大。对个体来说，科学素养是一个人科学素质和能力的外在表现，具备一定的科学素养是现代社会对综合型人才提出的基本要求。科学素养可以依靠后天培养，可以说，人人都可以具备一定的科学素养。一个人的科学素养可以不断发展、完善和健全，家庭、学校、社会都会对个体科学素养的形成和发展起到潜移默化的影响。大学生作为当今社会的新生代力量，更应该了解科学素养，认识科学素养的特征和结构，同时努力提高自己的科学素养，以更好地践行创新创业。

从本质上说，科学素养并不具有统一的结构。国际上普遍将科学素养概括为了解科学知识、了解科学的研究过程和方法、了解科学技术对社会和个人所产生的影响3个部分，即对科技知识、术语、概念的理解，对科学方法、科学思想、科学精神、科学态度的掌握和应用，以及对科学、技术与社会关系的理解，如图2-1所示。

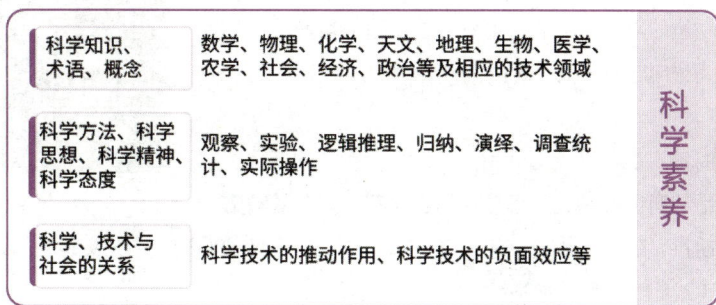

图2-1 科学素养的构成

但从个体的角度来分析，科学素养的构成又可以划分为知识结构、智力结构和非智力结构三个部分。也就是说，站在个体的角度看，一个人的科学素养与他的知识结构、基本能力及志趣等有较大的关系，如图2-2所示。其中，知识结构是整个科学素养结构的基础，智力结构是科学素养结构的重心，可以促进知识结构的进一步完善。非智力结构是在知识结构、智力结构形成的过程中形成的，对科学素养结构的完善具有重要意义。

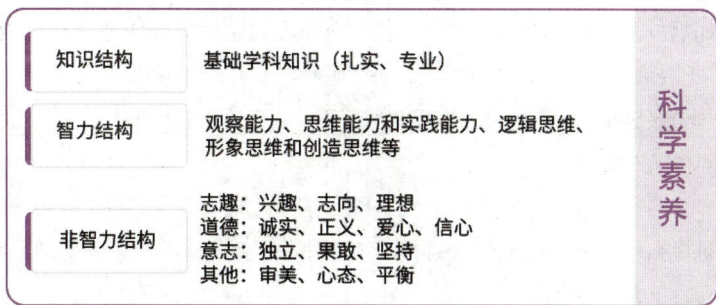

图2-2 个体科学素养的构成

在日常生活中，大学生要积极参与课堂学习，主动提问并与老师同学讨论，深化对科学概念的理解；利用课余时间阅读科学文献、科普书籍和关注科学新闻，保持对最新科研动态的好奇心。此外，参加校内外的科学讲座、研讨会等学术活动，与专家交流，拓宽视野。最重要的是，培养自身的批判性思维，学会基于证据分析问题，并勇于质疑现有理论。通过这些方式，不仅能够丰富科学知识，还能提高解决问题的能力，为未来的创新与创业打下坚实基础。

注定失败的永动机

如果一个机器不需要外界输入能量，或者只需要一个初始能量就可以永远运行的话，那么这种奇妙的机器就是"永动机"。这样的机器如果被制造出来并广泛运用，那么必然能够创造出巨大的效益。公元 1 200 年前后，创造这种永动机的想法就已萌生，随后广泛传播，在西欧掀起了一股创造热潮。

"文艺复兴三杰"之一的意大利艺术家达·芬奇就曾投入永动机的研发，他设计的永动机模型如图 2-3 所示。他设计时认为，右边的重球比左边的重球离轮心更远些，在两边不均衡的作用下会使轮子沿箭头方向转动不息，但实验结果却是否定的。达·芬奇也随即宣称永动机无法实现。

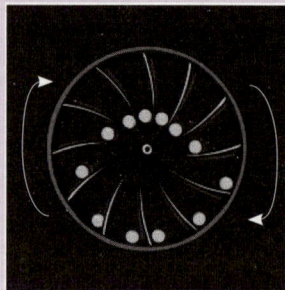

达·芬奇永动机示意图

在相近的时期，人们又试图利用水的浮力、轮子的惯性、细管子的毛细作用、同性磁极之间排斥作用等原理获取有效动力，提出了软臂永动机、阿基米德螺旋永动机、磁力永动机等种种设计方案并实验，但是无论设计如何精巧，这些实践都无一例外地失败了。

到了 19 世纪，在长期生产实践和大量科学实验的基础上，热力学第一定律被提出并验证。热力学第一定律表述为：物体内能的增加等于物体吸收的热量和对物体所做的功的总和。热力学第一定律后被推广为著名的能量守恒定律：能量既不会凭空产生，也不会凭空消失，它只会从一种形式转化为另一种形式，或者从一个物体转移到其他物体，而能量的总量保持不变。由于能量并不会凭空产生，永动机的幻梦打破了。

但一些人又梦想着制造另一种永动机，希望它不违反热力学第一定律，同时既经济又方便，这类永动机被称为"第二类永动机"（原来的则被称为"第一类永动机"）。在设想中，它从单一热库（例如锅炉）吸取热量后全部用来做功，不向低温热库排出热量。这样机器就能够达到 100% 的效率。但在大量实践经验的基础上，英国物理学家开尔文又提出了一条普遍原理：物质不可能从单一热源取热使之完全转换为有用的功而不产生其他影响（热力学第二定律）。第二类永动机的尝试同样宣告失败。

直到今天，仍然有一些人专注于永动机的研究，甚至不时有人宣称自己成功研制了永动机，但是这些永动机要么只是效率极高，能够持续运转较长一段时间；要么就是借助了大气压力、湿度或海潮等不易察觉的外来能源。

启示：人们对永动机的追求和探索长达数个世纪，但是这样的追求违反了自然规律，所以注定无法成功。大学生必须加强自己的科学素养，用科学来指导自己的创新活动，否则自己的创新活动也可能会落入与研发永动机一样的处境。

实践课堂

实训一 创新意识测试

以下是一个创新意识的测试，请同学们完成测试，了解自己的创新意识水平。然后与同学讨论，看看自己是否具备创新意识？应该怎样进一步培养创新意识？（测试结果仅供参考）

如果符合你的情况，请回答"是"，不符合则回答"否"，拿不准则回答"不确定"。

（1）你认为那些使用古怪和生僻词语的作家，纯粹是为了炫耀。　　　　　　　　　（　　　）

（2）无论什么问题，要让你产生兴趣，总比让别人产生兴趣要困难得多。　　　（　　　）

（3）即使是十分熟悉的事物，你也常用全新的眼光看待它。　　　　　　　　　（　　　）

（4）你常常凭直觉来判断问题的正确与错误。　　　　　　　　　　　　　　　（　　　）

（5）你善于分析问题，但不擅长对分析结果进行综合、提炼。　　　　　　　　（　　　）

（6）你的审美能力较强。　　　　　　　　　　　　　　　　　　　　　　　　（　　　）

（7）在聚精会神地工作时，你常常忘记时间。　　　　　　　　　　　　　　　（　　　）

（8）你做事总是有的放矢，不盲目行事。　　　　　　　　　　　　　　　　　（　　　）

（9）你的兴趣在于不断提出新的建议，而不在于说服别人去接受这些建议。　　（　　　）

（10）你喜欢那些一门心思埋头苦干的人。　　　　　　　　　　　　　　　　（　　　）

（11）你不喜欢提那些显得无知的问题。　　　　　　　　　　　　　　　　　（　　　）

（12）你特别关心周围的人怎么评价自己。　　　　　　　　　　　　　　　　（　　　）

（13）你对周围的新事物感到好奇，一旦产生兴趣就很难放弃。　　　　　　　（　　　）

（14）你认为按部就班、循序渐进才是解决问题最正确的方法。　　　　　　　（　　　）

（15）你关心的问题是"是什么"，而不是"为什么"。　　　　　　　　　　　（　　　）

（16）你总觉得自己还有潜力。　　　　　　　　　　　　　　　　　　　　　（　　　）

（17）你不能从他人的失败中发现问题、吸取经验教训。　　　　　　　　　　（　　　）

（18）你对工作过于热情，当一项工作完成后总有兴奋感。　　　　　　　　　（　　　）

（19）你遇到问题能从多方面探索它的可能性，而不是拘泥于一方面。　　　　（　　　）

（20）你认为，如果你打破固有的理念、行为方式、秩序或者体制，就无法建立更好的模式。

（　　　）

该测试中，每道题的回答及其对应的分数如表 2-1 所示。计算自己的总分后，可根据以下内容查看自己的测试结果。

（1）得分 36 分及以上：说明被测试者是一个具有很强创新意识的人，有将思考结果加以实现的能力，此类人群可以尝试从事环境较为自由，没有太多约束，对创新有较高要求的职业。

（2）得分 22 ～ 35 分：说明被测试者的创新意识一般，对事物判断讲究现实，习惯采用现有的方法与步骤来思考和处理问题，适合从事管理、市场营销等方面的工作。思维灵活性是创新的基础，被测试者可以尝试做一些培养创新意识的训练。

（3）得分 22 分以下：说明被测试者缺乏创新意识，比较循规蹈矩，做事一丝不苟，凡事讲究原则，遵守制度。这类人群适合从事对纪律性要求较高的职业。

表 2-1　测评题答案对应的分数

题号	是	否	不确定	题号	是	否	不确定	题号	是	否	不确定
1	1	2	0	8	1	2	0	15	1	2	0
2	0	4	1	9	0	4	1	16	0	4	1
3	3	1	0	10	3	1	0	17	3	1	0
4	2	1	0	11	2	1	0	18	2	1	0
5	3	0	1	12	3	0	1	19	3	0	1
6	1	2	0	13	1	2	0	20	1	2	0
7	1	2	0	14	1	2	0				

实训二 发现生活中的创新

创新是创造价值的一种重要途径，食品包装袋上的锯齿状封口（便于撕开）、牙膏的圆柱形盖子（便于倒立放置），这些微小、平凡的创新很容易被人所忽视，但给使用者提供了极大的便利。大学生应该具有一双发现创新的眼睛，请大家试着主动去发现生活中的创新。

1. 发现一个生活中存在的创新现象或事物，简单描述一下。

_____

_____

_____

2. 分析其创新特点，说说该创新有何作用。

_____

_____

_____

3. 想一想，该创新能否继续优化？该创新能否用于其他创新活动中？

_____

_____

_____

4. 找一找，生活中还有哪些不便（困扰），我们是否能够通过创新的方式来解决？

_____

_____

_____

创业家故事：发掘家乡资源，结合电商创业

2024 年 5 月 9 日，在四川省广元市朝天区曾家镇大竹村，山有味商贸有限公司的生产车间里一片繁忙景象，工人们正忙着调试机器和搬运原材料，为当天的生产做准备。而在直播销售现场，公司负责人王嘉睿则热情地向观众介绍公司的原材料种植基地、产品特色，并推介曾家山的旅游景点和线路。

王嘉睿直播卖货

2021 年，王嘉睿放弃了成都一家知名教育机构的高薪职位，选择回到家乡创业，致力于建设美丽家乡并实现个人价值。他提到，政府对大学生返乡创业的支持、家乡丰富的高山蔬菜资源及旅游业的发展潜力，以及自己在大学期间学习的销售知识，是他做出这一决定的关键因素。王嘉睿希望通过自己的努力，推广家乡天然健康的农产品，将家乡的美味带给更多人。

回到家乡后，王嘉睿深入调研了当地的自然资源、人文环境和市场需求，并走访了德阳市中江县多家挂面生产企业，学习先进的管理经验和生产技术。经过三个月的筹备，"山有味商贸有限公司"正式成立，专注于绿色有机蔬菜挂面的生产。该公司生产的"山有味"系列面条，加入了曾家山原产的有机蔬菜汁，色彩丰富且营养健康，类型包括各种蔬菜直面、蝴蝶面和卡通面等。

起初，这些面条主要在当地农家乐、超市和餐厅销售。现在，借助抖音平台的直播带货，王嘉睿已经成功打开了更广阔的市场。他的直播间不仅销售自家生产的有机蔬菜挂面，还推广腊猪肉、土鸡蛋、土蜂蜜等当地特色农产品。随着直播技巧的提升，每次直播的销售额也不断攀升，平均每次都能突破 5 000 元。在他的带动下，越来越多的年轻人加入了直播带货行列，目前已有 5 名大学生加入了他的就业见习基地。

如今，公司的业务蒸蒸日上，不仅为当地居民提供了更多的就业机会，还显著提高了他们的收入水平。据王嘉睿介绍，公司已帮助周边 30 多位群众实现了家门口就业，年人均增收超过 5 000 元。

项目三

创新思维开发

学习目标 ↓

- 知识目标：了解创新思维的内涵和基本活动过程，认识创新思维的形式，了解常见的思维定式。
- 技能目标：掌握突破思维定式的方法。
- 素养目标：能够积极地训练自己的创新思维，并在生活中主动应用创新思维，推动创新。

本章导图 ↓

创新思维开发
- 探索创新思维的内涵
  - 了解创新思维
  - 探究创新思维的基本活动过程
- 突破创新思维的障碍
  - 突破思维定式
  - 扩展思维视角
- 认识创新思维的形式
  - 逆向思维
  - 纵向思维
  - 横向思维
  - 直觉思维
  - 发散思维
  - 聚合思维
  - 联想思维

案例导入 ↓

　　空调，在现代生活里已然成了每个家庭的标配电器，为我们调节室内温度，营造舒适的生活与工作环境。但是，空调冷风如果对人直吹，会让人不适。同时，也会使得房间内冷热不均，出风口直接吹到的地方凉，而吹不到的地方热。

　　2024年10月，小米发布了一款上出风空调，该产品将出风口的位置由传统的下方改到了上方，当这款空调运转起来时，冷风不再直吹人体，而是从上方送出。根据康达效应，流体与它流过的物体表面之间存在表面摩擦时，只要曲率不大，流体就会顺着该物体表面流动。因此当该小米空调向上出风的时候，会比普通的空调把冷风送得更远。这样，冷空气会像天幕一样从天花板缓缓下沉，从而使整个房间的温度降低得更加均匀。制冷更加无感，体感更加舒适。

　　同时，这款上吹风空调还配备了一块可以活动的挡风板，当制热的时候，便改变挡风板的走向，让热风向下吹，形成地毯风，提高了制热的效率。

析例启智 ↓

　　空调直吹这一问题在生活中非常常见，但一直没能得到有效的解决，上出风空调这一改动，看似简单却非常有效，充分展现了设计者的智慧和创新思维，请同学们想一想：

　　（1）如果让你来改变传统空调的这些弊病，你能想到什么办法？

　　（2）我们在生活中遇到类似难题时，该如何像上出风空调的设计师一样，灵活运用创新思维去解决？

任务一　探索创新思维的内涵

上出风空调的故事启发我们，当在遇到问题时，要勇于探索新思路，灵活运用已有知识和技术，借助自然界的规律来创造性地解决问题。而这，无疑需要人们具备创新的思维，进行创造性的思考。事实上，培养创新思维对个人成长和社会进步都至关重要。无论是在科技研发、艺术创作还是在日常生活中，具备创新思维的人都更有可能找到解决问题的新途径，创造出更大的价值。

一、了解创新思维

思维是人类所具有的高级认识活动和智力活动，是人脑对外部信息和内部信息进行加工的一种特殊活动，可以帮助人类探索和发现事物的本质联系与规律。

创新思维是思维的一种形式，是以新颖、独创的方法去解决问题的思维过程。与之相对的是单一、固定的常规思维，其产生的思维结果大多千篇一律。

创新思维不是单纯依靠现有知识和经验的抽象和概括，而是在现有知识和经验基础上的想象、推理和再创造。这种思维能够不受现成、常规思路的约束，以超常规甚至反常规的方法或角度去思考问题，并提出与众不同的解决方案，从而产生新颖、独到、有社会意义的思维成果。当然，创新思维不是天生的，而是通过人们的学习和实践而不断培养和发展出来的。

知识驿站

创新思维的特征

小贴士

从马克思主义的角度来看，可以从三个层面解释创新思维的本质特征。首先，它是以实践为基础的创造性思维，创新思维不是空穴来风，也不是奇思异想，它根源于生活与实践；其次，它是以问题为导向的批判性思维，这种思维以辩证的"否定"为特征，包括对落后观念的否定、习惯势力的否定，也包括对旧自我的否定，其实质是一种扬弃；最后，它是多维辩证方法并用的辩证性思维，思维创造需要运用全面系统的观点、普遍联系的观点、发展变化的观点和对立统一的观点，创新是辩证思维的必然本性。

二、探究创新思维的基本活动过程

创新思维作为人的一种思维活动，具有相对固定的活动过程，一般分为灵感期、构思期、施行期。一般来说，创新思维会体现在创新的整个过程中，如图3-1所示。例如，大学生在开展创新活动时，不管是处于创新活动前期的灵感期和构思期，还是创新活动的施行期中，都需要充分运用创新思维，以确保创新活动顺利开展。

1. 灵感期

灵感期是创新思维活动过程中的启发阶段。当一个创新主体从某些现象或挑战中发现一些需要解决的问题，并且对这个问题的解决方案产生灵感，或获得解决机遇时，就进入了创新思维的灵感期。

在灵感期，创新者需要理解自己的灵感及灵感的具体应用，观察、分析、判断问题的本质及问题的现实状况，确保灵感的有效性，然后根据自己的灵感、自己发现的问题及可能的解决方案进行深入调查、分析和总结，提出创新的解决方案。

2. 构思期

构思是产生、发展和测试创意的过程，当创新者运用创新思维在灵感期获得创意的初步想法后，就需要进一步对该创意进行详细构思，即运用头脑风暴法等创新思维方法提出多个方案，对各方案进行筛选、测试和完善，继而根据最终方案进行具体产品的原型设计。

在这一阶段，大学生需要运用创新思维，跳出常规，为创意的落地提出解决方案。大学生个人或团队可以利用各种创新方法来发散思考，获取各种想法，并对想法进行分类，列出优先级，然后对这些想法进行详细构思。例如，提出多种产品或产品功能的创意，然后筛选出最优创意，并对其进行详细构思，直到解决预设的问题。

图3-1　创新思维基本活动过程

3. 施行期

在经过了灵感期和构思期后，创新就可具化为执行方案，进行最终的施行。施行是将创新者的想法从项目阶段推向最终应用的路径。在这一阶段，大学生或其团队需要将构思期所取得的成果转化为具体的产品或方案，并将该产品或方案进行推广，帮助人们解决最初的问题。

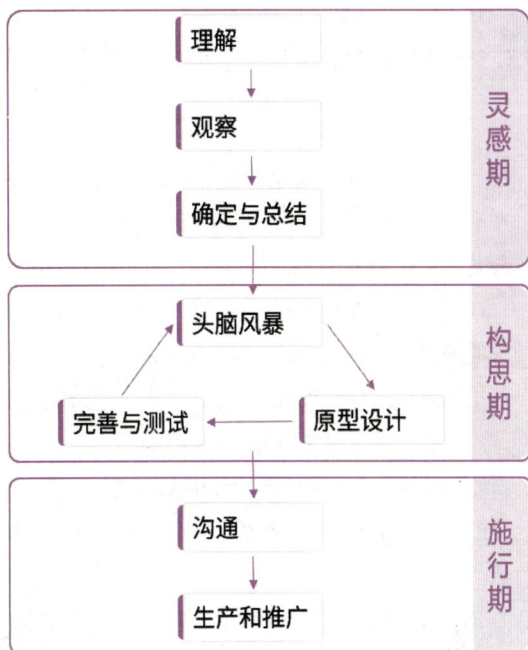

任务二　认识创新思维的形式

创新思维具有灵活性，可以从不同的起点和方向出发，进而构成许多不同的创新思维方式。

一、逆向思维

正向思维是人们沿袭某些常规、传统去分析问题，它遵循事物自然发展的脉络，由已知条件出发，逐步推演至未知领域，旨在透过现象揭示事物的根本属性与规律。而逆向思维是对司空见惯、已成定论的事物或观点进行反向思考的一种思维方式。逆向思维注重让思维向对立方向延伸，从问题的相反面进行探索，得出新创意与新想法。

逆向思维要求人们基于原理、功能、结构、过程、方向、观念等因素进行逆向思考与创新。例如，在司马光砸缸的故事中，要拯救落水的孩童，正向思维往往是"让人脱离水"，但小孩子难以完成这一行为，此时司马光选择"让水离开人"，砸缸拯救落水的孩童，这正是逆向思维的体现。

减少燃料能弥补燃料损失吗

1964 年，中国航天事业正处于起步阶段，自主研发的首枚中近程导弹即将迎来试射。然而，在准备过程中，遇到了一个棘手的问题。由于当时天气异常炎热，火箭推进剂在高温下异常膨胀，导致燃料箱无法容纳足够的燃料，严重影响了导弹的设计射程。

面对这一技术难题，五院的专家们一致提出给导弹增加燃料的方案，以弥补因高温膨胀而损失的燃料量。然而，王永志却提出了一个颠覆性的想法——减少导弹的燃料量。他认为，增加燃料虽然可以暂时弥补燃料损失，但也会增加导弹的自身重量，反而可能不利于导弹命中目标。

王永志经过深思熟虑和精确计算后，进一步提出了具体的解决方案：减少导弹燃料中的酒精占比。原来，导弹的燃料成分中含有液态酒精，这些酒精在高温下膨胀并产生压力，可能导致部分燃料通过安全阀被释放掉。因此，他提出调整酒精与其他燃料的比例，来减少因高温膨胀而损失的燃料量。

在钱学森的支持下，王永志的方案得以实施。1964 年 6 月 29 日，导弹成功发射并命中预定目标，验证了王永志方案的正确性。这次成功不仅解决了导弹射程不足的问题，也为中国航天事业的后续发展奠定了坚实的基础。王永志因此获得了钱学森的赏识和同事们的尊重，并逐渐成长为中国航天事业的重要领军人物。

启示： 王永志的故事不仅是中国航天史上的佳话，还是大学生应该学习和借鉴的榜样。大学生要勇于挑战常规思维、敢于逆向思考，并且应当注重将想法转化为具体可行的方案。

二、纵向思维

纵向思维是一种按逻辑顺序进行思考，直至获得问题的解决办法的一种思考方式，遵循由低到高、由浅到深、由因到果、由始到终的层递式思维原则，其目的在于得出当前各种情况下最为合理的结果。

例如，某企业的一条生产线上的机器总是停转，多次维修都无效，为了解决这个问题，生产组长决定探寻机器停工的根本原因。首先，他发现机器超负荷运转烧断了保险丝，导致机器停转。接着，他发现轴承润滑不足导致机器超负荷运转，而润滑不足的原因在于润滑泵的油泵轴磨损松动……通过这样一层层地进行推断，最终他发现最根本的原因是没有安装过滤器，致使杂质混入、机器阻塞，只要安装过滤器，问题就解决了。

好用的"冰管"

一支南极探险队经过千辛万苦来到南极时，遇到了这样一个难题：当他们把运输汽油需要使用的铁管一根根连接起来时，才发现连接的铁管与基地还差了一大截距离。正当大家一筹莫展的时候，队长帕瑞格灵机一动：南极到处都是冰，为什么我们不把冰做成冰管用来运输呢？

南极气温极低，在室外倒一点水马上就能结成冰，但是要怎么才能把冰变成冰管，又能保证冰管不破裂呢？帕瑞格想到了医疗绷带，于是他试着把绷带缠在铁管上，用水淋湿。待水微微结冰时，他把绷带"冰管"轻轻地从铁管上抽出来，然后再浇上些水。这样一根绷带加冰做的管道就出现了。队员们如法炮制，迅速做出了一根根冰管，然后把这些冰管连接起来，成功地解决了汽油运输的问题。

启示：南极科考队解决汽油运输难题时所采用的，就是典型的纵向思维。首先发现问题"铁管不够用"，然后提出"用冰作为材料做冰管"，进而引出新问题"冰管如何制作"，再想出"用绷带加铁管"造出冰管，最终解决了问题。

三、横向思维

横向思维是一种打破逻辑局限及原有问题的结构范围，从其他角度或其他领域中寻求突破，从而创造出更多新想法、新观点、新事物的一种创造性思维。横向思维最大的特点是打乱原来正常的思维顺序，从另一个角度寻求新的解决办法。它可以实现多点切入式的思考，也可以实现从终点返回起点式的思考。

🔍 案例阅读

从难题到共赢

四川航空股份有限公司（以下简称"川航"）总部位于成都市郊的双流机场，由于机场离中心城区较远，旅客往往需要换乘其他交通工具来接驳航班。这让川航看到了创新的机会——如果解决了乘客的交通问题，就能获得更多的客户。于是，川航决定为乘客提供"免费接送"服务，凡是购买川航半价以上机票的乘客都可以享受从机场到市区的免费接送服务。

但是为这么多乘客提供"免费接送"服务实在是一项大工程。经过计算，如果要达到让乘客满意的通勤效率，该服务一共需要使用150辆商旅车。这样一来，购车费用、司机工资、油费等成本将非常高，这对川航来说是一笔不小的支出。

如何破解这个难题呢？川航转换了一个思维角度。首先，解决购车问题。川航将自己的"买方"身份转变成了车企的"服务商"，以"接送途中为风行公司的商旅车做广告"为条件，低价购入了150辆商旅车，节约了购车的成本。其次，解决司机工资问题。按照相似的思路，川航决定再把这些商旅车高价卖给司机，让司机独立负责线路运营，并以每位乘客单程25元的价格向司机支付费用，保证司机有稳定的收益。

通过这两个方法，川航不仅通过低价买车、高价卖车获利颇丰，还使得"免费接送"服务得以稳定、持续地开展下去。川航只需要支出每位乘客25元的车费，车辆的燃油、维护、折旧等成本都"转嫁"到了司机的头上，这与自己买车、雇用司机和日常维护相比，成本大大降低。同时，由于司机按乘客数来获取收益，因此，工作效率、服务质量也相对较高，而乘客也能享受到免费且高效的接送服务。此外，这150辆印着"四川航空""免费接送"字样的商旅车在城市里穿梭，本身也是对川航最好的宣传。

　　事实证明，川航的这项"免费接送"服务，不仅有效带动了公司机票的销量，而且实现了汽车制造商、司机、乘客及川航本身的四方共赢。

　　启示：从一个难题到四方共赢的局面，川航在没有进行大额资金投入的前提下为乘客提供了免费接送服务，靠的就是横向思维。横向思维使得川航在考虑问题时超出了自己本身，引入商旅车公司和司机两个合作方，共同建立起接送体系。

四、直觉思维

　　直觉是人的本能知觉的重要组成部分，依靠它，人能够感性地直接把握和洞察客观事物。直觉思维是指不受某种固定的逻辑规则约束而直接领悟事物本质的一种思维形式。例如，突然对某一问题有"灵感"和"顿悟"，甚至对未来事物的结果有"预感"，都是直觉思维的表现。直觉思维主要有简约性、独创性和突发性3个特点。

1. 简约性

　　直觉思维是一瞬间的思维火花，是知识长期积累的一种升华，是思维过程的高度简化，但它却清晰地触及事物的"本质"。例如，魏格纳观察世界地图，发现大西洋两岸的大陆好像是互补的，南美洲大陆和非洲大陆可以拼合成一个完整的大陆，由此猜想这两个大陆过去就是一个整体。在经过考察、验证后，他终于提出了"大陆漂移说"。

2. 独创性

　　直觉思维是对研究对象整体的把握，不专注于细节推敲，与逻辑思维恰恰相反。正是由于直觉思维的无意识性、随意性和灵活性，它才是丰富、发散的，才能使人的认知结构向外无限地扩展，因而它具有反常规的独创性。

3. 突发性

　　直觉思维的过程极短，稍纵即逝，其获得的结果是突如其来的。人们对某一问题冥思苦想却不得其解，反而在不经意间顿悟问题的答案，这就是直觉思维的成果。例如，相传"万有引力定律"就是牛顿在苹果园休息时，受到苹果落地事件的启发而研究发现的。

五、发散思维

　　发散是从某一个点出发，向四周散开，呈现出辐射、放射、扩散的思维状态。发散思维是创新思维的核心，其不受任何限制和禁锢，可以提出大量可供选择的方法、方案或建议，也能提出一些别出心裁、出乎意料的见解，使看似无法解决的问题迎刃而解。

　　人们在对某事物进行发散思考时，可以基于材料、结构、功能、方法、关系、形态、组合、因果等不同方面。

　　（1）材料。将该事物当作某种材料，设想其多种用途，从而进行发散思考。

　　（2）结构。以该事物的结构为发散点，利用其结构对多种可能性进行设想。

　　（3）功能。从该事物的功能方面展开想象，包括其具体的功能类目及在设想实现该功能的多种途径时产生的创意。

　　（4）方法。以该事物的制造方法或创造事物的原因等作为发散点展开思考。

（5）关系。从该事物与其他事物间的联系进行联想。

（6）形态。从该事物的外观、声音、气味、明暗色差等角度设想创意。

（7）组合。对该事物与其他事物进行组合联想，通过不同的组合方式激发自己的发散思维。

（8）因果。以事物的发展结果为中心，推测造成该结果的原因，或以该事物发展的原因推测可能的结果，在这个过程中抓住灵感与创意。

发散思维的特性

六、聚合思维

聚合是多个点向中心汇聚，呈现出收敛、聚拢的思维状态。聚合思维是指集中与问题有关的所有信息，从不同来源、不同方向和不同层次对信息进行有方向、有条理的收敛，从而寻求答案的思维方式。其方式是由周围向中心辐合，由外向里，异中求同，所以它也被叫作辐合思维、收敛思维和求同思维。

聚合思维具有封闭性、同一性、程序性和求实性 4 个特征。

（1）封闭性。聚合思维是将发散思维的结果从四面八方聚拢，并从这些结果中选择一个合理的答案，该过程中并不会随机添加其他新的创意想法，所以具有封闭性。

（2）同一性。聚合思维是一种求同性的思维过程，即要通过求同找到解决问题的方法。

（3）程序性。在解决问题的过程中，聚合思维具有一定的程序性，即对先做什么，后做什么，有一定的顺序安排，一切都有章可循、环环相扣，有逻辑性的因果链。

（4）求实性。聚合思维是对发散思维结果的筛选，相比发散思维的天马行空，聚合思维在确定最终方案时更具科学性和合理性，有一定的筛选标准，更具实用效果。

小贴士

在实际生活中，发散思维与聚合思维往往相伴而行，例如在产品开发过程中，设计师首先以不同的方式勾勒出各种形式、功能的概念（发散）。然后集中分析哪个最能满足标准，组合元素，并通过迭代原型设计完善一种布局（聚合）。

发散是聚合的前提和基础，帮助人们打破常规、探索未知领域；聚合是发散的目的，帮助人们将新的想法和创意转化为具有实际价值的解决方案；发散和聚合在不断重复、叠加的相互作用中共同推动创新的发展。可以说，发散思维的关键是广度和探索，而聚合思维的关键在于深度和判断力。

案例阅读

医生围着病人转：多学科会诊"一站式"解决患者难题

"要是能早点来就好了！"走出协和医院疑难病会诊中心，杨磊和家人不停地念叨着。33 岁的慢性胰腺炎患者杨磊，日前因腹部胰腺液外流 500ml 且病情复杂被选入会诊中心。此前他曾辗转多处诊治，"先去了外科，大夫说我病情复杂，需要去看介入科。介入科大夫说我太年轻，如果做了引流管，挂在体外，生活会很不便，建议我做内引流。内科挂了普通号，大夫说我这个比较复杂，建议挂专家号再看看。最后是消化内科副主任杨爱明教授向我介绍了会诊中心"。在会诊中心，从问诊医生汇报患者病情病史开始，20多位各领域、各科室的专家们根据患者病情、影像资料多角度讨论，最终得出了会诊结果。

杨爱明医生介绍，在医学中，专科分化在带来专科深入发展的好处的同时，也使人们陷入管状思维，外科、内科站在各自的角度思考问题，影像学手段各有千秋但又都有自己的局限性，患者就医的盲目性、诊治的偶然性、医学的不确定性和局限性充分展露出来。而疑难病会诊模式打破了过去以治疗手段分科的旧机制，临床和医技多科室共同阅片、集体讨论决策，大幅提高了诊疗效率。基本外科副主任张太平教授说，各专科拿出本领域最前沿的知识来这里交流，集体讨论将这些专科知识完整地串了起来，就像把大家各自手中的拼图拼在一起，就"拼"出了疾病的全貌。

启示：很多患者都有同样的困惑。病情复杂，奔波在各个科室之间，患者及家属不懂专业知识，难以汇总各科室意见做出最适合的判断……协和医院的多学科疑难病会诊模式，运用了聚合思维，汇集各个科室的专家，综合各方意见，最后得出治疗方案，这无疑有利于病情的治疗。

七、联想思维

"联想"一词最先由17世纪英国哲学经验主义的代表人物洛克提出。洛克认为，人的心灵在出生时就像一块白板，没有任何预先存在的标记或观念，所有的知识和观念都来自后天的经验。在这一框架下，联想作为一个至关重要的心理机制，负责将分散、孤立的观念、记忆和感知片段连接起来，构建出人类复杂而丰富的内心世界。

此外，洛克对联想的探讨也触及了创造思维的核心，在他看来，联想不仅是对现有知识的重新组合，还可能激发新的思想火花，推动人类知识的进步和发展。洛克的哲学思想为联想思维的发展奠定了重要的理论基础。

如今，我们通常认为，联想思维是人们通过某一事物自然而然地联想到与它相关的事物的思考方式。例如，看到一句诗，便能接着说出下一句；看到天空阴沉，便会联想到雨伞。联想的能力是人生来就有的，其本质在于发现不同事物之间的相似之处，从而产生新的设想，这个发现的过程就是创新的过程。常见的联想类型包括以下7种。

- 相似联想。相似联想是指由某事物的形象、特征、性质、功能联想到另外一种事物，是一种由此及彼的想象方式。例如，提到梅、兰、竹、菊，就联想到端方君子；提到向日葵，就联想到太阳。人们模仿鸟的外形制造飞机的行为，事实上也是相似联想产生的结果。
- 跳跃联想。跳跃联想是指在看上去没有任何关系或联系甚远的事物之间形成联想，从而引发新的设想，这样的联想方法往往能产生独特的创意。例如，由黑夜中的闪电联想到生命的意志，由空寂的道路联想到金黄的麦田。
- 连锁联想。连锁联想是指通过某一事物联想到另一事物，再通过另一事物联想到新的事物，这样一环扣一环地进行联想，从而产生接连不断的创意与想法。例如，"泥、沙—混凝土—建筑"的联想过程就是连锁联想。
- 因果联想。因果联想是指由于两个事物存在因果关系而引起的联想。这种联想是双向的，可以由因想到果，也可以由果想到因。例如，由闪电联想到雷雨和雨伞等。

- 自由联想。自由联想是指思维不受限制，主动积极地展开自由的想象。例如，由"铅笔＋橡皮"的组合发明的橡皮头铅笔，为了看到笔芯的用量而发明的透明的笔杆等，都是一些自由联想的产物。

- 对比联想。对比联想是指由某一事物联想到与它相反的事物，如由美及丑、由多及少、由大及小、由好及坏等，通过对比事物来产生好的创意。例如，一位商人看到孩子在逗弄一只长相"丑陋"的虫子，忽然想到，现在市面上都是好看的玩具，那自己可以生产一些"丑陋"的玩具，孩子们一定也很喜欢，果然"丑陋"的玩具一经推出就大受欢迎。

- 强制联想。强制联想是指将毫不相干的事物强制性地联系起来，并对两者展开丰富的想象，使它们产生某种联系。例如，由"灯""动物"可以想出"动物形状的灯""有动物花纹的灯""萤火虫形状的灯"等。这种跳跃度比较大的思维方式能帮助人们突破经验的束缚，产生新的创意。

任务三　突破创新思维的障碍

微课视频

突破创新思维的障碍

传统的家用空调一般采用下出风，人们对此已经习以为常，在考虑解决"直吹不适"问题时往往忽略了"改变出风方式"这一手段，这其实就陷入了思维定式。思维定式对我们的创新思维具有阻碍作用，而上出风空调的设计人员打破了这一思维局限，依靠自己对空气动力学原理的深刻理解，结合实际使用场景，创新性地设计了上出风空调。我们同样也应该打破思维定式，扩展思维视角，将创新思维应用到学习和生活中。

一、突破思维定式

所谓思维定式，即人们在积累的经验和已有的思维规律的基础上，产生了一种较稳定、定型化的思维路线、方式和模式。一般来说，当人们在生活中反复使用某种思维方式时，就容易形成思维定式。在情景相同的情况下，思维定式可以使人通过已经掌握的方法来快速解决问题，但也容易使人形成习惯性的思维模式，从而妨碍创新。思维定式根据产生方式的不同，可以分为5种不同的类型。

1. 从众型思维定式

从众型思维定式是指跟随大众的思维模式。从众心理最大的特征是"人云亦云"，人们在产生从众心理时，往往不会独立思考。有这种心理的人，有的是为了避免"标新立异""哗众取宠"而选择跟大家保持一致；有的则是懒于思考，随波逐流。在实际生活中，大多数人都可能因从众心理而盲从，但这样的思维方式势必与创新绝缘。作为一种消极的思维模式，从众型思维定式也是创新思维的一大阻碍。

因此，大学生要破除从众惯性，学会相信自己，坚持自己的看法，不盲从，拥有独立思维意识，具备良好的心理抗压能力。

2. 权威型思维定式

权威型思维定式是指人们对权威人士的言论、行为的不自觉地认同和信任。人们对权威的信任多来自两个方面：一是教育上，一些学校或家庭，在教育过程中会将信任权威的知识或观念灌输给孩子，使其形成盲目崇拜权威人士及权威理论的观念；另一方面，社会中的众人在推崇一个人后，会形成"口碑效应"，受此影响，很多对其了解不深的人也会对该"权威"产生信服感，甚至还有个体利用手段，打造虚假的"权威"，建立起"个人崇拜"。

这些行为使不少人在"权威"的影响下，难以产生创新的观念、意识，不利于创造力的激发与发挥，所以大学生在对待"权威"时，不要盲目吹捧、服从，而要解放思想，打破权威型思维定式，做一个敢质疑、敢突破、敢实践、敢创新的人。

3. 书本型思维定式

书本型思维定式是指人们对书本的盲从和完全认同。人类文明一步步延续至今，书本功不可没，人类从古至今积累的各种科技、历史、知识、经验等大多是通过书本传承下来的。如今，书本是人们接受教育的载体，贯穿学习的整个过程，人们难免不对书本传递的信息产生依赖性和认同感。但世间事物处于不断发展与变化中，书本内容与不断变化的客观事实可能会逐步产生一定的差异性，盲目按照书本上的观点行事是一种将书本内容夸大化的行为，不仅不利于创新意识的发散，可能还会产生不好的结果。例如，战国时的赵括熟读兵书，说起兵法引经据典、头头是道。但是后来在长平之战中，他只知道根据兵书照搬理论，却不知变通，结果被秦军大败。

"纸上得来终觉浅，绝知此事要躬行"，理论知识可以指导实践，同时也来源于实践。所以大学生在学习书本知识时，要学会辩证地看待书中的观点，将理论与实践相结合，具体问题具体分析，善于归纳总结，而不是墨守成规，这样才能真正解决问题。

4. 直线型思维定式

直线型思维定式是指人们在面对简单问题时，会使用简单的"非此即彼"或按顺序排列的方法思考问题；在面对复杂多变的问题时，也会习惯性地套用这种方法，不从侧面、反面或迂回的角度考虑问题。

直线型思维定式同样不利于创新思维的实现。用直线型思维思考问题的案例有很多，如数学中由"A=B，B=C"得出"A=C"，但该理论并不适用于任何情况，假如A材料可以代替B材料，C材料也可以代替B材料，但这并不意味着A材料绝对可以代替C材料。直线型思维有时候是简单解决问题的最好方法，但也容易显得古板、不知变通，甚至造成错误。

5. 经验型思维定式

经验型思维定式即人们根据长久的习惯和经验来思考和解决同类问题的一种思维方式。虽然经验很多时候都是根据前人或自身的长久积累所得，在很多时候可以帮助人们快速识别问题和解决问题，但相对地，经验型思维定式也会使人形成思维惯性，阻碍人们从全新的角度来认识事物、解决问题。因此创新者在思考问题时，要防止思路固定、太依赖自己的经验或总是采用相同的思维方式解决问题，应尽量寻找新的思考角度，避免惯性思维对创新造成阻碍。

🔍案例阅读

"三系"法培育杂交稻

生物学上，杂交培育的支柱往往相对于亲本（杂交时所选用的雌雄性个体）具有品种优势，如生长健壮、抗性强、产量高、品质好等。因此农业上采用杂交育种的方式来提高作物产量和品质。

一般的作物杂交栽培，多采用父本、母本双亲本杂交（两系法），通过调节花期、控制授粉等方式将双亲的优良基因结合于一体，或将双亲中控制同性状的不同基因积累起来，产生在该性状上超过亲本类型的杂交品种。

水稻，是我国最重要的主粮，培育出高产高质的水稻是学界长期的愿望，但是，杂交品种的品种优势往往只能维持一代。由于水稻属自花授粉作物，使用两系法得到杂交水稻并种植后，杂交水稻自交产生的第二代及其以后几代，其品种优势会逐渐消失，产量明显下降。因此，杂交水稻一般只能利用第一代，收获后不能再作种子。在大面积生产上，必须年年获得大量杂种一代的种子，但由于水稻是雄雌同花的作物，花朵小，每朵花只结一粒种子，用人工去雄杂交的方法来获得生产上应用的大量杂种种子不仅困难，且成本高昂。所以，世界上长期未能通过杂交获得优良的水稻品种。

我国科学家经过长期的研究，终于探索出了一条新途径，建立了"三系"繁育种法。所谓"三系"，就是通过三个不同形状的亲本进行杂交繁育，包括不育系、保持系、恢复系。不育系水稻花粉无授精能力，但雌性器官发育正常，以正常的花粉授育时即能结实；保持系的水稻发育正常，用它的花粉授给不育系后，所产生的后代仍能保持不育系的特性；恢复系的水稻发育正常，用它的花粉授给不育系后，所产生的后代繁殖性恢复正常。

应用"三系"法生产杂交水稻时，将不育系与恢复系按一定比例相间种植，就可不用人工去雄而生产大量第一代杂交种子（制种），用以进行大规模的农业生产。同时，将不育系与保持系按一定比例相间种植，共同生产的种子可以保持不育特性，并代代相传（增殖），如此就能够保证杂交水稻的持续生产和种植。

启示："三系"法利用三个亲本系，在杂交子代中充分发挥两性不育株的作用，实现生殖隔离，从而得到了稳定的杂交水稻种子，对我国粮食生产做出了巨大的贡献。这一成就，正是我国科研人员勇于打破思维定式，大胆创新才得以实现的。

二、扩展思维视角

"视角"就是思考问题的角度、层面、线索或立场。人们在思考问题时，若仅从一个视角出发，得出的结论往往是不全面的。然而从社会学、心理学等角度来分析，人们在思考问题时，很难完全避免思维定式，在长期的思维活动中，很可能会形成趋于一致的思维视角，从相同的角度去思考问题。也就是说，大部分人在思考问题时，往往会先基于常理、常规的角度去观察，再顺着事物发展的时间顺序和空间顺序去考虑，以便能够快速找到问题的解决办法。但这样的思维方式也很容易让人们陷入思维的"陷阱"，不会主动去寻求更新、更有效的解决办法，从而难以产生创造性的成果。

因此，创新者应该尽力避免使用固有的思维视角去观察、思考问题，而应该尽量寻求多元化的思维视角，如图 3-2 所示，去发现新的观点，产出创造性的成果。

扩展思维视角通常意味着从不同的角度看待事物，同学们可以尝试以下方法，扩展自己的思维视角。

- 多学科学习。涉猎不同领域的知识可以提供新的思考框架。例如，了解心理学可以帮助你更好地理解人类行为；而物理学则能教会你物理系统的运作方式。
- 旅行与文化交流。接触不同的文化可以让你体验不同的生活方式和思维方式，有助于打破固有的思考模式。

- 阅读。书籍是了解各种观点的绝佳途径。阅读不同类型的书籍，包括历史、哲学等，可以帮助你看到世界的多样性和复杂性。
- 倾听不同的意见。积极倾听他人的观点，尤其是那些与自己相左的意见，可以帮助你理解问题的不同方面。
- 批判性思考。培养质疑的能力，学会分析信息来源及其背后的逻辑，而不是盲目接受。
- 模拟其他角色。尝试站在他人的立场上考虑问题，比如客户、同事或竞争对手，这样可以让你更全面地理解各方的需求和动机。
- 持续学习与成长。保持好奇心，对新事物持开放态度，并不断地寻求个人成长的机会。

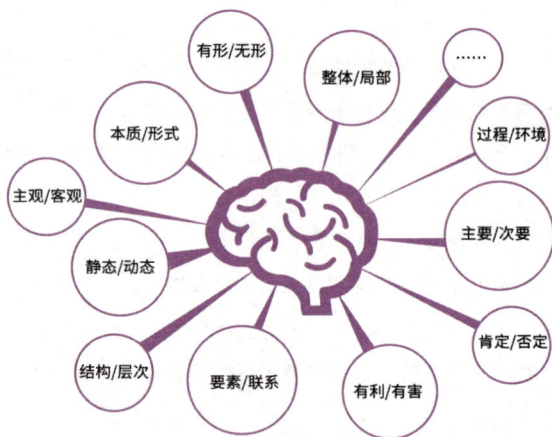

图3-2　多元化的思维视角

实践课堂

实训一 托兰斯创造性思维训练

美国心理学家托兰斯于 1966 年开发的创造性思维测验是一种标准化的心理测量工具，旨在测量个体的创造性思维能力和解决问题的创新能力。下面几个问题来自该测试，每一道题目都没有标准答案，请同学们充分发挥自身的创造力，答题时要想他人之未想，尽可能在短时间内完成。

1. 看到下面这幅画（见图 3-3），您想到了什么？您认为画图者为什么要作此画？

图3-3 示例图

_____
_____
_____
_____
_____
_____

2. 如果每个人都有一架能回到昨天的时空穿梭机，您认为世界会发生什么变化呢？

_____
_____
_____
_____
_____
_____

3. 请以下面的圆为基础，任意创作，并说出自己的想法。

4. 请把图 3-4 中所示的不完整线条补充完整，并为您的图画起名字。

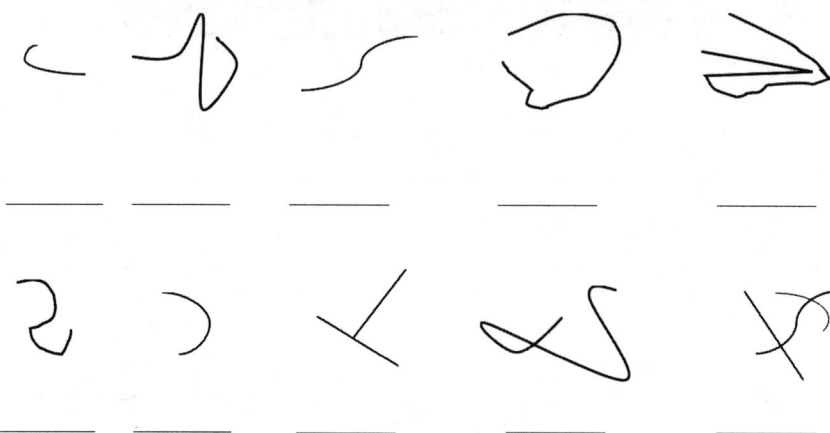

图3-4 补充不完整线条

5. 向同学们分享自己的作品，看一看，谁最有创意?

实训二　打破思维定式的训练

在日常生活中，我们常常依赖自己习惯性的思维模式来解决问题，这就难免会落入思维定式。有人根据人们常见的思维定式设计了一些题目，请你充分发动自己的脑筋，试着从多个角度思考，解开这些题目。

实训二题目答案

1. 沉船

某人乘坐的交通工具驶到海上后就慢慢地沉下去了，但是，所有的乘客都很镇静，既没有人去穿救生衣，也没有人跳海逃命，大家一起沉到海底。这是为什么？

2. 植树

有一个人要种下4棵树，他希望这4棵树每一棵都与其他3棵保持相同的距离，如何实现？

3. 辨别空心球

两个空心球，大小及重量相同，但材料不同，一个是金，一个是铅。空心球表面涂有相同颜色的油漆。现在要求在不破坏表面油漆的条件下用简易方法指出哪个是金的，哪个是铅的。

4. 如何表示

有3根火柴，你能在不折断它们的情况下使用其表示"6"吗？

5. 过河

两个人走到河边，岸上有一条船，可是只能坐一名乘客。结果是两个人都顺利抵达了河对面，他们是如何做到的呢？

6. 鸡蛋与篮子

桌子上有一个装有6颗鸡蛋的篮子，6个人轮流从这些鸡蛋中拿走1个鸡蛋，然而篮子里还剩下一个鸡蛋。这是为什么？

7. 车祸

车祸发生后不久，第一批警察和救护车已赶到现场，发现翻覆的车子内外都是血迹，却没有见到死者和伤者，为什么？

8. 间隔排列

现有6只玻璃杯，前面3只盛满了水，后面3只是空的。如何只移动其中1只玻璃杯，就能使盛满水的杯子和空杯子间隔排列？

9. 火柴算式

2+7-2+7全部由火柴组成，如图3-5所示，移动其中任何一根，要求算式答案为30。

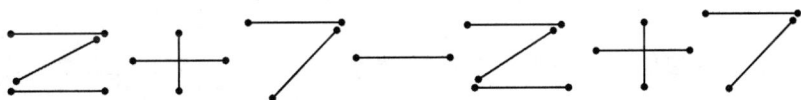

图3-5　火柴算式

10. 真话与假话

一位逻辑学家误入某部落，被囚于牢狱，酋长欲意放行，他对逻辑学家说："今有两门，一为自由，一为死亡，你可任意开启一门。现从两个战士中选择一人负责解答你所提的任何一个问题，其中一个天性诚实，只说真话；一人说谎成性，只说假话，你只能提一个问题。"逻辑学家沉思片刻，即向一名战士发问，然后开门从容离去。请问逻辑学家是如何发问的？

创业家故事："90后"手艺人巧手创业

云廷臻出生于齐河县胡官屯镇云庄村，他家住黄河边上，以前家家种高粱，村里的一些老人和木匠也会做扎刻，他父亲云胜起是个能工巧匠，用秸秆制作的蝈蝈笼精美漂亮，云廷臻爱不释手。"是我父亲的蝈蝈笼为我打开了一个新世界。"受父亲影响，在上幼儿园时，云廷臻就自己用木棍和泥巴做玩具，并从此和扎刻结下了不解之缘。

他从身边的建筑、交通工具、日常用品中汲取创作灵感并进行还原，开始了他的扎刻之路。在小学五年级时，他的扎刻作品《神舟飞船》获得了全县少儿才艺大赛三等奖。这让他备受鼓舞，从此也就更加喜欢扎刻。

长大后，云廷臻了解到现在会扎刻这项技艺的人少之又少，加上选料复杂、工艺难度大，制作周期长、经济收益慢等原因，它的传承一直以来都是个难题。于是大学毕业后他毅然回到家乡，想要将这项传统技艺传承下去。秸秆扎刻并不仅仅是扎和刻这么简单的两道工序，抛开种、收、选材等，还需要有个独特本领，即通过建筑物的平面照片，就能用秸秆搭建出一个三维立体的建筑。这也是秸秆扎刻最困难的地方，要"无中生有"，把一节节秸秆先在头脑中布局完成，之后画成图纸，再搭建完成。他的作品《秸秆扎刻：蝈蝈笼、紫云阁、云工坊、扎刻夜灯、兜率宫》获评"山东省文化和旅游厅举办的 2019 山东非遗 + 旅游文创大赛"一等奖，作品《云工坊、扎刻宫灯》

云廷臻作品《南天门》

被评为"天工开物·齐鲁匠心"山东省最具代表性非遗产品，并由山东省非物质文化遗产保护中心收藏。

云廷臻一直有个创业梦。虽然大学学的是数字媒体技术，但他更倾向于开个扎刻工作室。最开始，他通过直播和出教程的方式进行免费秸秆扎刻教学分享，同时还尝试电商直播、微商直销。2021 年，县文旅局邀请他免费入驻中国驿·美食小镇开店，云廷臻欣然应邀，在家乡创立了云工坊扎刻技艺工作室，仅工作室的徒弟就有几十人，在传承技艺的同时还解决了就业问题。他还打算在村里建立非遗共富工坊，开办农村妇女剩余劳动力和残疾人培训班，为周边村民提供就业岗位、增加额外收入。

云廷臻还加入志愿者队伍，经常受邀请参加非遗进校园、进社区活动。他积极参加各种形式的非遗志愿服务活动 300 余场，向学生们讲解古建筑的古典美学结构，介绍秸秆扎刻的历史，他的秸秆扎刻课程很受学生欢迎，每期都很"火爆"。

2020 年，云廷臻入选齐河县级非物质文化遗产代表性传承人，此后他荣获"山东省乡村好青年""德州最美青年""德州市乡村好青年""德州市文化之星""齐河工匠"等众多称号，成为"强村共富合伙人"。

项目四

创新能力与创新方法应用

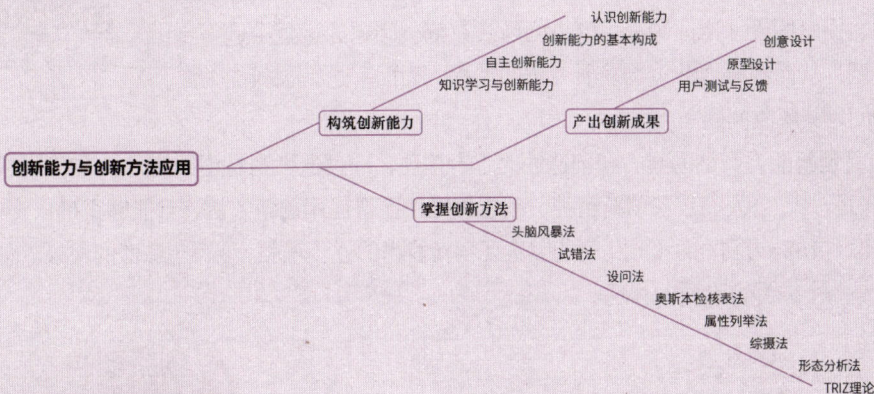

2024 年 2 月，我国自主研制的最大功率、最高技术等级重型燃气轮机——300 兆瓦级 F 级重型燃气轮机首台样机完成总装下线。

燃气轮机一般以天然气为燃料，点火后，其燃烧产生的热能做功带动发电机旋转，从而产生电能。与传统火电 35% 至 46% 的发电效率相比，燃气轮机电站发电效率普遍在 55% 以上，甚至在 60% 以上。重型燃气轮机是极复杂的装备，运行于高温、高应力、高腐蚀的工作环境中。这台样机的总装下线历时 8 年，集聚了来自全国 19 个省市，200 余家企业、科研院所、高校等单位的科研人员。300 兆瓦级 F 级重型燃气轮机由五大系统、5 万余个零部件组成，随着高温合金材料研制等一系列关键核心技术的突破，国内首次实现了大功率重型燃气轮机自主设计制造。

科研人员预计单台设备在生产环境下，每小时能发电约 45 万度，这相当于北京市城乡居民平均每小时总用电量的八分之一。

重型燃气轮机可以说是"装备制造业皇冠上的明珠"，其研制凝结了广大工作者的汗水与智慧，也是我国一项重大的创新成果。请同学们搜集相关信息，想一想：

（1）对于重型燃气轮机这样复杂、精密的大型创新项目，需要哪些条件才能完成？

（2）在总装下线后，中国重燃科研团队持续攻关，开展一系列整机试验工作，这是为什么？

任务一　构筑创新能力

重型燃气轮机的成功研制显示出我国强大的科研创新能力，而要完成这样复杂艰巨的科研任务，需要每一位参与者的努力。大学生作为社会生产的主力军，也应该培养和增强自己的创新能力，在各个领域中发挥作用，实现价值。

一、认识创新能力

所谓创新能力，是指创新主体（个人或团队）从事创新活动的能力，是运用一切已知信息，包括已有的知识和经验等，生成某种独特、新颖、有社会价值或个人价值的产品的能力。

创新能力是创造者进行创新活动的能力，也就是创造者产生新想法、创造新事物的能力。创新能力的产生实质上是一个从发现问题、分析问题、发现矛盾、提出假设、论证假设、解决问题及在解决问题的过程中进一步发现新问题，从而不断推动事物发展变化的过程。简而言之，创新能力源于"提出问题并解决问题"。

知识驿站

创新能力的特征

有人将创新能力归纳为智力和创造性的综合体现，而创造性则是创新能力的核心，图4-1所示为创新能力公式。当人们具备创新精神、创新思维，懂得运用创新方法，且能够正确认识世界，掌握相关知识、技能、方法和经验时，就能够实现创新能力的逐步增强，取得创造性的成果。总体来说，创新能力是一个人综合素质的体现。

知识　技能　方法　经验　智力　＋　创造性　创新精神　创新思维　创新方法

图4-1　创新能力公式

案例阅读

谁建造了赵州桥

有一则民间传说，说坐落在河北省赵县洨河上的赵州桥是古代巧匠鲁班所建。相传古时的洨河浊浪翻天，两岸百姓都要靠木船摆渡过河。一天夜里，鲁班赶着羊群路过洨河，只见皎洁的月光下，羊羔竟然纷纷化作了石头，坐落在河中。鲁班只好挥动铁锤，将这些羊羔化作的石头打造成了一座横跨洨河两岸的石桥。石桥建成后，引起轰动，很快，消息就传到了仙界，神仙们纷纷下凡，都想走一走这座桥。当神仙张果老骑驴、柴王爷推车行至桥中间时，桥面摇摇欲坠。鲁班见势，纵身跳入水中，用手撑住了石桥。此后，桥面上就留下了驴蹄印、车辙印，桥底也留下了鲁班的手印。

当然，传说只是传说。赵州桥实际上是由隋朝的著名石匠李春设计、建造而成。在古代，赵州是南北交通的要道，北上可抵重镇涿郡，南下可达京都洛阳，但洨河却阻碍了南北的交通，于是隋朝官府决定在此建造一座桥。当时的石桥拱形大多为半圆形，这种半圆形的拱桥往往跨度很小，难以跨越太宽的河流，若要加大桥的跨度，则不仅修建难度较大，且需要将桥的拱顶修建得很高，不便于车马行人的通行。为了解决这个难题，李春创造性地设计了圆弧拱形式的石桥，创造了"敞肩拱"——在大拱的两肩砌4个并列的小拱，不仅达到了大跨度、低桥面的目的，而且增大了流水通道，节省了建筑石料，同时还减轻了桥身的重量，利用小拱对大拱的被动压力，避免主拱圈变形，大大增加了桥身的稳定性。

赵州桥全长64.40米，桥面宽约10米，主孔净跨度为37.20米。全桥全部用石块建成，共用石块1 000多块，每块石头重达1吨。赵州桥自建成距今已经1 400多年。西方国家在14世纪才出现了敞肩圆弧石拱桥，比我国晚了600多年。英国近代生物化学家和科学技术史专家李约瑟博士在其所著的《中国科学技术史》中列举了从1世纪到18世纪先后由我国传到欧洲和其他地区的26项科学技术成果，第18项就是弧形拱桥。

赵州桥大跨度、圆弧拱、敞肩形式的设计，不仅开创了我国古代桥梁建造的新局面，而且对我国后建的桥梁产生了巨大、深远的影响，在世界桥梁史上也是一项极其伟大的成就。

启示：赵州桥的设计是我国古代劳动人民智慧的体现，其设计和施工中取得的许多技术成就，也正是设计师李春及其他工匠创新能力的体现，他们开创性地使用了圆弧拱形式，改变了我国石桥大多为半圆形拱的传统，这是我国桥梁史上的空前创举。

二、创新能力的基本构成

微课视频

创新能力的基本构成

创新能力是一种由多种能力构成的综合能力，这种综合能力直接应用于创新实践活动，并表现在创新者的学习、观察、总结、决策等多个方面。如果要对创新者的创新能力进行归纳，则可以归纳为发现问题的能力、处理信息的能力、灵活变通的能力、主动创新的能力、制定方案的能力、评价和复盘的能力。

1. 发现问题的能力

生活中从来不缺少问题，而是缺少发现问题的眼睛。创新能力很多时候就直接表现为发现问题的能力。当一个人具有较强的观察力，能够在日常生活中做到多听、多看、多问、多想时，就能够发现很多常人容易忽略的问题。例如，达尔文从小就喜欢观察动物和植物，这个习惯为他后来的研究积累了大量的第一手资料，帮助他发现了很多问题，为他创立进化论提供了可靠的依据。

2. 处理信息的能力

当今社会是一个信息化的社会，快速地获取最新、最有效的信息是我们在当前的市场环境中取胜的关键，具备较强的处理信息能力的人往往更容易找准关键信息，及时获取重要信息，从而找到创新的机遇。由于当今时代具有信息爆炸的特性，学会从众多信息中筛选出专业而有效的信息对创新者来说至关重要。例如，牛顿取得的科学成果如此巨大，不仅得益于他自己的聪慧与努力，还得益于他较强的获取、处理和利用信息的能力。牛顿在格林尼治天文台任观察员时，曾及时从格林尼治天文台台长处得到月球观测的信息，并利用这些信息修正了自己的理论。

3. 灵活变通的能力

在创新实践的过程中，创新者会遇到各种问题，这就需要创新者具备灵活变通的能力，能够根据问题及其变化情况立即采取不同的应对措施。例如"田忌赛马"的故事中，在身处劣势的情况下，孙膑采用"下等马对上等马，上等马对中等马，中等马对下等马"的策略，最终帮助田忌赢得了比赛。而要想增强灵活变通的能力，创新者必须具备认识能力、判断能力、决断能力，才能够针对不同的环境、对象，因人制宜、因事制宜、因时制宜、因势制宜，在最短的时间里提出解决方案并付诸实践，从而避免因决策延误或决策失误而错失良机。

4. 主动创新的能力

创意的火花往往转瞬即逝，创新者要抓住创意就要时刻做好创意诞生的准备，当创意来临的时候，要分析这个创意是否符合条件要求，是否具有可执行性。当然，创新者也不能一味等待创意的诞生，而要运用自己的能力主动在创新实践的过程中寻找创新想法，坚持创新思维，保持主动创新能力。

5. 制定方案的能力

拥有独立创新的能力，并不代表创新者就可以收获创新成果。要想将创新想法变成创新成果，创新者还应该积极制定创新实践方案，将创新想法转变为具体的创新计划，明确创新计划实施的内容，构思完整的创新流程，及时发现问题，对问题的现状及解决方法进行全面分析和评估，确定解决问题的最优办法，判断和论证整个方案的合理性。

6. 评价和复盘的能力

在完成一次创新实践活动后，创新者还要对整个创新活动进行评价和复盘，评价创新活动的成果是否符合最初的预期，是否实现了最初的目标。同时，创新者还要复盘创新实践活动过程，分析创新过程中出现的问题、遇到的困难等，总结经验，以便下一次创新活动的顺利开展。

三、自主创新能力

创新能力是多种基础能力综合作用的结果。每个人由于具备的基础能力不一样，因而表现出来的创新能力也不一样。但在通常情况下，创新能力更强的人往往在学习能力、分析能力、综合能力等方面都表现得很优秀，因此大学生可以有针对性地对自己的各项基础能力进行锻炼，从而增强自己的创新能力。

1. 增强学习能力

学习能力包括获取与掌握知识、方法和经验的能力，以及阅读、写作、理解、表达、记忆、搜集资料、使用工具、对话和讨论的能力等。学习能力往往决定着大学生发现问题和解决问题的能力，大学生的学习能力越强，知识面越广，则发现问题和解决问题的能力越强，创新能力自然也就越强。

2. 增强分析能力

分析能力指对事物的整体进行研究的技能和本领。拥有分析能力是大学生分析问题、解决问题的前提，分析能力的增强会促使大学生创新能力的逐步增强。

3. 增强综合能力

综合能力是一种把研究对象的各个部分结合成一个有机整体进行考察和认识的技能和本领，是将事物的各个要素、层次用一定线索联系起来，以此发现其本质关系和发展规律的能力。综合能力与大学生的创新能力相关，一般来说，综合能力越强，大学生的创新能力就越强。

4. 增强想象能力

想象能力是指以一定知识和经验为基础，通过直觉、形象思维或组合思维，不受已有结论、观点、框架和理论的限制，提出新设想、新创见的能力。很多创新活动往往开始于创新者的想象，因此想象能力是创新的起点，也是创新得以持续进行的根本保障。

5. 增强批判能力

批判能力是正确地认识事物，辩证地了解事物的能力。大学生在学习、吸收已有知识和经验时，可以通过合理的批判确保自己有选择性地吸收和接受各种知识和经验，去粗取精、去伪存真。

6. 增强实践能力

实践能力就是将创新想法落实到真正的行动上的能力，是为了实现创新想法的实用价值而进行各种社会实践活动的能力。提出创新想法只是创新活动的第一阶段，要使这个想法得到认可、传播与应用，实现其学术价值、经济价值和社会价值，则必须经过漫长的实践过程。

7. 增强组织协调能力

组织协调能力是指通过合理调配系统内的各种要素，发挥系统的整体功能，以实现目标的一种能力。对创新人才来说，要完成创新活动，就要具备一定的组织协调能力，以保证创新活动的顺利进行。特别是当创新者拥有一定的资源时，更需要通过沟通、说服、资源分配和荣誉分配等手段来组织协调资源，以最终实现创新目标。

🔍 案例阅读

冯·卡门的质疑

航天工程学家冯·卡门开创了数学和基础科学在航空航天和其他技术领域的应用，被誉为"航空航天时代的科学奇才"。然而这样一位天才，也曾被伟人的研究理论所"欺骗"。

冯·卡门在担任匈牙利一家发动机制造厂的顾问时，曾目睹了航空先驱法尔芒的飞行试验，这一飞天的壮举让冯·卡门十分震惊，因为根据科学界的"巨人"牛顿的研究，比空气重的东西在空中不能持续飞行。

于是冯·卡门向法尔芒发问，没想到法尔芒幽默地说："是那个研究苹果落地的人吗？幸好我没有读过他的书，不然今天就不会得到这次飞行的奖金了。我只是个飞行员，至于飞机为什么会飞起来，不关我的事，您应该研究它。祝您成功，再见！"冯·卡门陷入了沉思，他意识到伟人也会犯错，同时将航空航天气动力学确定为自己的研究方向。

自那以后，冯·卡门开始致力于航空航天气动力学的研究，他归纳出了钝体阻力理论，改变了当时公认的气动力原则；提出了附面层控制的理论；提出了超声速阻力的原则；发明了喷气助推起飞装置，真正成了航空航天气动力学上的大师级人物，还指导了一大批后起之秀，包括钱伟长、钱学森等。

冯·卡门尤其欣赏钱学森，对他悉心指导，钱学森也在冯·卡门的指导下取得了很多研究成果。一次，钱学森完成了一篇论文，与冯·卡门一起讨论，冯·卡门不同意他的观点，几次打断钱学森的发言，说："这是不可能的事，荒谬！"钱学森则坚持自己的观点，毫不退让，最终两人不欢而散。冯·卡门回到家里想了一夜，想起了法尔芒与他的飞行器，终于冷静下来审视自己，认为自己不该如此固执己见，应该认真对待每一个合理的"批判"。第二天，冯·卡门向钱学森致歉，承认了自己的错误。

启示：冯·卡门一生都没有放弃对科学真理的追求，他在批判的过程中不断进行自我反思与自我否定，站在辩证的角度正确地认识和了解事物，最终取得了不起的成就。可以说冯·卡门能够取得如此巨大的成就，与他对自己的严格要求和自我批判是分不开的。

四、知识学习与创新能力

掌握某一领域的基础知识，是创新的基石。唯有深入理解现有的理论与技术，才能在此基础上进行有效的改进或创造新的成果。这不仅需要创新者对特定领域有扎实的专业知识，还需要其能够从更宽广的视角出发，结合不同学科的知识来思考问题。跨学科的学习和研究，可以帮助人从不同角度思考问题，从而产生新的见解。例如，将生命现象和机械原理相结合的仿生学，就为世界创造了雷达、人工冷光、扑翼机、薄壳建筑、迷彩服、电子蛙眼、蜂巢结构、仿皮毛保温层等众多创新产品与理念。因此，渴望培养自身创新能力的大学生，不断深化专业知识的同时，也不应忽视其他相关领域的学习。

为了更好地激发个人的创造性思维，大学生应当树立终身学习的理念，保持一颗永不满足的好奇心及对未知世界强烈探索的愿望。广泛涉猎各个学科的经典著作、最新研究成果，不仅可以拓宽大学生的视野，还有助于其形成更加全面的世界观。

积累丰富的知识资源，并持续更新自己的知识体系，是提升创新能力不可或缺的一部分。随着时代的发展，新技术层出不穷，新理念不断涌现，只有那些愿意不断学习、勇于尝试的人，才能够紧跟时代的步伐，在各自的领域内做出卓越贡献。因此，对每一位希望成为未来社会变革者的学生来说，现在就开始行动起来，构建一个既深厚又灵活的知识库吧！

任务二　掌握创新方法

微课视频

头脑风暴法

300兆瓦级F级重型燃气轮机由5万余个零部件构成，其成功的背后，是研发团队一道一道的技术攻关。其采用的新技术、新材料、新工艺，凝结了众多的智慧，同时也是各种创新方法的体现。创新的方法有很多，熟练并灵活运用多种创新方法，有利于提升大学生创业者解决实际问题的能力，为其开展创新创业活动打下基础。常用创新方法包括头脑风暴法、试错法、设问法、奥斯本检核表法、属性列举法、综摄法、形态分析法和TRIZ理论等。

一、头脑风暴法

头脑风暴法又称智力激励法，是美国创造学家奥斯本于1953年正式发表的一种激发性思维方法。奥斯本在自己公司的决策实践中发现，在群体决策时，群体成员的心理会相互影响，多数个体要么屈从于多数人，陷入从众定势，要么屈服于高位者的意志，陷入权威定势，这可能会削弱群体的批判精神和创造力，从而降低群体决策质量。他想要找到一种能够使所有人的思想自由迸发、灵感涌现的方法，头脑风暴法由此应运而生。

头脑风暴法指一群人（或小组）围绕一个特定的兴趣或领域，无限制地自由联想和讨论，进而产生新观念或激发创新设想的一种方法。这是一种集体创新方法，通过集思广益、充分发挥集体智慧，探求问题各方面、各角度的原因或构成要素，从而高效解决问题。

🔔 小贴士

头脑风暴法又可分为直接头脑风暴法（通常简称为头脑风暴法）和质疑头脑风暴法（也称为反头脑风暴法）：前者是与会者群体决策，以便尽可能地激发出与会者的创造性，从而产生更多设想的方法；后者则是对前者提出的设想、方案逐一进行质疑，分析其现实可行性，最终选出可行性最高的方案的方法。

头脑风暴法通过头脑风暴会议得以实施，该方法的操作具有一定的组织规则和流程要求，只有明确头脑风暴法的具体实施步骤，才能确保讨论的顺利展开。

1．会前准备

组织者在会前准备阶段需要明确会议需要解决的问题和与会人员的数量，提前向与会者通报会议议题和其他相关信息，同时确定会议的主持人和记录者。会前准备各个步骤的具体内容如表4-1所示。

表 4-1 会前准备各个步骤的内容

会前准备步骤	具体内容
选好主题	确定一个主题，并且将会议主题提前通知与会者
了解组织形式	（1）确定参会人数，会议参加人数为5～10人 （2）确定参会人员，参会人员最好由不同专业或不同岗位的人组成 （3）注意控制会议讨论时间，最好将讨论时间控制在1小时左右 （4）设置主持人1人、记录员1～2人，主持人负责主持会议，记录员负责记录与会者的每一个设想，以便后期进行创意筛选
确定会议类型	会议的组织形式分为设想开发型和设想论证型 （1）设想开发型主要是获取大量设想、为课题寻找多种解题思路，重点在想象和表达 （2）设想论证型主要为了将众多设想归纳转换成实用型方案，重点在归纳和分析判断
提前进行柔化训练	在会前对缺乏创新锻炼的与会者进行打破常规思考、转变思维角度的训练，以减少其思维惯性，提升其创新热情
搜集资料	预先准备好资料，让与会者能够对与会议主题相关的信息有充分了解，与会者也需要准备自己的材料，尽可能多地了解相关主题信息
其他事项	（1）与会者要懂得会议的要求和开展方法 （2）主持人要熟悉并掌握头脑风暴法的要点和操作要素，引导会议开展 （3）适当布置会场，比如将座椅排成圆环形，营造轻松的讨论场景 （4）会议正式开始前，可使用趣味竞猜等活动供与会者放松、活跃气氛

2. 会议实施

头脑风暴法的会议实施可以分为以下 3 个阶段。

第一阶段，主持人介绍并阐述问题，组织与会者就主题进行讨论，如果与会者对问题感到困惑，主持人可用案例来进行分析讲解。

第二阶段，每位与会者各抒己见，同时，记录员在黑板等醒目位置记录下所有人提出的创意设想。主持人在会议过程中进行引导，鼓励与会者自由提出见解。注意，若某项主题需要长时间讨论，可将该主题分解成若干小主题进行专题讨论。在会议过程中，主持人还要在某个时间段恰当地通报当前进展，归纳前期的发言，引导接下来的发言，做到为与会者营造融洽轻松的讨论氛围。

知识驿站

头脑风暴法的
注意事项

第三阶段，创意设想结束后，综合讨论所有意见。若是分组进行讨论，可以让其他组的成员评价当前小组所提出的方案，提出可能妨碍方案施行的限制因素，最终选出可行性最高的方案。

值得注意的是，为了更好地运用头脑风暴法，使与会者的思维活动真正起到互激效应，与会者必须严格遵守 4 条基本原则。

（1）自由畅想。在头脑风暴的过程中，需要与会者集中注意力，就会议的中心问题各抒己见，自由发言。主持人应创造一种自由、活跃的气氛，激发与会者提出各种"不着边际""异想天开"的设想，使与会者的思维彻底打开，这是头脑风暴法的关键。

（2）以量求质。头脑风暴不是要一步到位，得出解决方案，通常设想与意见越多，就越容易产生互激效应，最后产出好创意。因此，看法越多越好，主要着重于看法的数量，以量求质。

（3）见解无专利。会议中，与会者除了提出自己的意见，还可以鼓励其他与会者对自己提出的设想进行补充、改进，并产生不同的设想，不必担心自己的设想被人抢走或抢走了别人的设想。见解无专利是产生互激效应的基础。

（4）延迟评判。应禁止与会者随意评判会议中提出的各种意见、方案。任何与中心问题有关的想法都是有价值的，与会者要认真对待会议中提出的任何一种设想，先不用理会其适当性与可行性。一旦产生批评，就很可能导致其他与会者不敢提议，最后无法产出思维成果。

二、试错法

试错法是人们根据已有产品或以往的设计经验提出新产品的工作原理，并通过不断的试验去验证答案，从而达到预期目标的方法。试错法是一种经验式的创新手段，青蒿素研究中，团队试验各种中草药，就是试错法的典型案例。

1. 试错法的理论依据

黑箱理论是试错法成立的逻辑基础，试错法的本质是通过不断试验和消除误差，探索具有黑箱性质的系统并最终达成目标。

黑箱是控制论术语，是指人所未知的区域或系统。人们不清楚"黑箱"的内部结构，但是可以观察到输入黑箱的信息与从黑箱输出的信息，并且通过比较输入信息与输出信息的差别来认识黑箱对信息的加工和反应。例如，我们知道通过按动遥控器上的按键可以进行打开电视、调整电视声音、切换电视频道等操作，但是我们并不知道电视机的内部构造及其工作原理，电视机对我们来说就是黑箱。

试错法则是通过不断调整输入黑箱的信息，并观察其输出信息的变化，通过对这些变化情况的分析和综合，逐渐获得对黑箱功能的认识，进而利用黑箱的功能达成目标。

2. 试错法的具体应用

试错法的具体应用很简单，只有猜测和反驳两个流程，但是需要对这两个流程不断重复，直至找出能够解决问题的答案，试错的思路如图4-2所示。

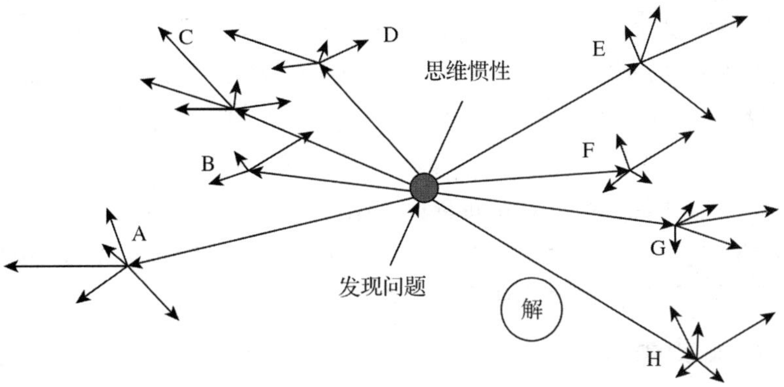

图4-2　试错法的思路

（1）猜测。猜测是试错法的第一步，是指基于自身对问题的已有认识，去想象、怀疑、判断这些与解决问题相关的变量。这些变量应该简单明了且可控，这样才能用实验验证。

（2）反驳。反驳是对猜测进行实践，并发现实践成果中的错误，从而得到对问题的新认识。反驳是对猜测的验证与评判，是一个排除错误的过程。

反驳后再进行下一轮试错，这样猜测与反驳交替使用，直到得出一个可行解为止。试错法是一个通过"错误—排除错误—再次错误—再排除错误"的过程最终得到有效成果的途径，值得注意的是，使用试错法找出的可行解往往不是最优解。

三、设问法

设问法是指通过针对创新目标不断提问来扩展思维的方法。通过提问，可以认识到现有事物的各种不足，从而有针对性地解决问题，并产出创新成果。

设问法的效果取决于提出问题的质量。通常可以从以下几个方面来提出问题。

- 为什么。为什么要进行创新，为什么现有产品市场表现不佳，为什么良品率低，为什么原材料损耗很大，等等。通过"为什么"的提问可以弄清楚创新的现实基础。
- 是什么。需要改进的问题是什么，新产品的要求是什么，等等。通过"是什么"的提问可以明确创新的目标。
- 什么人。创新需要哪些人员，需要什么样的人员，创新成果需要面向哪些人群，等等。通过"什么人"的提问可以明确创新团队。
- 什么时间。新产品要在什么时间上市，在什么时间段内使用，等等。通过"什么时间"的提问可以合理分配创新进程与工作时间。

- 哪里。创新成果要应用到哪里。通过"哪里"的提问可以确定创新成果的用途和使用环境。
- 怎么做。怎么达成目标,怎么使产品具有相关功能,怎么打动服务对象,等等。通过"怎么做"的提问可以解决创新过程中面对的各种问题。
- 多少。产量多少,成本多少,原材料多少,等等。通过"多少"的提问可以对创新活动进行定量分析,确保创新成果能够满足需要。

设问法促使创新者通过不同的角度来思考问题,从而得到对问题相对完善和系统的认识,产出具有深度和科学性的成果。

四、奥斯本检核表法

奥斯本检核表法由奥斯本提出,该方法是指根据需要解决的问题或者创造发明的对象,列出一系列提纲式的问题,形成检核表,然后逐个地讨论、分析这些问题,从而获得解决问题的方法或新的设想。

检核表法几乎适用于任何类型与场合的创新活动,因此享有"创新方法之母"的美称。不同的领域流传着不同的检核表,但知名度最高的是奥斯本检核表。奥斯本检核表法可用于发散思维,检验创意是否全面,主要用于新产品的研制开发过程。

1. 奥斯本检核表的构成

奥斯本检核表法从 9 个方面进行思考,有助于启迪思路、开拓思维想象的空间,促进新设想、新方案的产生。奥斯本检核表法的检核项目如表 4-2 所示。

表 4-2　奥斯本检核表

项目	含义	案例
能否他用	现有事物除公认用途外,是否还有其他的用途	例如,夜光粉早先被运用在钟表上,后来扩大其用途,设计出夜光项链、夜光棒等,后来被制成夜光纸,裁剪出形状,贴在夜间或停电后需要指示位置的地方,如电器开关处、火柴盒上、公路转弯处、楼梯扶手和应急通道及出口处等
能否借用	现有事物能否引入其他的创造性设想;能否模仿别的东西;能否从其他领域、产品、方案中引入新的元素、材料、造型、原理、工艺、思路	例如,建房时,要安装水暖设备,经常要在水泥楼板上打洞,既慢又费力。一位建筑工人就想到用能烧穿钢板的电弧机来烧水泥板,他经过改造,发明了在水泥上打洞又快又好的水泥电弧切割器,这便是借用了其他领域知识进行的创新行为
能否改变	现有事物能否做颜色、声音、气味、样式、花色、品种、意义、制造方法等方面的改变,改变后效果如何	例如,1898 年,亨利·丁根把滚柱轴承中的滚柱改成圆球,发明了滚珠轴承,大大降低了摩擦力
能否扩大	现有事物能否扩大适用范围;能否增加使用功能、零部件;能否延长使用寿命,能否增加长度、厚度、强度、频率、速度、数量、价值	例如,在玻璃中间加入某些材料,就制成了防弹、防震、防碎的新型玻璃

项目	含义	案例
能否简化	现有事物能否体积变小、长度变短、重量变轻、厚度变薄及拆分或省略某些部分（简单化）；能否实现浓缩化、省力化、方便化	例如，20世纪50年代，荷兰的马都洛夫妇为纪念他们死在集中营的爱子，投资将荷兰的典型城镇缩小到1/25，建成世界上第一个"小人国"——"马都洛丹"，从而开创了世界主题公园的先河。后我国采用这种形式建设了深圳的"世界之窗"和"锦绣中华"，也为中国园林的发展提供了一个新方向
能否代用	现有事物能否用其他材料、元件、结构、方法、符号等替代	例如，瓶盖里过去用的是橡胶垫片，后改为低发泡塑料垫片。据统计，换材料后，仅海南省一年就可以节约橡胶520吨
能否调整	现有事物能否变换排列顺序、位置、时间、速度、计划、型号；内部元件可否互换	例如，房间家具的重新布置，有可能带来非常好的效果
能否颠倒	现有事物能否从里外、上下、左右、前后、横竖、主次、正负、因果等相反角度颠倒过来使用	例如，一般小学语文是先识字后读书，后黑龙江一学校让学生先读书，在其过程中对不认识的字进行拼音标注
能否组合	现有事物能否进行原理组合、材料组合、部件组合、形状组合、功能组合、目的组合	例如，南京某中学生利用组合的办法，发明了带水杯的调色盘，并将杯子设计成可伸缩的，固定在调色盘的中央。用时拉开杯子装水，不用时倒掉水，使杯子收缩

2. 奥斯本检核表法的应用步骤

奥斯本检核表法在改良产品方面具有非常优秀的效果，其具体应用分3个步骤，分别是提出问题、列出设想、筛选设想。

（1）提出问题。根据对研究对象的有关了解提出需要解决的问题。

（2）列出设想。按照奥斯本检核表的项目，逐一提出改良研究对象的设想，并将所有设想一一列出。

（3）筛选设想。筛选出能够解决问题且具有可行性的设想，并完善这些设想，使之成为一个明确的创新方案。

为了提高创新的成功率，在运用奥斯本检核表法提出创新设想时，可反复检核，列出尽可能多的设想。此外，也可以将对每一项目的思考作为一个单独的创新项目来看，不要被对其他项目的思考所影响，也不要形成惯性思维。

五、属性列举法

属性列举法也称特性列举法，由罗伯特·克劳福德教授提出，使用该方法时要列举事物的所有属性，然后针对这些属性进行创造思考。属性列举法可以对研究对象或研究课题的所有属性进行全面的分析研究，适用于老产品的升级换代。

属性列举法的操作步骤分为4步进行，具体步骤如下。

（1）确定一个目标明确的研究对象或研究课题。

（2）了解事物的现状，熟悉其基本结构、工作原理及使用场合，同时应用分析、分解及分类的方法对研究对象进行必要的结构分解，找出对象中的名词属性、形容词属性、动词属性及量词属性。属性列举法的具体实施方法如下。

- 名词属性（采用名词来表达的特征）：如事物的结构、材料等。
- 形容词属性（采用形容词来表达的特征）：如事物的色泽、大小、形状等。
- 动词属性（采用动词来表达的特征）：如事物功能方面的特性。
- 量词属性（采用数量词来表达的特征）：如数量、使用寿命、保质期等。

（3）从需要出发，对列出的属性进行分析，并且与其他物品进行对比，然后通过提问的方式来激发创新思维，采用替代的方法对原属性进行改造。

（4）应用综合的方法综合原属性与新属性，寻求功能与属性的替代或更新完善，最后提出一个新设想。

六、综摄法

综摄法是威廉·戈登教授提出的一种思维方法。该方法以外部事物或已有的发明成果为媒介，将它们分解成若干元素后进行研究，综合利用激发出的灵感来发明新事物或解决问题。其优势在于能够吸收其他产品的优点设计新产品、制定营销策略等。

1. 综摄法的思考方法

综摄法的核心是集中群体智慧，以已知事物为参考来解决问题，其思考方法主要可以从异质同化和同质异化两个角度来展开。

（1）异质同化。异质同化也就是"变陌生为熟悉"，是指在面对陌生事物的时候，可以通过分析陌生事物来发现其中包含的自己所熟悉的要素，将其与具有同种要素的熟悉事物相比较，从而建立对这个陌生事物的认识。

（2）同质异化。同质异化又叫"变熟悉为陌生"，是指在面对熟悉事物的时候，需要摆脱固定的观察模式，采用新的视角对其进行重新认识，从而产生新的想法。

2. 综摄法的类比技巧

综摄法是一种以类比为基础进行思考的方法，注重通过发挥非理性思维的作用，获得解决问题的方案和创意。类比是根据两个对象某些相同或相似的性质，推断它们在其他性质上的联系的一种推理形式，类比技巧主要包括以下4种。

（1）拟人类比。对创造对象加以"拟人化"。例如，挖土机的设计就采用了拟人化的设计，模拟了人的手臂挖土的动作。

（2）直接类比。从客观世界中寻找与创造对象类似的事物加以类比。例如，水上汽艇的控制系统就可以与汽车相类比，它们的操纵系统、制动系统、灯光等十分类似。

（3）象征类比。通过某种抽象概念对创造对象进行类比，赋予创造对象特殊的意义。例如，在纪念馆的设计上，可以赋予其"庄严"的格调。

（4）想象类比。想象类比是一种自由的类比方式，主要通过想象力来获得解决问题的方案。例如，科幻作品中对未来场景的描述就是一种想象类比。

3. 综摄法的实施

综摄法实质上是一个"具化问题—抽象原理—具体运用—解决问题"的思维过程，运用综摄法的重点在于使用类比寻找熟悉的事物作为原理与问题之间的媒介。综摄法的具体实施可分为两个阶段，每个阶段又有其特定的步骤。

（1）准备阶段

综摄法的准备阶段主要包括 3 个具体步骤。

- 确定会议时间和明确人员分工。
- 确定与会者的数量。与会者可以有不同的专业背景，但必须具备一定的行业知识。
- 选择主持人。主持人需对综摄法的相关知识有足够的了解。

（2）实施阶段

综摄法的实施阶段包括 7 个步骤。

- 提出问题。主持人介绍背景情况，然后宣布会议需要解决的问题。
- 分析问题。与会者轮流发言，发表自身对问题的想法，各抒己见。
- 明确方向。总结所有与会者的想法，将其抽象为一个明确的方向。
- 探求原理。讨论这个方向所需运用的原理。
- 灵活类比。寻找同样运用了相关原理的事物，分析其对原理的运用方式。
- 适应目标。将上面讨论出的运用原理的方式移植到需要解决的问题上，并根据该问题的实际情况进行调整。
- 得出方案。对讨论得出的解决问题的方法进行总结，形成最终的方案。

七、形态分析法

形态分析法由天文学家弗里茨·兹威基于 1942 年提出。形态分析法以系统分析和综合为基础，用集合理论对研究对象相关形态要素进行分解排列和重新组合，得出所有可能的总体方案，最后通过评价进行选择。

形态分析法的特点是对事物不断分解，将事物分解为不可再分的基本元素，再对每一个细分元素进行独立的分析与构想，找出每一个元素的可能形态。这些可能形态经过不同的组合就构成了解决问题的总方案，总方案的个数就是各元素形态的组合数。这样的方法使总方案包含研究对象的每一个要素的所有可能形态，一旦某个要素或其形态出现问题就会影响整个方案，因此需要切实分析每一个方案的可行性。

形态分析法的操作步骤如图 4-3 所示。

（1）明确对象。明确用形态分析法所要解决的问题，如发明、设计等。

（2）提取要素。将要解决的问题，按重要功能等基本组成部分分解成若干基本要素，提取创造对象的主要组成要素，要尽可能地全面，不要遗漏关键要素。

（3）确定形态。列出每一要素可能包括的所有形态。

（4）组合形态。按照对设计对象的总体功能的要求，分别将各要素的不同形态以不同方式进行组合，以获得尽可能多的设计方案。

（5）评价和筛选组合方案。对各个可行的组合方案进行分析、比较，从中选出一个最佳的组合方案。

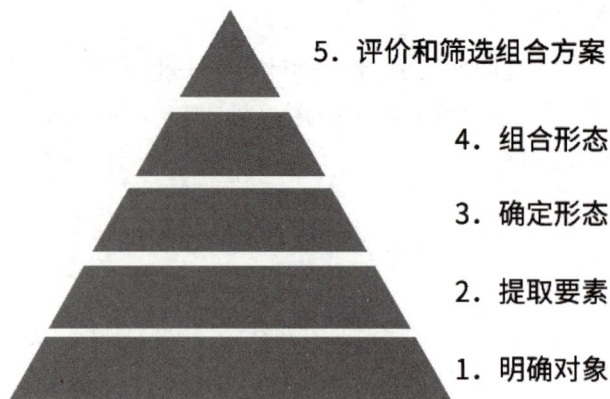

图4-3 形态分析法操作步骤

八、TRIZ理论

在工程领域，创新有一种典型的方法理论，就是发明问题解决理论（简称TRIZ，俄文译为拉丁文的首字母缩写），由科学家根里奇·阿奇舒勒研究提出，这是一套通过发明解决问题的方法论，更加注重技术层面的发明与进化，是实现创新的实用型工具。

TRIZ理论的精髓是使用有限的原理与方法，解决无限的发明问题，若问题中的一个或多个矛盾得到了解决，就有一项具有发明水平的成果诞生。

在TRIZ理论中，解决问题的方法和手段包括以40个发明原理为核心的矛盾矩阵、4种分离原理、巨大的科学效应知识库及物—场分析与标准解等，用于解决技术矛盾和物理矛盾。

同时，现有的TRIZ理论还加入了若干分析工具，统一问题框架，使矛盾对立的双方可以快速分离，消除矛盾，高效解决问题。TRIZ理论目前在创新平台中得到了广泛应用，人们可以利用它解决技术问题，产生创新方案，还可以用它进行专利布局或环保设计，解决各种矛盾冲突，使物质之间相互作用的功能得以实现。

知识驿站

TRIZ研究领域中的解决办法和手段

1. 发明问题解决理论的主要内容

创新本身就是一个创造性地发现问题和解决问题的过程，而TRIZ理论则为问题的创造性解决提供了系统的工具与方法指导。它是一个不断发展完善的庞大的系统，其涵盖的内容、范围十分广泛，包括以下6个方面的内容。

（1）技术系统进化法则。针对技术系统进化演变规律，在大量专利分析的基础上，TRIZ理论总结提炼出八大基本进化法则。利用这些进化法则，可以分析确认当前产品的技术状态，并预测未来发展趋势，开发更具有竞争力的新产品。

（2）技术矛盾解决原理。技术矛盾解决原理即利用TRIZ理论中的40个发明原理解决技术矛盾，这些发明原理来源于广泛的发明实践活动，对提供问题解决方案很有帮助。

（3）物理矛盾解决原理。物理矛盾解决原理即分析矛盾的物理参数，利用分离原理对问题进行处理，为解决问题提供科学办法。

（4）问题分析方法。面对复杂问题时，可以利用科学的问题分析建模方法——物—场分析法，帮助快速确认核心问题，根据不同的模型提供不同的标准问题解决方法。

（5）发明问题解决算法。其主要针对问题情境复杂、矛盾及其相关部件不明确的技术系统。它是一个对初始问题进行一系列变形及再定义等非计算性的逻辑过程，在此过程中，需要实现对问题的逐步深入分析与转化，直到问题得到解决。

（6）科学效应知识库。根据物理、化学、几何等领域的数百万项专利分析结果而构建的科学效应知识库可以为技术创新提供丰富的方案来源。

2. 发明问题解决理论的核心思想

在 TRIZ 理论中，技术的进步其实有一定的规律可循，而且这种规律始终在发明研究的过程中不断重复出现。因此 TRIZ 理论的核心思想可以总结为以下 4 点。

（1）不论是简单的产品创造还是技术系统，其核心技术的演变都遵循着一定的客观规律，这种规律是真实存在的，常表现为一种直观的技术模式。

（2）各种技术难题中冲突和矛盾的解决实则是在不断地推动这一规律发展进化，同时规律也在牵引着技术的进步。

（3）同一条规律往往在不同的产品或技术领域中能被反复应用，且很多创新实质上是其他领域的技术在另一领域的全新应用。

（4）任何技术的改进与进化，都是为了用最少的资源去实现功能最大化，这也是 TRIZ 理论的实际功用与追求目标。

任务三　产出创新成果

2024 年 2 月 28 日，300 兆瓦级 F 级重型燃气轮机首台样机总装下线；而直到 2024 年 10 月 7 日，该型重型燃气轮机才首次点火成功。之后，该型重型燃气轮机还需要通过整机试验验证，才会投入使用。可见，完成一次创新，使此次创新发挥效益，并不是一蹴而就的。从萌发创意，到最后产出创新成果，大体上需要经过创意设计、原型设计、用户测试与反馈 3 个环节，只有通过这一流程，创新才能满足人们的需要，实现其真正的价值。

一、创意设计

创新由创意中生发，创意是创新的重要源泉，进行创意设计，是产出创新成果的第一步。要实现创意设计，可以按照以下步骤进行。

1. 明确设计主题

设计主题，是指设计需要解决的问题。无论设计什么，都要确立设计主题，主题是进行设计时应预先设定的项目，只有设计好明确的、正确的主题，参与者们才能更好地理解设计的方向与意图，不至于偏离讨论中心，从而获得真正有效的结果。通常来说，为了确保设计主题的可行性，可以从理解使用者、洞察问题两个方向来探索设计主题。

- 理解使用者。创意设计的最终目的是满足使用者的某项需求（解决使用者的某项问题），设计主题就是围绕使用者展开的，设计者需要通过研究使用者的第一手资料、与使用者接触或亲身体验使用者的生活等，站在使用者的角度体会其真实需求，然后再跳出使用者的生活去重新思考与定义问题，以寻求有效的解决方案。

- 洞察问题。在设计开发中，洞察是指深刻理解使用者后，发掘出令使用者信服的"点子"的过程。这要求设计者不仅需要满足使用者的表面需求，而且需要挖掘其底层需求，提供超出使用者预期的解决方案。

2. 构思创意

当设计者真正洞察了需求，找到了设计的重点和方法，就需要运用创新思维为设计构思一个出彩的创意，完成创意设计。

创意来自人的想法，人不同的思维方式决定了创意的多样性，因此构思创意的方法也多种多样。我国学者刘仲林在其著作《美与创造》中将创意方法分为4类，称其为"四大家族"，即联想类、类比类、组合类和臻美类。

- 联想类方法。联想类方法是以联想为主导的创意方法，提倡抛弃陈规旧律，打开想象之门，由此及彼，不断地进行思维的发散行为。例如，夏天看到火热的太阳，就会联想到树荫，再联想到森林及至山顶，最后联想到滑翔翼，于是便可以在太阳和滑翔翼两个似乎毫不相关的物体之间建立联系。

- 类比类方法。类比类方法是以两个不同事物的类比为主导的创意方法。该方法建立在大量联想的基础上，以不同事物的相似点或相同点为基础寻找创意的突破口。相比联想法，类比法更为具体。常见的类比创意思考包括直接类比、拟人类比、象征类比、因果类比、对称类比及仿生类比6种类型。

- 组合类方法。组合类方法是将两种或两种以上的事物部分或全部进行有机地组合、变革、重组，从而诞生新产品、产生新思路的新技术。

- 臻美类方法。臻美类方法指以达到理想化的完美性为目标的创意方法，是对创意作品的全面审视和开发，属于创意方法的最高层次。这类创意方法主要是找出作品或产品的缺点，并对其进行改进，使其更完美、更有吸引力。例如，希望点列举法、缺点列举法等，都属于臻美类的创意方法。

🔔 **小贴士**

在快速变化的外部环境中，单靠个人的创意很难获得成功，因此我们需要从依靠个人的创意（个创力）发展到提升团队成员之间的共创能力（共创力）来进行创新。共创力是在团队中个人与他人合作进行创意产出的能力。共创可以让具有创造力的个人充分发散自己的创新思维，同时将个人的创新能力聚敛起来，形成更优质的解决方案。

二、原型设计

原型设计是创意设计到产品开发之间的重要一步。开发者要将头脑中的创意化为现实，就需要设计一个能够看得见、摸得着、听得懂的"原型"，用以展示或验证自己的创意设计。原型设计是一个动手实操的过程，也是对原有的方案进行思考与完善的过程，原型的质量，直接关系到后续的产品开发及市场表现。

1. 原型的作用

原型的本质是将创意设计通过一定的介质具象化,对产品开发者来说,原型具有不可替代的作用。

(1)原型能够使团队获得有效反馈,这些反馈意见是后续开发中宝贵的参考意见。

(2)原型是团队智能的体现,原型的成功制作就是团队成员智能外化的结果。

(3)原型能够加深对命题的理解,直观地体现设计想法,变得可知、可感。

(4)原型有助于开发者发现问题,推动开发者解决问题。

(5)原型有助于探索新的可能,设计者可以将自己想要展现、测试的方面尽量突出地展现出来,设计用户与之交互的场景,从而萌生出新的想法,有助于探索创意无限的可能性。

2. 原型的类型

根据制作精度的不同,原型的类型有草图绘制、实物原型、故事板原型、角色扮演、视频、预订网页、软件7种,如表4-3所示。

表4-3 原型的类型

原型的类型	案例
草图绘制	利用纸笔或者计算机图形勾勒一系列想法的过程,其设计成本往往较低。草图通常较简单,易于理解,可以帮助设计师、开发者和利益相关者更好地协作,减少误解和不必要的争议,也有利于开发团队专注于产品的核心功能和交互情境
实物原型	实物原型可以分为两种,一种是用纸做成的纸质原型,另一种是立体实物模型。当设计者希望测试产品的形状、大小或属性而又不希望付出过于繁重的劳动时,可以选择纸质原型;立体实物模型也可分为两种,一种是在没有3D打印机的情况下,利用身边可用物体制成可体现设计概念的立体制作模型,另一种则是利用3D打印机制作的模型,它费用低廉,且在制作精细度不高的产品时,其从画稿扫描到建模的用时也短
故事板原型	故事板的概念来源于影视行业,是指用一系列照片或手绘图纸表述故事的方式。在制作原型时,设计者可以借助故事板绘制场景,将各个角色、场景与事件串联起来,或将故事板的情节演示出来,从而给人们带来完整的体验
角色扮演	当解决方案面向的是一种服务和流程时,角色扮演非常实用。设计者可以扮演该服务或流程中涉及的项目相关人,对客户的使用情景和步骤进行复盘。这种原型方法生动形象,代入感强,容易让人产生共情心理
视频	视频原型本质是先不开发产品,只是利用视频向用户介绍产品概念及能为用户解决的问题,观察用户的反应。如果设计者希望原型有大范围的受众,能得到远距离和更大量的传播与反馈,可以考虑采用视频制作原型
预订网页	通过设计预订网页向用户说明自己的产品,并吸引其在产品未开发之前就为产品买单。主要通过用户的贡献度判断产品的价值
软件	利用博客、软件和网络平台等作为产品原型。例如,有些作者通过博客发表文章,以此建立受众基础并赢得签约、出版订单

> **📢 小贴士**
>
> 在原型设计环节，设计者也可以选择只做最小可行性产品（Minimum Viable Product，MVP）。所谓MVP，就是将新产品的创意用最快、最简单的方式实现，只包含必要的功能。与常规产品不同，MVP更侧重对未知市场的探测，以最小代价来验证其商业可行性，可以帮助产品实现从0到1的突破。MVP可以是产品界面，也可以是能够交互操作的胚胎原型。它的好处是成本低、所需时间短，并且能够直观地被用户感知，有助于获得用户的反馈。

三、用户测试与反馈

用户测试就是向用户展示产品原型，获得用户反馈的过程，本质上是向用户学习。通过用户反馈获取的关键信息包括用户对产品的整体感觉、不喜欢或不需要的功能点、认为需要添加的新功能点、对产品的改进意见等。通过收集用户反馈，并据此对产品进行改良和优化，能够使产品真正满足实际需要。

1. 用户测试的阶段

用户测试通常会经历测试前的准备、进行测试和测试后总结3个阶段。用户测试有时候不是一轮就结束，因为，进行完一轮设计优化后，可能还会产生新的可用性问题，由此，新的设计将进入新一轮的用户测试环节，直到产品臻于完善。

- 测试前的准备。包括招募用户、准备记录工具等工作。
- 进行测试。填写用户的基本信息，并向其介绍测试目的、流程、问题严重性评分标准，测试结束后根据用户反馈进行数据整理。
- 测试后总结。发现设计中存在的可用性问题，并通过优化迭代改进，不断提升用户体验。

2. 用户测试的方法

用户测试有助于在产品开发生命周期的早期阶段发现产品存在的潜在问题，更好地指导产品和设计方向，具体来说，用户测试的方法有以下几种。

（1）用户访谈

用户访谈是一种非常直接的用户测试方法，指通过与用户的交谈来测试关于产品的想法是否可行。用户访谈的目的不同，访谈选择的对象也应有所差异，从产品使用深度的维度来看，用户可以分为核心用户、边缘用户、潜在用户和极端用户4类，如图4-4所示。通常用户访谈应围绕其想要解决的问题，如发现目前产品存在的问题，或发现潜在的需求点等，访谈应该是具有探索性的，而不是为了兜售创意。因此，为了更好地发挥用户访谈的作用，事先应准备好问题，例如，按重要性罗列产品功能是否奏效的相关问题，从而确定产品是否能真正解决问题。

（2）产品预订

产品预订指通过搭建预订网页，向用户展示产品，并吸引其在产品未开发之前就为产品买单。产品预订可以了解用户对产品的需求量，从而进一步判断项目前景。

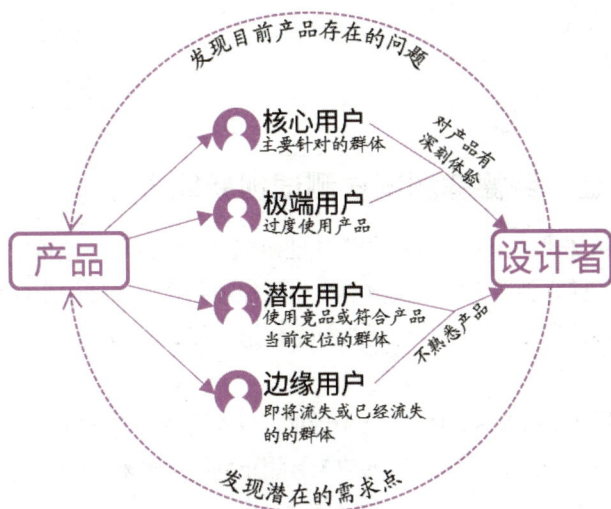

图4-4　用户分类

小贴士

用户测试的对象不是所有用户，而是"天使用户"。天使用户特指产品的早期用户，这些用户能够接受不太完美，甚至有些缺陷的早期产品，并且愿意和企业一起试用、验证和反馈，甚至参与产品研发，共同完善产品。正是有了正确的天使用户，才帮助产品实现了从零到被"引爆"的过程。

天使用户的共性是热爱产品，并从口碑、产品改进等角度帮助一个产品从小众走向大众。例如，雷军在做手机的时候就是通过寻找100个手机"发烧友"来陪他一起测试还没开发的小米手机，这些"发烧友"就是小米手机的天使用户。

（3）众筹

众筹指通过群众募资来推动项目进行。该测试方法主要是通过用户的贡献度来判断产品的价值，采取的是"团购＋预订"的形式，因此，其与产品预订有一定相似之处，即通过介绍产品创意来测试产品可获得的支持，但相比产品预订，众筹的募资模式将直接决定该创业项目是否继续。众筹项目规定了目标金额，项目筹资成功，支持者将获得发起人预先承诺的回报，即产品本身及一些附带"福利"，这意味着产品将进入生产与市场销售的流程。筹资失败则将退还支持者资金。

（4）试用反馈

试用反馈指通过用户对产品使用的感受来进行产品的改进。一般用户测试需要制作原型，但通常是草图绘制、实物原型等形式。而对于功能性产品，必须进行真实的试用，例如，体验电动牙刷震感、进行口香糖新口味接受程度测试等。

3. 持续迭代与优化

在获得了用户反馈之后，设计者就需要对用户反馈进行分析，根据分析结果对产品进行更新和优化，随即推出新的原型，开启下一轮的用户测试。这样，经过多轮次的用户测试，设计者根据反馈对产品进行不断地迭代与优化，最后就能够获得用户满意、市场认可的创新产品。

实践课堂

实训一　运用尤金·劳德塞测试法测试创新能力

尤金·劳德塞测试法是美国普林斯顿创造才能研究公司总经理、心理学家尤金·劳德塞，根据几年来对善于思考、富有创造力的男女科学家、工程师和企业经理的个性和品质研究设计的测试方法。大学生可以通过该测试分析自己是否具备创造才能，明确自己需要提高哪些方面的创新能力。

测试要求：每个测试题目有 A、B、C 三个选项，只能选择其中一项。

1. 我不做盲目的事，也就是我总是有的放矢，用正确的步骤来解决每一个具体问题。
   A. 同意　　　　　　　　　　B. 拿不准　　　　　　　　　　C. 不同意

2. 我认为，只指出问题而不想获得答案，无疑是浪费时间。
   A. 同意　　　　　　　　　　B. 拿不准　　　　　　　　　　C. 不同意

3. 无论什么事情，要我发生兴趣，总比要别人发生兴趣困难。
   A. 同意　　　　　　　　　　B. 拿不准　　　　　　　　　　C. 不同意

4. 我认为合乎逻辑的循序渐进的方法，是解决问题的最好方法。
   A. 同意　　　　　　　　　　B. 拿不准　　　　　　　　　　C. 不同意

5. 有时，我在小组里发表的意见似乎使一些人感到厌烦。
   A. 同意　　　　　　　　　　B. 拿不准　　　　　　　　　　C. 不同意

6. 我花费大量时间来考虑别人是怎样看待我的。
   A. 同意　　　　　　　　　　B. 拿不准　　　　　　　　　　C. 不同意

7. 做自认为正确的事情，比力求博得别人的赞同要重要得多。
   A. 同意　　　　　　　　　　B. 拿不准　　　　　　　　　　C. 不同意

8. 我不尊重那些做事似乎没有把握的人。
   A. 同意　　　　　　　　　　B. 拿不准　　　　　　　　　　C. 不同意

9. 我需要的刺激和兴趣比别人多。
   A. 同意　　　　　　　　　　B. 拿不准　　　　　　　　　　C. 不同意

10. 我知道如何在考验面前保持自己的内心镇静。
    A. 同意　　　　　　　　　　B. 拿不准　　　　　　　　　　C. 不同意

11. 我能坚持很长一段时间解决难题。
    A. 同意　　　　　　　　　　B. 拿不准　　　　　　　　　　C. 不同意

12. 有时我对事情过于热心。
    A. 同意　　　　　　　　　　B. 拿不准　　　　　　　　　　C. 不同意

13. 在特别空闲时，我倒常常想出好主意。
    A. 同意　　　　　　　　　　B. 拿不准　　　　　　　　　　C. 不同意

14. 在解决问题时，我常常单凭直觉来判断"正确"或"错误"。

A. 同意 B. 拿不准 C. 不同意

15. 在解决问题时，我分析问题较快，而综合所有的资料较慢。

A. 同意 B. 拿不准 C. 不同意

16. 有时，我打破常规去做我原来并未想到要做的事。

A. 同意 B. 拿不准 C. 不同意

17. 我有收集东西的爱好。

A. 同意 B. 拿不准 C. 不同意

18. 幻想促进了我许多重要计划的提出。

A. 同意 B. 拿不准 C. 不同意

19. 我喜欢客观而又有理性的人。

A. 同意 B. 拿不准 C. 不同意

20. 如果要我在本职工作之外的两种事业中选择一种，我宁愿当一个实际工作者，而不是探索者。

A. 同意 B. 拿不准 C. 不同意

21. 我能与自己的同事或同行们很好地相处。

A. 同意 B. 拿不准 C. 不同意

22. 我有较高的审美感。

A. 同意 B. 拿不准 C. 不同意

23. 在我的一生中，我一直在追求名利和地位。

A. 同意 B. 拿不准 C. 不同意

24. 我喜欢坚信自己结论的人。

A. 同意 B. 拿不准 C. 不同意

25. 灵感与获得成功无关。

A. 同意 B. 拿不准 C. 不同意

26. 争论时，使我感到最高兴的是原来与世隔绝、观点不一的人变成了我的朋友，即使牺牲我的观点也在所不惜。

A. 同意 B. 拿不准 C. 不同意

27. 我更大的兴趣在于提出新的建议，而不在于设法说服别人接受这些建议。

A. 同意 B. 拿不准 C. 不同意

28. 我乐意独自一人整天深思熟虑。

A. 同意 B. 拿不准 C. 不同意

29. 我往往避免做那种使我感到低下的工作。

A. 同意 B. 拿不准 C. 不同意

30. 在评价资料时，我觉得资料的来源比内容更为重要。

A. 同意 B. 拿不准 C. 不同意

31. 我不满意那些不确定和不可预言的事。

A. 同意 B. 拿不准 C. 不同意

32. 我喜欢一门心思苦干的人。

A. 同意 B. 拿不准 C. 不同意

33. 一个人的自尊心比得到他人的敬仰更为重要。
    A. 同意　　　　　　　　　B. 拿不准　　　　　　　　　C. 不同意

34. 我觉得那些力求完美的人是不明智的。
    A. 同意　　　　　　　　　B. 拿不准　　　　　　　　　C. 不同意

35. 我愿意和大家一起努力工作，而不愿意单独工作。
    A. 同意　　　　　　　　　B. 拿不准　　　　　　　　　C. 不同意

36. 我喜欢那种对别人产生影响的工作。
    A. 同意　　　　　　　　　B. 拿不准　　　　　　　　　C. 不同意

37. 在生活中，我经常碰到不能用"正确"或"错误"来判断的问题。
    A. 同意　　　　　　　　　B. 拿不准　　　　　　　　　C. 不同意

38. 对我来说，"各得其所，各在其位"是很重要的。
    A. 同意　　　　　　　　　B. 拿不准　　　　　　　　　C. 不同意

39. 那些使用古怪和不常用的词语的作家，纯粹是为了炫耀。
    A. 同意　　　　　　　　　B. 拿不准　　　　　　　　　C. 不同意

40. 许多人之所以感到苦恼，是因为他们把事情看得太认真了。
    A. 同意　　　　　　　　　B. 拿不准　　　　　　　　　C. 不同意

41. 即使遭到不幸、挫折和反对，我仍然能够对我的工作保持原来的精神状态和热情。
    A. 同意　　　　　　　　　B. 拿不准　　　　　　　　　C. 不同意

42. 想入非非的人是不切实际的。
    A. 同意　　　　　　　　　B. 拿不准　　　　　　　　　C. 不同意

43. 我对"我不知道的事"比"我知道的事"印象更深刻。
    A. 同意　　　　　　　　　B. 拿不准　　　　　　　　　C. 不同意

44. 我对"这可能是什么"比"这是什么"更感兴趣。
    A. 同意　　　　　　　　　B. 拿不准　　　　　　　　　C. 不同意

45. 我经常为自己在无意中说话伤人而闷闷不乐。
    A. 同意　　　　　　　　　B. 拿不准　　　　　　　　　C. 不同意

46. 纵使没有答案，我也乐意为新颖的想法花费大量时间。
    A. 同意　　　　　　　　　B. 拿不准　　　　　　　　　C. 不同意

47. 我认为，"出主意无甚了不起"这种说法是中肯的。
    A. 同意　　　　　　　　　B. 拿不准　　　　　　　　　C. 不同意

48. 我不喜欢提出那种显得无知的问题。
    A. 同意　　　　　　　　　B. 拿不准　　　　　　　　　C. 不同意

49. 一旦任务在肩，即使受挫折，我也要坚决完成。
    A. 同意　　　　　　　　　B. 拿不准　　　　　　　　　C. 不同意

50. 从下面描述人物的形容词中，挑选出 10 个你认为最能体现你自己性格的词。

精神饱满的	有说服力的	实事求是的	虚心的
观察力敏锐的	谨慎的	束手束脚的	足智多谋的
自高自大的	有主见的	有奉献精神的	有独创性的

性急的	高效的	乐于助人的	坚强的
老练的	有克制力的	热情的	时髦的
自信的	不屈不挠的	有远见的	机灵的
好奇的	有组织力的	铁石心肠的	思路清晰的
脾气温顺的	可预言的	拘泥于形式的	不拘礼节的
有理解力的	有朝气的	严于律己的	精干的
讲实惠的	嗅觉灵敏的	无畏的	严格的
一丝不苟的	谦逊的	复杂的	漫不经心的
柔顺的	创新的	实干的	泰然自若的
渴求知识的	好交际的	善良的	孤独的
不满足的	易动感情的		

　　扫描右侧二维码，获取该测试中每道题的答案及其对应的分数，由此即可计算自己的总分。将自己的分数累加起来，分数为 110 ～ 140 分，说明受试者创造性非凡；分数为 85 ～ 109 分，创造性很强；分数为 56 ～ 84 分，创造性强；分数为 30 ～ 55 分，创造性一般；分数为 15 ～ 29 分，创造性弱；分数为 -21 ～ 14 分，则几乎无创造性。

题目答案及其
对应的分数

实训二　运用奥斯本检核表法进行创新

大学生掌握创新方法后可以拓展思路，更好、更快地找到问题的解决方法，提高创造力和创新成果的实现率。奥斯本检核表法是一种常用的创新方法，具备非常高的可操作性。

1. 选择一款自己感兴趣的产品，产品名称为_____

2. 说说你对该产品的了解。

（1）形状：_____

_____

（2）材质：_____

_____

（3）特性：_____

_____

（4）价格：_____

_____

（5）功能：_____

_____

（6）使用方法：_____

_____

3. 根据产品创新的维度，参照表4-4所列出的问题，写出尽可能多的设想。

表4-4　运用奥斯本检核表法创新

思维维度	创新设想
能否他用	
能否借用	
能否改变	
能否扩大	
能否简化	
能否代用	
能否调整	
能否颠倒	
能否组合	

4. 对提出的设想逐一进行分析和筛选，进一步提出改进方案，创造出新的产品。

_____

_____

_____

创业家故事：做普通人也能用的3D打印机

魔芯科技的创始人陈天润是一名年轻的"00后"创客。他发明了一系列创新产品，如能在纸上"跑"着打印的微型打印机、校园里半自动驾驶的平衡车及能自动解开魔方的机械臂等。对陈天润来说，3D打印机是他跳过传统工厂直接实现创意的最佳工具。

然而，就像许多3D打印爱好者一样，他也遇到了高失败率的问题。"有时候每三次打印中就会有一次失败，甚至有时候打印到一半机器就出故障了，需要重新修理或校准。"

面对这些问题，陈天润开始思考是否可以制造一台更可靠的打印机。这个想法最终促成了他的创业之路。

2021年4月，在第七届中国国际"互联网+"大学生创新创业大赛上，陈天润和他的团队带着他们的Goprint多功能智能打印机项目参赛，并成功获得了季军。这次比赛不仅让他获得了专业评委的指导，还让他看到了其他成熟项目的落地过程，并结识了3D打印行业的前辈们。

同年6月，陈天润正式成立了魔芯科技，目标是让3D打印机成为普通消费者也能轻松使用的电子产品。短短两年内，公司从最初的几十人发展到了超过150人的团队，核心成员多来自浙江大学，拥有丰富的高科技企业工作经验。

2022年3月，魔芯科技实现了家用3D打印机的大规模生产。4月，他们在小米有品平台推出了首款面向消费者的3D打印机KOKONI EC1，众筹金额超过了600万元。这款产品受到了不少3D打印爱好者的欢迎，并为魔芯科技带来了宝贵的用户反馈，这些意见帮助公司在后续的产品研发中进一步提高了打印精度和功能多样性。

随着业务的发展，魔芯科技在浙江德清建立了占地1 500多平方米的生产基地，月产能在15 000台左右。截至2022年底，KOKONI系列产品的销售量已经突破万台大关。

2023年，魔芯科技发布了新一代消费级3D打印机KOKONI EC2，该产品以零门槛使用体验为卖点，无须用户具备机械结构知识或花费时间安装调试，真正做到了开箱即用。同时，魔芯科技还开发了一款配套的应用程序——KOKONI 3D APP，它提供了多种AI智能建模功能，让用户能够轻松创建自己的3D模型，极大降低了学习成本。

2024年，魔芯科技在CES 2024展会上展示了最新的倒立多色高速打印机KOKONI SOTA。这款打印机不仅革新了3D打印的传统架构，而且支持多达七种颜色或材料的同时打印，为创作者提供了前所未有的可能性。KOKONI SOTA标志着魔芯科技在全球3D打印领域的一次重大飞跃。

KOKONI SOTA 3D打印机

项目五

创新成果的保护与转化

学习目标 ↓

- 知识目标：了解不同类型的创新成果，熟悉创新成果的法律保护。
- 技能目标：掌握保护创新成果的方法和转化创新成果的途径。
- 素养目标：能够积极推动创新成果应用，发挥其价值。

本章导图 ↓

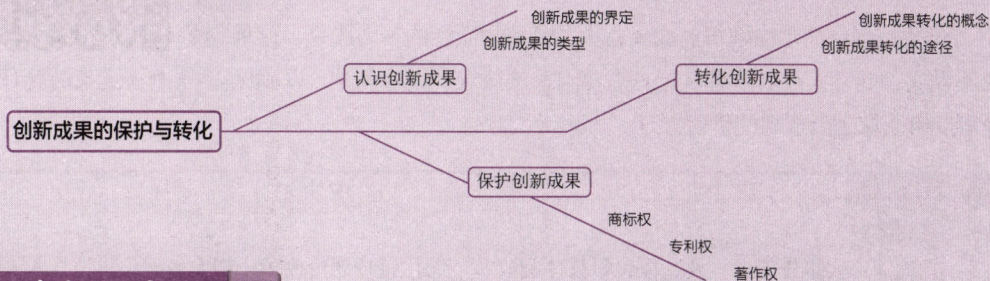

案例导入 ↓

  小麦从播种到收获，要经过约240天，历经寒冬酷暑。河南是全国小麦主产区，小麦种植面积、单产、总产量、外销量均居全国首位。在小麦育种方面，河南也走在我国前列。

  小麦育种从开始杂交算起，一直到新品种稳定、品种审定，再到大面积推广，至少需要十几年时间，过程十分漫长。回忆起上世纪80年代初期，河南省农科院小麦研究所所长雷振生提到，当时从事小麦育种工作的条件相当艰苦，科研设备匮乏，主要靠"一把尺子一杆秤""牙咬眼瞪鼻子闻"。经过几代小麦育种人的不懈努力，技术手段大为改进，如今已进入仪器精准鉴定和标记辅助选择阶段，向分子育种阶段迈进。

  河南省作物分子育种研究院的周正富说，目前，综合运用远缘杂交、分子标记、航天诱变、面团流变学等技术，河南省培育出一批产量高、抗病性强的优质小麦品种，并开发出多个小麦品质性状分子标记，被国内外育种单位广泛应用，显著提升了优质小麦品种的选育效率。

  河南省小麦育种水平虽然领先，省内种子企业却存在小而散、品种同质化严重等问题。省内许多育种专家也提出，今后要进一步强化种质资源开发利用，把资源优势有效转化为产业优势，在新品种推广、产业化发展上持续发力，助力河南种业由大变强。

析例启智 ↓

  国以农为本，农以种为先。小麦是全世界分布范围最广的农作物之一，在保障国家粮食和食品安全中占据重要地位。请同学们搜集相关信息，想一想：

  （1）小麦新品种从开始培育，到产生经济价值，需要经过哪些步骤？

  （2）对培育农作物这类周期长、推广慢的创新工作，应如何促进其实现效益？

任务一　认识创新成果

　　培育农作物，得到的成果是新型农作物种子；研发新型抗疟疾药物，得到的成果是青蒿素；改良新能源汽车，得到的成果是汽车性能提升、成本降低……不同的创新活动得到不同的成果，这些创新成果是创新者的心血，是创新者投入大量的资源、时间、精力后才得到的结果。

一、创新成果的界定

　　顾名思义，创新成果即人们进行创新活动所取得的成果，是以前没有被认识或没有被普遍认识的成就。它可以是一种新的材料、一个新的理论、一种新的技术、一种新的规则，也可以是其他具有学术价值或经济价值的新发现。总而言之，一切首创的且有可能改变人类生活和社会的东西，都是创新成果。

　　大学生在创新活动中取得的成果，大多是非物质性的智力成果，这种成果不以实物的方式被创新者掌握，需要国家法律对其进行保护，以确保创新者能够获取创新成果的价值。

知识驿站

创新成果的特征

🔔 小贴士

　　党的二十大报告指出，要"深化科技体制改革，深化科技评价改革，加大多元化科技投入，加强知识产权法治保障，形成支持全面创新的基础制度"。可见国家对创新成果的保护十分重视，只要个人和团体能够产出创新成果，就能获得相应的承认与保障。因此，大学生应该放开手脚去从事创新实践，既发展个人的能力和潜力，又为国家的创新发展贡献自己的力量。

二、创新成果的类型

　　创新成果这一概念涵盖了多个领域，可以简单地按照其领域进行分类，如分为经济创新成果、科技创新成果、军事创新成果等。但其实很大一部分创新成果会被应用到不同的领域，如尼龙既能被制成高强度缆索，也能被制成女式丝袜。仅仅靠领域分类存在很大的弊端，这里按照表现形式和创新的对象对创新成果进行分类，下面进行具体介绍。

1. 理论创新成果

　　理论创新成果包括新发现的理论、对原有理论的新解读和阐释、对旧有理论的修正、对已有理论的整合归纳等。理论创新成果不具备物质性，往往不会对人类的生活和社会产生即时的影响，但其影响深远，往往是其他创新的先导，如现代很多创新成果是对相对论的应用和发展。

2. 方法创新成果

　　方法创新成果是指解决问题的新方法、新手段，对原有方法的优化和调整等。方法创新成果也不具备物质性，但一般能够立即被应用，从而产生影响，如医院使用的无影灯就是使用多角度光源进行照明，从而"避免"了阴影，是一种方法创新成果。

3. 制度创新成果

制度创新成果指新制度、新规章、新规则或对原有制度的修订等。制度创新成果看似没有创造什么"新"的东西，但是能够引导人们的行为，实现社会的持续发展和变革。

4. 产品创新成果

产品创新成果指创造出前所未有的产品或将已有产品进行改良，使其具备新的功能。产品创新成果是最直观的创新成果，现代人们日常使用的器物都是产品创新成果。

5. 服务创新成果

服务创新成果指通过对服务的改善，提高被服务者的体验。服务创新成果的表现比较隐晦，但现代人们所享受的大部分服务其实是服务创新成果。

🔍 案例阅读

沪通长江大桥的多项创新

沪通长江大桥，全长 11.072 千米，采用主跨 1 092 米的钢桁梁斜拉桥结构，是世界上首座超过千米跨度的公铁两用桥梁。大桥工程耗费钢材 48 万吨，混凝土 230 万立方米，工程规模之大，施工难度之大，创造了中国桥梁建筑史和世界桥梁史的多个"之最"，是名副其实的"超级工程"。

为了建设这样一个"超级工程"，设计团队、材料团队、施工团队需要面对巨大的困难。首先就是材料的问题，由于大桥跨度大、载荷重，整体结构刚度要求高，桥梁、主塔和钢索都需要使用新型高性能材料；其次在结构构造上，为了具有更大的刚度，大桥需要在铁路全断面采用全箱桁组合结构，这在我国桥梁建筑史上还是首次；再次在施工工艺方面，大桥位于长江近入海口，水文情况复杂，需要使用巨型沉井整体制造、浮运、定位新工艺及主梁两节间全焊接、桥位整体吊装施工等新工艺，工艺难度极大；最后是设备设施上，现有设备设施无法满足大桥施工需要，很多设备需要自行研制。

为了突破这些难题，大桥建设指挥部组织参建各方进行技术攻关，最终取得了一个又一个科研创新成果。为了解决材料问题，科研课题组研制出了 Q500qE 级高强度桥梁结构钢；为了攻克结构难关，科研项目组研制了超大位移量钢轨伸缩调节器与梁端伸缩装置；为了突破工艺限制，科研项目组开发了沉井增压浮运技术、锚锭系统方案和深水沉井基底检测技术等；为了克服设备问题，科研项目组设计研发了多项机械设备。除此之外，大桥工程在大桥健康监测、运营维护、施工技术和管理方法上都取得了创新和突破。

依托沪通长江大桥工程，各单位累计发表科技论文 70 余篇，申报专利 24 项，可以说，沪通长江大桥就是由各个方面的创新共同铸就的。

启示： 本案例中的沪通长江大桥本身是一个具体客观的事物，但它也是建设过程中所有创新成果的结晶，因此它也是一个新的"产品"，属于创新成果。

任务二　保护创新成果

创新成果是创新者的心血，是创新者投入大量的资源、时间、精力后才得到的结果。若创新成果被不法分子以剽窃、盗用、假冒等方式恶意侵犯，就会对创新者自身利益造成损失。我国也积极通过法律手段保护各种创新成果，例如，在育种方面，《中华人民共和国种子法》第二十五条就规定"国家实行植物新品种保护制度""取得植物新品种权的品种得到推广应用的，育种者依法获得相应的经济利益"。

除了种子，对其他的各种创新成果，也有不同的法律规定创新者享有的权益，其中最为普遍且重要的就是商标权、专利权、著作权。

一、商标权

现代的商业经营者离不开商标，商标本身包含巨大的品牌价值，但又容易被仿冒，所以是知识产权侵权的重灾区。商标侵权行为不仅会损害商标所有者的利益，还会损害商标本身的价值。因此，对商标的保护就成了知识产权保护的重点。大学生产生创新成果后，可以通过申请商标的形式保护创新成果。

1. 商标与商标权

商标是经营者为自身产品或服务添加的独特标记。商标的雏形在古代商业活动中就已出现并被广泛使用。在近代，各国都通过立法来对商标进行保护。根据《中华人民共和国商标法》（以下简称《商标法》）的规定，任何能够将自然人、法人或者其他组织的商品与他人的商品区别开的标志，包括文字、图形、字母、数字、三维标志、颜色组合和声音等，以及上述要素的组合，均可以作为商标申请注册。在通过商标注册程序后，商标即成为注册商标，注册商标受《商标法》等法律法规的保护。

商标权即商标所有者（商标权人）对注册商标所享有的权利，包括注册商标专用权、标记权、续展权、处分权等，其中最易被他人侵犯、需要特别注意保护的是注册商标专用权。图 5-1 所示为商标在不同阶段的标记。

$$C \longrightarrow TM \longrightarrow R$$

| 刚创作出来 | 申请商标中 | 申请通过 |

图5-1　商标在不同阶段的标记

　　我国《商标法》规定，注册商标的有效期为十年，自核准之日起计算。注册商标有效期满，需要继续使用的，商标注册人应当在期满前十二个月内按照规定办理续展手续；在此期间未能办理的，可以给予六个月的宽展期。每次续展注册的有效期为十年，自该商标上一届有效期满次日起计算。期满未办理续展手续的，注销其注册商标。

2. 注册商标

　　商标注册是指商标所有人将其使用的商标依照国家规定的注册条件、原则和程序，向国家知识产权局商标局提出注册申请，国家知识产权局商标局经过审核，准予注册的法律事实。经国家知识产权局商标局审核注册的商标，便是注册商标，享有商标专用权。商标注册的流程如下。

　　（1）注册准备

　　商标注册前需要做好准备工作，主要包括选择注册方式、查询商标是否已被注册、准备申请资料。

- 选择注册方式。商标注册的方式有两种，一种是自己到国家知识产权局商标局办理商标注册事宜（《商标法》允许本国公民直接向商标局提交商标注册申请）。另一种是委托经验丰富的商标代理组织代理办理，但代理组织会收取一定的服务费用。

- 查询商标是否已被注册。查询商标是否已被注册可以看到自己要申请的商标是否被他人抢先注册，避免出现商标无法申请成功的情况。在查询商标的过程中，可能会因数据处理及商标申请审查期等因素，使部分先申请的商标无法进入数据库，因而无法被查询到。

- 准备申请资料。若选择自己注册商标，首先，个人需要准备身份证、个体工商户营业执照复印件，企业需要准备企业营业执照副本、经发证机关签章的营业执照复印件、盖有单位公章和个人签字的填写完整的商标注册申请书。其次，还要准备10张商标图样（应交彩色图样10张，黑白墨稿1张）。最后，还要准备注册费，若委托商标代理组织办理，还需再交纳数额不等的商标代理费用。

　　（2）申请注册

　　准备好申请资料后，就可以申请注册商标了。申请时，申请人需要注意以下事项。

- 按商品与服务类别提出申请。我国的商标法将一万多种商品和服务项目分为45个类别，申请人申请商标注册时，应按商品与服务分类表的分类确定使用商标的商品或服务类别。若申请人想在不同类别的商品上申请使用同一商标，应当按商品分类在不同类别分别提出注册申请。

- 确认商标申请注册的方式。商标代理机构提交商标注册时有纸件申报和网络申报两种申报方式。纸件申报方式的商标申请日为国家知识产权局收到申请文件之日，网络申报方式直接以网络申报日为申请日。

　　（3）商标审查

　　申请人提出商标注册申请后，商标注册主管机关就会对商标注册申请是否合乎商标法的规定进行审查，通过资料检索、分析对比、调查研究，对商标注册申请给予初步审定或驳回。

　　（4）初审公告

　　商标注册申请经审查后未违反《商标法》有关规定，并符合商标申请条件的，允许其申请的商标注册，并予以公告。

（5）注册公告

初步审定的商标自刊登初步审定公告之日起三个月没有人提出异议或提出异议经裁定不成立的，则该商标予以注册，同时刊登注册公告。商标注册生效即受法律保护，商标注册人享有该商标的专用权。

（6）领取商标证

申请人自行办理商标注册的，注册成功后可在接到"领取商标注册证通知书"后的三个月内，携带领取商标注册证的介绍信、领证人身份证及复印件、营业执照副本原件，复印件应加盖当地工商部门的章戳，商标注册人名义变更的需附送工作部门出具的变更证明等资料，到国家知识产权局领取商标证。

通过代理组织办理商标注册的，由代理组织向申请人发送"商标注册证"。

知识驿站

商标侵权判断标准

案例阅读

驰名商标"盼盼"被侵权案，新北检察综合履职全方位保护知识产权

商户老顾家住新北区三井街道，经营着一家锁具店维持生计。店铺日常经营的利润有限，老顾就想起早前听说网上购买指纹锁，价格更低，如果购买数量多，单价还能更便宜，于是在朋友的介绍下，老顾通过微信联系上了卖锁的宋某。

2021年12月9日至12月15日，老顾分两次从宋某处购买了共计176把"盼盼"牌指纹锁。然而收到货后，老顾将网购的"盼盼"指纹锁与店内的正品"盼盼"指纹锁仔细对比，发现了网购来的这批锁并非原装锁，自己被骗了！

2022年1月24日，老顾前往河海派出所报案，称自己网购遇到了骗子销售假货。派出所民警根据网安数据仔细研判，成功锁定销售假货的宋某。3月9日，宋某被常州市公安局新北分局抓获归案。2023年11月17日，该案被移送到新北区检察院审查起诉。

经审查，宋某是"盼盼"公司的一名指纹锁质检员，平时也参与"盼盼"指纹锁的维修和售后服务，工作中有机会接触到为盼盼公司生产、加工指纹锁的上游供货商。自认为手握"资源"，宋某动起了歪脑筋，准备利用自己的工作身份与信息差，诓骗上游供应商生产，而后售卖假冒"盼盼"商标的指纹锁。

2019年6月起，宋某在未取得"盼盼"公司授权的情况下，利用其公司员工身份，冒充"盼盼"公司的采购人员，私下联系"盼盼"公司的上游供货商，要求他们生产带有"盼盼"注册商标标识的指纹锁，供货商考虑到宋某确实是"盼盼"公司的员工，自己也有钱可赚，就没有考虑太多，按照宋某的要求制作了带有"盼盼"标识的指纹锁，并通过物流将货品寄送到宋某处。

该案承办检察官何萌表示，宋某未经注册商标所有人许可，利用、指使不知情的生产厂家生产假冒"盼盼"商标的锁具，属于在同一种商品上使用与其注册商标相同的商标，情节特别严重，应当以假冒注册商标罪追究其刑事责任。

在案件办理过程中，新北区检察院坚持综合履职，积极引导权利人提起刑事附带民事诉讼，挽回权利人因商标侵权造成的经济损失。2024年8月14日，新北区检察院对宋某提起公诉，权利人"盼盼"公司同时提起附带民事诉讼。2024 年 9 月 19 日，新北区法院依法判处宋某有期徒刑三年，缓刑五年，并处罚金 20 万元。

新北区检察院多次组织宋某与"盼盼"公司进行调解，"盼盼"公司最终获得 10 万元赔偿，综合考虑宋某的犯罪动机、家庭状况等因素，"盼盼"公司向宋某出具了谅解书。

启示： 这起案件是一起典型的商标侵权案件，宋某借助职务便利，假冒公司名义联系生产企业，生产、销售带有"盼盼"注册商标标识的指纹锁产品，侵犯了"盼盼"的商标权。新北区检察院坚持综合履职，保护了权利人的权益。

二、专利权

专利是指获得国家机关颁发的专利证书的发明创造，也可称为专利技术。大学生如果在创新活动中取得了能够申请专利的成果，一定要积极申请专利，更好地保护自己的创新成果。

1. 专利权

专利权是专利权人（专利发明者或专利受让人）对特定的发明所依法享有的权利，在发明人完成申请程序后由国家专利机构授予，受到《中华人民共和国专利法》（以下简称《专利法》）的保护。专利权包括独占实施权、实施许可权、转让权和标示权等，具体内容如表 5-1 所示。

表 5-1　专利权

专利权	具体内容
独占实施权	专利权人独占性地使用其专利，任何其他个人或组织在未经专利权人允许的情况下都不得使用该专利
实施许可权	发明专利申请公布后，申请人可以要求实施发明的单位或个人支付适当的费用。任何单位或个人实施他人专利的，应当与专利权人订立实施许可合同，向专利权人支付专利使用费。被许可人无权允许合同规定以外的任何单位或个人实施该专利
转让权	专利权人有权将自身的专利权让渡给其他公民、法人或其他组织。依法完成专利转让后，让渡者即失去专利权而受让者成为新的专利权人
标示权	发明人或设计人有权在专利文件中写明自己是发明人或设计人。专利权人有权在其专利产品或该产品的包装上标明专利标识

2. 专利的类型

我国《专利法》规定，受保护的专利分为发明专利、实用新型专利与外观设计专利 3 类，每种专利有不同的申请条件与保护年限。

（1）发明专利

发明专利中的发明是指对产品、方法或者其改进所提出的新的技术方案。该技术方案既可以是原创性的技术，也可以是改进型的技术。根据技术方案的性质，发明又可细分为产品发明、方法发明两种类型。产品发明是指利用自然规律作用于特定事物而产生的自然界从未有过的新产品或新物质的发明；方法发明是指为解决某特定技术问题而采用的手段和步骤的发明，如制造工艺、加工方法、测试方法、产品使用方法等。发明专利的法律保护期限为二十年，自申请日起计算。

（2）实用新型专利

实用新型专利中的实用新型是指对产品的形状、构造或者其结合所提出的适于实用的新的技术方案。产品的形状是指产品所具有的、可以从外部观察到的、确定的空间形状；产品的构造是指产品的各个组成部分的安排、组织和相互关系。实用新型专利只保护经过工业方法制造的、占据一定空间的实体产品，其法律保护期限为十年，自申请日起计算。

（3）外观设计专利

外观设计专利中的外观设计是指对产品的整体或者局部的形状、图案或者其结合以及色彩与形状、图案的结合所作出的富有美感并适于工业应用的新设计。外观设计专利的载体必须是用工业方法生产的产品。外观设计专利的法律保护期限为十五年，自申请日起计算。

3. 专利权的特点

专利权具有排他性、时间性和地域性的特点。

（1）排他性。排他性亦称独占性，指专利权人对专利技术享有排他的权利，未经其许可或未出现法律规定的特殊情况，任何人不得实施其专利，否则即构成侵权。排他性是专利权最重要的特点，是专利权人依靠专利获取利益的基础。

（2）时间性。时间性是指法律对专利权的保护具有法定期限，保护期届满后，该专利技术进入公有领域成为全人类共同的财富，任何人都可以自由实施。

（3）地域性。地域性是指专利权必须依靠某一国家的法律，依一国法律取得的专利权只在该国内部受到法律保护，而在其他国家则不受保护。如果两国之间有双边的专利（知识产权）保护协定，或共同参加了有关保护专利的国际公约，则专利权在所有协定国家或公约参与国都受到保护。

三、著作权

《中华人民共和国著作权法》（以下简称《著作权法》）自1990年颁布，于2001年、2010年和2020年三次进行修正，其主旨"为保护文学、艺术和科学作品作者的著作权，以及与著作权有关的权益"。下面对著作权的相关知识及法律保护进行介绍。

1. 著作权与作品

著作权又称版权，是指作者对其创作的作品依法享有的专有权利。著作权的主体即著作权人，原始著作权人是作者，但通过转让、继承或赠与等方式取得著作权的公民、法人或者其他组织也是著作权人。

著作权的客体是作品，根据《著作权法》的规定，作品是指文学、艺术和科学领域内具有独创性并能以一定形式表现的智力成果，具体包括以下9种类型。

- 文字作品。
- 口述作品。
- 音乐、戏剧、曲艺、舞蹈、杂技艺术作品。
- 美术、建筑作品。
- 摄影作品。
- 视听作品。
- 工程设计图、产品设计图、地图、示意图等图形作品和模型作品。

- 计算机软件。
- 符合作品特征的其他智力成果。

著作权的获取不用进行注册或登记等程序，中国公民、法人或者非法人组织的作品，不论是否发表，依照《著作权法》享有著作权。著作权包括多项权利，如表 5-2 所示。

表 5-2　著作权

著作权	具体内容
发表权	决定作品是否公之于众的权利
署名权	表明作者身份，在作品上署名的权利
修改权	修改或者授权他人修改作品的权利
保护作品完整权	保护作品不受歪曲、篡改的权利
复制权	以印刷、复印、拓印、录音、录像、翻录、翻拍、数字化等方式将作品制作一份或者多份的权利
发行权	以出售或者赠与方式向公众提供作品的原件或者复制件的权利
出租权	有偿许可他人临时使用视听作品、计算机软件的原件或者复制件的权利，计算机软件不是出租的主要标的的除外
展览权	公开陈列美术作品、摄影作品的原件或者复制件的权利
表演权	公开表演作品，以及用各种手段公开播送作品的表演的权利
放映权	通过放映机、幻灯机等技术设备公开再现美术、摄影、视听作品等的权利
广播权	以有线或者无线方式公开传播或者转播作品，以及通过扩音器或者其他传送符号、声音、图像的类似工具向公众传播广播的作品的权利
信息网络传播权	以有线或者无线方式向公众提供，使公众可以在其选定的时间和地点获得作品的权利
摄制权	以摄制视听作品的方法将作品固定在载体上的权利
改编权	改变作品，创作出具有独创性的新作品的权利
翻译权	将作品从一种语言文字转换成另一种语言文字的权利
汇编权	将作品或者作品的片段通过选择或者编排，汇集成新作品的权利
其他	应当由著作权人享有的其他权利

2. 著作权登记

依据《著作权法》的有关规定，作者自作品完成之时即自行取得著作权，但是为维护著作权人和作品使用者的合法权益，更好地解决因著作权归属造成的著作权纠纷，我国在 1995 年实施了《作品自愿登记试行办法》，作者可以自愿携带个人有效身份证明、作品样本等资料到所属的省（自治区、直辖市）的版权局进行作品著作权登记，以进一步明确权利归属，方便版权交易，保护权利人权益。

进行作品著作权登记不是取得著作权的法定条件，但进行著作权登记也有其优势：一则可以获得作品登记证书，在形式上明确著作权归属，在遭遇著作权纠纷时可作为证据；二则登记机关会对完成了著作权登记的作品进行公示，这有利于作品的宣传。

任务三 转化创新成果

农作物良种，通过积极推广，扩大种植面积，实现了更大的经济效益。而其他的创新成果也同样需要经过推广、生产、应用，来实现其价值。其实，产出创新成果只能算是创新活动的阶段性成功，只有真正发挥创新成果的作用，将其转化为切实的经济效益和社会效益，推动社会生产力发展，才能达到创新活动的最终目的。

微课视频

转化创新成果

知识驿站

创新成果转化的意义

一、创新成果转化的概念

创新成果转化是指将科研成果、新技术或新发明从实验室阶段推进至实际应用阶段的过程，即把科学研究和技术开发所获得的新知识、新方法转化为新产品、新工艺、新材料或新服务，并最终推向市场，实现商业价值和社会效益。

成功的创新成果转化不仅依赖于技术创新本身，还需要考虑市场需求、政策环境、资金支持等多个因素的影响。此外，它往往涉及跨学科的合作，以及不同利益相关者之间的协调配合，比如研究人员、企业家、投资者、政府机构等。具体而言，创新成果转化往往需要经历以下步骤。

- 概念验证。初步确定技术的可行性，证明其在理论上的可能性和实际操作中的潜力。
- 原型开发。基于概念验证的结果，开发出可以工作的样品或模型，用于进一步测试和完善技术。
- 中试放大。对于一些需要大规模生产的项目，在小规模试验成功后进行中等规模的试验生产，以解决可能遇到的大规模制造问题。
- 商业化准备。这一步骤涉及产品的设计定型、成本控制、质量保证体系建立及市场营销策略规划等，为产品进入市场做好充分准备。
- 市场推广与销售。通过有效的营销渠道将新产品或服务介绍给目标客户群体，开始正式销售产品或提供服务并获取市场份额。

二、创新成果转化的途径

要有效地将创新成果推向市场，并获得收益，创新者可以采用以下几种方式。每种途径都有其特点和适用场景，成功的创新成果转化往往需要结合多种途径，根据具体的项目特性和市场环境灵活选择最合适的策略。

1. 自主转化

最直接的创新成果转化方式就是由创新者自己将其产业化，然后将产品或服务投入市场获取经济效益。这一方法只适用于产品或服务类的创新成果，对于其他类型，如管理方法创新成果，则无法自主转化。

- 优势。创新者对自己的创新成果最了解，能够很好地运用创新成果；同时自主转化创新成果的所有收益都属于创新者，能保证创新成果的转化符合创新者的意愿。
- 劣势。创新者需要投入财力、人力和其他资源来实施创新成果转化工作，并且需要独立承担市场风险。一些大学生创新者"技术内行、经营外行"，缺乏经营相关的知识和技能，自身资源也比较薄弱，经营效果可能欠佳。

2．知识产权转让

创新者将知识产权通过合同转让给受让方，受让方获得知识产权并向创新者支付转让费用，创新成果的转化则由受让方来实施。

- 优势。创新者不用承担市场风险，获得固定的收益；受让方一般是相关领域有实力的企业，能更好地发挥知识产权的价值。
- 劣势。创新者只能得到转让费用，受让方在之后获得的所有收益都与创新者无关，并且创新者无法干预受让方的行为。

3．授权许可

创新者授权许可他人或组织行使除所有权以外的其他财产权，并收取一定的许可费用。而被授权方则按照合同约定实施其知识产权，完成创新成果转化。

- 优势。创新者不用承担市场风险并且仍然保留知识产权的所有权，能够在一定程度上制约被授权方的行为；创新者在授权许可合同时限满后，可以调整许可费用、撤回授权许可或更换被授权方；创新者可以同时授权多方。
- 劣势。合同期内创新者只能享受固定收益，且许可费用一般低于转让费用。

4．技术入股与出资

创新者以知识产权入股或将知识产权作为出资，其本质是创新者将知识产权转让给公司，将转让费变为股权，成为公司股东。

- 优势。创新者享有股东身份，虽然失去了知识产权的所有权，但也能影响公司的决策和行为；创新者的收益变为股份分红，能够享受公司发展的红利。
- 劣势。创新者需要承担公司经营失败的风险，收益不稳定。

大学生创新者可根据自身创新成果的性质，充分衡量这 4 种方式的优势和劣势，为自己的创新成果选择最合适的转化方式，最大程度保障自身利益。

🔔 小贴士

为了促进科技成果转化为现实生产力，规范科技成果转化活动，加速科学技术进步，推动经济建设和社会发展，我国还专门出台了《中华人民共和国促进科技成果转化法》，提出安排财政资金投入，引导社会资金投入，推动科技成果转化资金投入；加强科技、财政、投资、税收、人才、产业、金融、政府采购、军民融合等政策协同，为科技成果转化创造良好环境；明确技术权益归属，保障科研成果完成单位和个人的权益等。

此外，2024 年，国家知识产权局等 8 部门联合印发了《高校和科研机构存量专利盘活工作方案》，提出加快建立以产业需求为导向的专利创造和运用机制，2025 年底前加速转化一批高价值专利。这对推动高校和科研机构专利向现实生产力转化具有重要意义。

校企合作，成功转化创新成果

"轨道交通系统能耗过程解耦与能效提升关键技术"，这一稍显拗口的名词，凝结着杨中平团队的多年心血。"这项技术可以用于既有线改造，也可以用于新线投产，总体节能可达12%，"他介绍，"同时还优化了多项地铁运行性能，如降低列车与轨道摩擦，降低温升，减少列车运行时的粉尘污染，减小供电网压波动，提升自动驾驶时的停车精度。八通线提升运能、追加发车后，对旧的变电站功率提出了更高要求，而运用这项技术则可以通过峰值功率补偿，有效'削峰填谷'。万一牵引供电停电，这一技术还能消除列车被困隧道的安全隐患。"

然而，这项"学校企业都看好"的科技成果转化，却经历了一番"小波折"。杨中平透露，基于校企长期合作的信任，学校团队和地铁公司起初拟以技术入股形式，共同成立联合公司以促进成果转化。但是，国资背景企业出资金，涉及国有资产相关法律法规问题，部分法规政策不明晰而产生的"可能风险"，让转化一度停滞。

股权、法规、产品投入，一份份可行性报告只能被尘封。时间不等人，杨中平团队只得另谋新路。依据学校允许团队现金出资成立企业开展成果转化的政策，杨中平团队成立北交本有科技有限公司。通过"知识产权作价入股＋团队自筹资金"模式，公司有了启动资金。"如果做好了，将来相关主体可以整体收购。"他表示。

协议达成后，学校与公司发挥各自专长推动成果转化。公司为学校提供了工艺、设计、制造、系统集成等方面的方案设计与生产设备，学校为公司提供了光、机、电、计算机、测控等学科交叉融合的理论指导和数值模拟，双方合力，最终能够在工艺机理、控制技术、功能部件、结构装置等方面取得一系列突破。

"汽车、航空航天等行业大型、复杂曲面零部件高效高品质制造，离不开大功率激光加工装备与技术。华中科技大学研发团队经过十多年技术攻关，在汽车复杂构件的大功率激光三维切焊系列技术领域取得了多项关键成果。华工激光知识产权团队通过积极策划、沟通协调，最终促成关键成果转化方案落地实施。"武汉华工激光工程有限公司知识产权部经理李婷表示，项目的成功转化，使得激光加工高端装备自主生产成为现实，也扩大了企业影响力，社会经济效益显著提升。

启示：北京交通大学技术团队与华工激光知识产权团队通过积极策划、沟通协调，最终促成各自团队与合作伙伴认可的成果转化方案落地实施。这两个案例是近年来高校科技成果转化为传统制造业转型升级提供助力、为经济发展积累新动能、新活力的典型代表。

实践课堂

实训一　模拟专利申请流程

模拟申请专利的过程可以帮助大学生理解实际申请中涉及的步骤和注意事项。请同学们根据以下步骤，模拟专利申请。

1. 根据你的创意，登录国家知识产权局官方网站，在"政务服务"板块内找到"专利检索"，利用该功能检索专利文献（见图 5-2），了解是否存在已有专利与自己想要申请的专利相同或相近的情况，然后明确专利申请的领域，确认自己要申请的专利种类，并在下方列出你要申请的专利的具体创意。

图5-2　专利检索

_____

_____

_____

2. 在国家知识产权局官方网站"政务服务"板块内找到"办事指南"，通过该工具了解各种类型专利申请需要准备的资料，并列出清单。

发明专利：_____

_____

实用新型专利：_____

_____

外观设计专利：_____

_____

_____

3. 通过国家知识产权局官方网站的"专利业务办理系统"，查看专利申请流程图，如图 5-3 所示。整理专利申请的流程，将其写在下面。

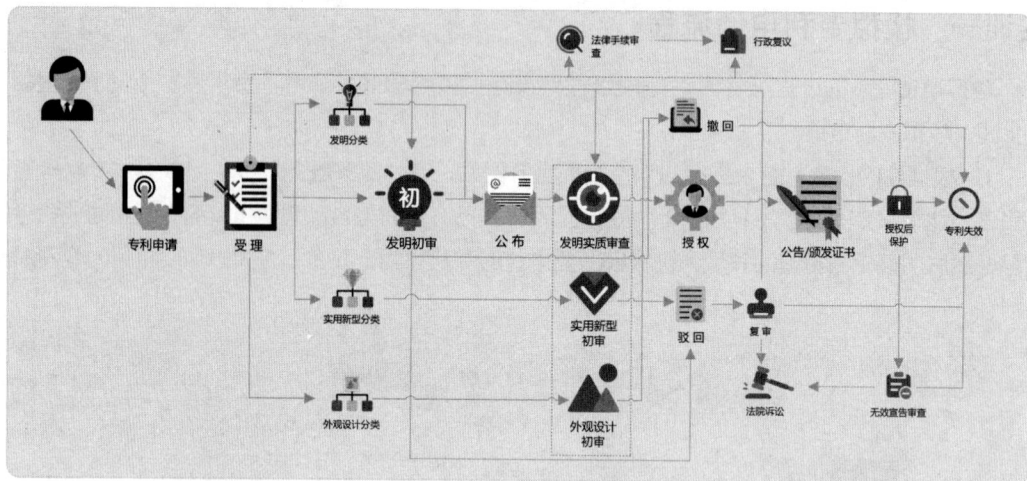

图5-3　专利申请流程图

_____

_____

_____

_____

_____

4. 按照要求，准备专利申请资料，撰写请求书、说明书、权利要求书等申请文件，并将各申请文件按顺序用阿拉伯数字编号。

实训二　知识产权保护案例分析

知识产权，是"基于创造成果和工商标记依法产生的权利的统称"。最主要的三种知识产权是著作权、专利权和商标权。我国积极保护知识产权，开展了许多卓有成效的工作。

1. 请通过互联网，搜索一个知识产权保护的案例，可以是出台政策、执法部门开展行动、宣传活动、知识宣讲等，简述其梗概。

示例：2024 年 11 月 20 日，湖北省政府新闻办举行新闻发布会介绍，《湖北省知识产权促进和保护条例》自 2025 年 1 月 1 日起施行。这是湖北首部知识产权综合性地方性法规，共 7 章 60 条，全面覆盖知识产权各领域、全链条。

_____

_____

_____

_____

2. 请分析案例，说一说，该案例中，受到保护的知识产权是什么，权利人是谁，涉及的法律依据有哪些?

_____

_____

_____

_____

3. 请与其他同学互相交流各自搜集的案例，说说你对创新成果保护的认识，并将其记录在下方。

_____

_____

_____

_____

创业家故事：海归新农人返乡创业数字养鸡

张梓萌，淮北市万嘉禽业有限公司创始人，出生于淮北烈山区古饶镇，是一名海归新农人。2015年，他来到澳大利亚悉尼读预科，2016年，他考上澳大利亚麦考瑞大学商业金融专业，2020年毕业后，他毅然放弃澳大利亚联邦银行的高薪工作，选择返乡创业。在家乡政府的帮助下，张梓萌创建了一家白羽肉鸡养殖企业，开始从事畜牧产业。

张梓萌在澳大利亚学习期间，深入了解了现代化养殖技术，并认识到养殖业的发展潜力。为更好地为回国创业打下基础，张梓萌多次前往优秀养殖基地学习。学成后，他秉持着"科技兴国、农业报国"的信念，回到了祖国。回国后，张梓萌发现淮北市养殖业技术水平比较低，影响生态环境。于是，他决定利用所学知识，在家乡创办一家现代化养鸡场，推动养殖业的转型升级。在克服了资金、技术、市场等多方面的困难后，"绿色养殖"养鸡场正式投产。

从创业起，他就确立了"公司＋基地＋农户"的产业发展模式，向养殖户提供仔鸡和标准化饲料及全程技术服务，并保证养殖户的成品出栏鸡销售。这样的模式不仅提高了养殖户的生产效益，还降低了养殖风险。

科技的发展给白羽肉鸡养殖业带来了新的挑战和机遇，经过不断地钻研探索，公司团队发明了具有加热功能的喂水器等10项国家专利技术，并率先在皖北地区采用了先进的笼养通风管理技术，包括通风换气、降温升温、加湿除湿、负压调节等，并有非常完备成熟的自动化电气化设备与之配套联动，操作方便灵活，极大提高了养殖效率。在保证鸡只健康生长的同时，减少了饲料浪费和环境污染。张梓萌

张梓萌查看鸡的健康状况

表示，通过数字化设备和物联网技术的集成应用，鸡舍拥有了一个"智慧管家"，可实时调节温度、光线、风量等指标，确保鸡舍环境适宜。养殖场已实现1人可饲养4万只白羽肉鸡。目前，公司自有饲养场和农户单批次存栏白羽肉鸡在100万只左右，年出栏量达600万只，年产值6000多万元。此外，他积极参与"兽用抗菌药使用减量化"活动，并先后与天津渤海农牧、安徽科技学院等科研院所合作，开展药敏实验。

公司于2023年获第七批安徽省大学生返乡创业示范基地称号。养殖场还获2023年度安徽省兽用抗菌药使用减量化行动省级达标养殖场称号。2024年，公司入选为国家级科技中小型企业。

自身发展的同时，张梓萌也不忘自己的社会责任，除了经营自有规模化养殖基地，还带动60多户养殖户就业，助力乡村振兴。2024年，他因创新创业而荣获淮北市"向上向善好青年"称号。

项目六

创业者与创业团队组建

学习目标 ↓

- 知识目标：了解创业者必备的基本素质与能力，了解创业团队的类型。
- 技能目标：掌握组建创业团队的方法。
- 素养目标：具备创业者必备的基本素质，培养团队意识、团队合作和协调能力。

本章导图 ↓

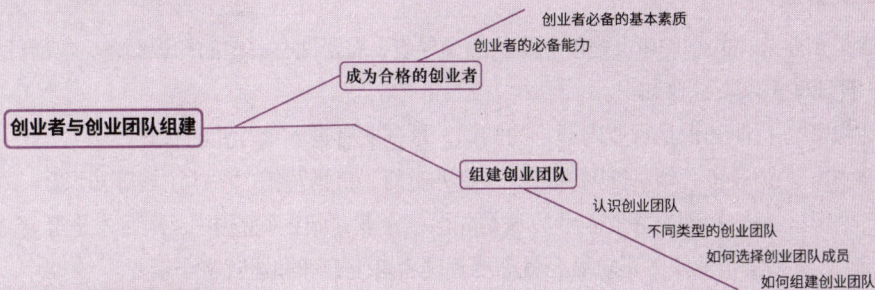

案例导入 ↓

　　2024年7月19日晚，小米科技有限责任公司创始人雷军正式对外发布小米SU7 Ultra原型车。雷军同时宣布，小米SU7 Ultra原型车将于2024年10月正式征战有"绿色地狱"之称的纽博格林北环赛道。2024年10月29日，雷军宣布，小米SU7 Ultra原型车在纽北赛道圈速成绩为6分46秒874，成为纽北全球最速四门车。此时，小米汽车仅仅成立3年。

　　雷军称小米汽车是"人生最后一次创业"，回顾小米汽车的发展历程：2021年3月，雷军宣布造车。同年9月，小米汽车注册成立。同年11月，小米汽车工厂落户北京经开区。2022年7月，小米汽车上路测试，2023年8月，小米已经完成了小批量的试生产。2024年3月，小米SU7正式发售。截至2024年11月18日，小米SU7已累计交付超过10万辆。2024年12月1日，小米汽车官方宣布，2024年11月小米SU7交付量超20 000台，并将冲刺全年交付超过13万台的目标。

　　小米汽车的团队由雷军领衔，其中包括小米集团的众多高级管理人员，更有宝马iX系列原外观设计师李田原任首席设计师、吉利汽车研究院原院长胡峥楠任高级顾问、北汽集团ARCFOX事业部原总裁于立国任小米汽车副总裁等，正是在这些行业精英们共同努力之下，小米汽车才能仅仅用3年多的时间完成了从0到100 000的壮举。

析例启智 ↓

　　小米本来是一家以智能手机为核心业务的公司，却能在新能源汽车领域迅速崭露头角，其管理团队起到了不可忽视的作用，请结合网络信息并思考：

　　（1）小米汽车管理团队的成员在新能源汽车业务中发挥了哪些作用？

　　（2）什么样的创业团队才称得上是优秀的团队？

任务一 成为合格的创业者

从担任金山董事长，到创办小米集团、造就小米汽车，雷军无疑是一位成功的创业者。创业者是参与创业活动的核心人员，是需要具有使命、荣誉、责任能力的人，是组织、运用服务、技术、器物作业的人，是具有思考、推理、判断能力的人，是能使人追随并在追随的过程中获得利益的人，是具有完全权利能力和行为能力的人。

微课视频

成为合格的创业者

一、创业者必备的基本素质

创业是一项极具挑战性、复杂且充满不确定性的活动，对创业者的素质和能力提出了极高的要求。通过观察众多成功的创业者，我们可以总结出以下创业者必须具备的基本素质。

1. 知识素质

创业者是创业公司的掌舵者，是创业团队的领导者，需要拥有一定的知识储备，包括行业知识、商业知识、管理知识以及综合知识。

- 行业知识。行业知识是行业内通行的知识，是创业者进入该行业的基础。
- 商业知识。创业者必须掌握财务会计、商务谈判、市场营销、法律法规等知识。
- 管理知识。一个管理有序的企业应该是先保证企业"做正确的事"，然后才是努力"把事做正确"。特别是企业步入正轨后，就需要管理者善于管理和运营整个企业。
- 综合知识。综合知识是创业者多方面知识的积累，能体现创业者的人文素养，以及独特的气质和个人魅力，广博的知识面也能使创业者更方便地与他人沟通。

2. 心理素质

心理素质包括自信、意志坚定、抗压能力强、充满激情、敢于突破、心态开放和灵活应变等多个方面。

- 自信。创业通常并不能一帆风顺，往往充满了艰辛和坎坷。所以，创业者必须坚信自己提供的产品、服务正是消费者所需要的，并且要有足够的信心将事业进行到底。
- 意志坚定。创业需要有一个坚定的目标作为指导，而创业者同样需要拥有坚定的意志。创业团队的领袖要承受所有人的目光，如果意志动摇就会导致整个团队动摇。
- 抗压能力强。创业是一项压力极大的活动，创业团队可能经常遇到逆境甚至失败。此时，创业者需要扛住压力，不屈不挠、持之以恒地向目标进发。
- 充满激情。激情是支持创业者不断向前的内在驱动力。创业者要时刻充满对创业的激情和对未来的自信，才能感召团队成员，共同为了创业目标而努力奋斗。
- 敢于突破。成功的创业者往往具有一种"敢为天下先"的气概，敢于做"第一个吃螃蟹的人"，创业者要以新思路、新方法来改变现状，应对挑战。
- 心态开放。创业者通常具有开放的心态，能够认识并接受新鲜事物，并更容易适应事物的动态变化，接受事物的不确定性。
- 灵活应变。创业者在创业初期面对的往往是复杂纷繁的事务，这就需要创业者做到灵活应变，根据环境和自己手上已有的条件，使用适合的方式来达成目标。

3. 身体素质

创业过程中，创业者往往会遭遇饮食不规律、休息不足、劳累过度、压力过大等情况，这都是对身体素质的考验。一旦创业者的身体出现问题，不能再继续管理团队和公司，那么创业团队就会失去主心骨，从而引起一系列严重的后果。

4. 创业意识

创业意识指创业者在创业过程中发挥主要动力作用的个性倾向，包括创业需求、创业动机、创业兴趣、创业理想、创业信念等。创业需求是创业活动的最初诱因和动力，当创业需求上升为创业动机时，标志着创业活动即将开始。创业兴趣则可以激发创业者的潜力和意志。创业理想是创业者对未来的奋斗目标的追求，创业者在对目标的追求中，可以形成创业信念。创业信念是创业者的精神支柱，也是创业意识的最高层次。

创业意识支配着创业者的态度和行为，引导着创业者的创业方向、力度，它具有强大的选择性和能动性，是创业素质的重要组成部分。大学生创业者必须明白创业的真谛，树立正确的创业意识，同时明确创业目标，努力使自己具备创造梦想、发现机遇、凝聚梦想、不懈追求、学习新知、进取提升、打破陈规、创新创造、敢于担当、直面挑战、自省自警的意识。

🔍 案例阅读

马寅青：用声音追逐光明

出生于1994年的马寅青是个早产儿，又因为被放暖箱吸氧过量而失明。从幼儿园到高中，马寅青都是在盲校度过的，身边也都是和她一样的视障孩子。但从很小的时候起，她总觉得自己可以通过触摸、聆听，加上丰富的想象力去"看"见这个世界。

在家人的呵护下，马寅青顺利考进了上海中医药大学。她听从了父母的建议去学了推拿，但内心却并不甘心。大学里，她就一直在想，如果不做推拿自己还能做点什么？"小时候我就被人夸奖说有乐感，说话声音暖暖的。"马寅青告诉记者，尤其是在读中学的时候，她在话剧社指导老师的带领下参演了一部课本剧，并由此发现自己在声音方面的天赋和兴趣。此后，马寅青参与了更多话剧和广播剧的制作，并开始通过互联网上传一些配音作品。读大学时，她有了接触有声书的机会，第一次录完一本小说后，她拿到了200元钱。

慢慢地，马寅青就开始思考，可不可以把播音作为一种职业选择。2019年，马寅青成为一名有声书主播，在喜马拉雅演播有声书、广播剧。也是在这一年，她开启了自己的第一次创业，开设一家工作室，直接集结一批视障伙伴一起创业，"逐光之声"由此诞生。然而，真正开始创业之后，她才发现资源、人脉及合作方的不信任等因素，都会成为项目开展的障碍。公司成立后三个月，一笔订单、一笔收入都没有。但是马寅青坚持不懈地寻找合作伙伴，最后终于联系到一家公司。虽然有声读物对他们来说是一个新的领域，但制作小样之后，马寅青独自前往杭州与对方面签合同，对方深受感动且十分满意，于是，双方开启了合作之路。除了积极开拓合作渠道，马寅青还在网上搜索创新创业的扶持政策，并得到了相关老师的支持和推荐。终于，"逐光之声"开始蓬勃发展。

到了 2019 年底，马寅青的寅青文化公司就有了 30 万元的年收入。2023 年，马寅青从音频领域向视频领域转型。从分享视障人士的日常生活，到导盲犬知识科普，再到无障碍环境建设情况……视频中的马寅青始终微笑着，用舒缓的声音传递着鲜为人知的视障人士的生活细节。

启示：马寅青是一位优秀的创业者，她的故事告诉我们，即使面对着先天缺陷的不利条件，只要有足够的热情、坚持不懈的努力以及对未来趋势的准确判断，仍然可以在激烈的市场竞争中找到属于自己的一席之地。

二、创业者的必备能力

创业者是企业的管理者和团队的负责人，没有能力的创业者无法吸引优秀的合作者，也无法带领团队走向成功。一个成功的创业者，往往具备以下能力。

1. 领导能力

创业者作为企业的"领头羊"，必须具备一定的领导才能和人格魅力。领导能力与行业知识、人际关系、信誉和进取精神等多个方面相关。大学生可以通过参加学校组织的团体和社会实践活动，如学生会、班委会、大型比赛等锻炼自己的领导能力。

2. 协作能力

创业是一件有挑战性和压力的事，仅仅靠一个人单枪匹马是很难的，需要有一个出色的团队作为支撑。因此，大学生创业者可以联络周边与自己有共同理想和追求的同学，形成合力，共同面对挑战。

3. 专业能力

对创业资金不足的大学生来说，采取加强技术创新和开发具有独立知识产权的产品的方式，可以吸引投资商，获取创业资金。

4. 社交能力

创业者利用人脉扩大社交圈，通过朋友掌握更多的信息、寻求更大的发展，是成功创业的捷径。随着移动社交网络的发展，社交能力变得越来越重要。

5. 规划能力

没有任何创业经验的大学生，首先应该学会按照创业规划撰写创业计划书，然后根据实际情况审视创业计划的可行性。

6. 创新能力

创业的本质是创新，对过往商业模式的完全复制是没有办法赢得市场和利润的，创业者必须能够根据市场的变化和人们的需求情况及时调整，不断创新。

7. 沟通能力

沟通能力是团队合作的基础，创业者作为团队的核心人物，尤其需要和外部、内部沟通并协调团队成员的工作。缺乏沟通能力的创业者无法有效地调动整个团队。

8. 管理能力

管理能力是指创业者在创业活动中通过运用人力、财力、物力等资源，来达到团队良好运作、为公司创造价值的能力。拥有良好的管理能力的创业者能够使团队合作顺利、资源配置合理。

9. 逻辑思维能力

创业是一道复杂的开放式题目，不同的创业者往往有不同的解题思路，也就是创业逻辑。创业者必须拥有清晰的创业逻辑，才能领导企业向着目标前进。

10. 洞察能力

洞察能力是指全面、正确、深入地分析与认知客观现象的能力。创业者需要对市场、产品、消费者和竞争者深入洞察，全面分析和挖掘事物，抓住创业的关键。

任务二　组建创业团队

在创业的征程中，团队合作至关重要。正如那句谚语所说，"一个篱笆三个桩，一个好汉三个帮"，成功的创业离不开一个分工明确、能力全面的团队。如果雷军不能汇集各相关领域的人才，单凭自己也无法使得小米汽车成功。团队的力量远大于个人，因此，大学生创业者要善于利用团队的力量，组建一个目标明确、能力全面的团队，以赢得市场竞争并取得成功。

一、认识创业团队

团队创业能够集合团队成员的力量来推动创业，从而增加创业成功的概率。但创业者在组建创业团队时，需要对团队成员进行挑选。为了组建一支志同道合的团队，需要保证团队成员之间能够彼此了解、相互信任、理念一致、目标相同，做到取长补短、相得益彰。

1. 彼此了解

了解是合作的前提，一个创业团队要想长久地合作下去，团队成员之间必然要彼此了解、彼此认可。大学生创业团队中的成员往往是基于共同的兴趣、意愿走到一起的，他们志同道合、目标一致，具有较强的群体思维，在组队之前通常就已经比较熟悉，不容易互相猜忌，这种团队结构较其他团队结构更加稳定。

2. 相互信任

优秀的创业团队通常都具有健康的团队关系和积极的团队氛围，成员之间彼此信任、共同分享，敢于提出想法，善于倾听建议，勇于承担责任和风险，及时沟通，共同面对。因此，创业者在选择合作伙伴时，也要观察其是否诚信，判断其创业的行为和动机是否有利于团队的发展，以便培养团队成员的向心力和集体荣誉感。

3. 理念一致、目标相同

一个优秀的创业团队必然是由一群理念一致、目标相同的人所组成的。高效的创业团队往往都有十分明确的目标，这个目标是清晰的，是被所有成员认同并愿意为之努力的，有这种目标的团队才会有很强的驱动力。同时，该目标往往具有一定的挑战性，每一位团队成员都要根据目标的实施计划和策略承担相应的工作和责任。团队成员可以通过完成任务、实现目标来激发自己的奋斗热情，体现自身的创业价值。

4．取长补短、相得益彰

俗话说："人无完人。"一个人的能力、性格和品质往往难以完全符合创业活动的综合要求，而创业者如果找到可以取长补短、彼此协助的人，那无疑就能组成一个优秀的创业团队。能够优势互补的创业团队，往往能够充分发挥每位团队成员的能动性，将团队成员的能力运用到极致，最终取得"1+1>2"的效果。

🔍 **案例阅读**

卓世科技：精英团队造就行业新星

在人工智能的热潮中，大模型技术正以震撼的姿态席卷整个行业。2024年，中国的大模型市场规模将达到7 516亿元，且未来几年将继续以超过20%的速度增长。面对这样一个充满机遇与挑战的市场，成立于北京海淀区的卓世科技凭借其自研大模型"璇玑玉衡"，在成立不到六年的时间里，已在医疗健康、政务企服、文教传媒和工业制造等多个领域多个行业覆盖合作企业100家以上。

卓世科技创始人屠静曾是百度的一位核心高管，负责百度多款核心产品的研发和商业化落地，积累了丰富的AI行业经验。创业之初，她只有一个念头：一定要围绕客户真实需求做企业的产品。卓世科技合伙人兼产研中心的负责人刘倩，曾是百度AI产品部总经理，主要负责百度多个企业级AI产品线的产品设计及研发。合伙人兼成都研发中心负责人王亚曾任百度核心人才、深度学习算法专家，负责百度多个AI重要产品线的算法研发核心工作。另外，产研中心多位核心骨干也来自百度、阿里和京东等公司的人工智能团队。基于相似的技术基因和商业理念，他们聚在了一起，建立了卓世科技。

创始人和团队凭借对行业深刻的认识以及全面的技术能力，推动着卓世科技实现跨越式发展。2018年进入人工智能行业、2019年首创教育视觉模型技术赋能自适应学习、2023年发布"璇玑玉衡"大模型和MaaS平台……2024年5月，获得国际智能体和多智能体系统会议计算经济学挑战赛（AAMAS 2024 CE competition）冠军。2024年9月，卓世科技获得了国家级专精特新"小巨人"企业称号。

启示：卓世科技的发展历程证明了，当一群拥有共同愿景并且具备深厚专业知识和技术能力的人才汇聚在一起时，便能够产生强大的协同效应，推动企业在短时间内实现质的飞跃。大学生创业者也需要认识到，构建一个既懂技术又了解市场的精英团队，对创业至关重要。

二、不同类型的创业团队

创业团队是为了进行创业活动而形成的集体，不同的创业团队往往会呈现出不同的特点。要想让大家像一个拳头一样紧紧捏合，发挥集体的力量，就需要有一种组织形式，确保团队的运行。根据创业团队的组织结构和各个成员的权限大小，创业团队可以分为不同的类型。

1．星状创业团队

星状创业团队也称核心创业团队，该类型创业团队的组建往往是因为核心创业人物先有了创业的想法，然后根据自己的创业想法选择合适的人员加入团队。在星状创业团队中，一般是由一个核心创业者充当领袖角色，团队成员则是核心创业者的支持者，如图 6-1 所示。

图6-1　星状创业团队组织示意图

该类型的团队主要具备以下特点。

- 组织结构紧密，向心力强，核心人物对团队中的其他成员影响巨大。
- 决策程序相对简单，组织效率较高。
- 容易形成权力过分集中的局面，出现"一言堂"，从而增加决策失误的风险。
- 当组织内发生冲突时，因核心主导人物的特殊权威，其他团队成员在冲突发生时往往处于被动地位；在冲突较为严重时，其他成员无法抗衡核心成员，可能会选择离开团队。

2. 网状创业团队

网状创业团队的成员通常在创业之前就有密切的关系，例如，由同学、亲友、同事等组成的创业团队。在网状创业团队中，各成员在交往过程中往往就已经达成了创业的共识，条件成熟后即组建团队开始创业。在团队初创时，网状创业团队中没有明确的核心人物，各成员根据各自的特点进行自发的组织角色定位，如图 6-2 所示。

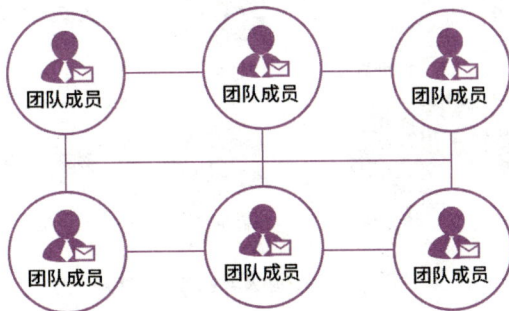

图6-2　网状创业团队组织示意图

该类型的创业团队主要具备以下特点。

（1）团队没有明显的核心人物，整体组织结构较为松散。

（2）一般采用集体决策方式，通过团队成员的沟通和讨论达成一致意见，决策效率相对较低。

（3）团队成员在团队中的地位相似，因此容易在组织中形成多头领导的局面。

（4）团队成员之间发生冲突时，一般都采取平等协商、积极解决的态度消除冲突，团队成员不会轻易离开。但是一旦团队成员间的冲突升级，某些成员撤出团队，就容易导致整个团队的涣散。

3. 虚拟星状创业团队

虚拟星状创业团队是由星状创业团队转化而来，是前两种创业团队的中间形态。在虚拟星状创业团队中，团队成员往往会协商确定一名核心成员，核心成员是整个团队的代言人，但并非主导型人物，其在团队中的行为必须充分考虑其他团队成员的意见，权威性低于星状创业团队中的核心主导人物。

三、如何选择创业团队成员

创业团队是由多名成员组成的，团队成员的能力和素质决定了创业团队在创新创业活动中的实际表现。因此，要想组建起一支优秀的、能胜任创新创业活动的创业团队，创业者必须明确创业团队中各成员的优势特长，做好团队成员的分工。

剑桥产业培训研究部前主任梅雷迪思·贝尔宾（Meredith Belbin）博士及其同事们经过多年在澳大利亚和英国的研究与实践，提出了著名的贝尔宾团队角色理论。该理论的核心要义是"没有完美的个人，但有完美的团队"。该理论认为，利用个人的行为优势创造一个和谐的团队，可以极大地提升团队和个人的绩效。

贝尔宾团队角色理论认为，一支结构合理的团队应该由9种不同的角色组成，每个角色负责不同的工作内容，如图6-3所示。这9种角色分属于3个不同的导向，即行动导向型角色、人际导向型角色和谋略导向型角色。

图6-3　贝尔宾团队角色理论9种角色

1. 行动导向型角色

行动导向型角色主要负责执行团队的各种任务和活动，该类角色包括鞭策者（Shaper）、执行者（Implementer）和完成者（Completer）。

（1）鞭策者。鞭策者是充满干劲的、精力充沛的、渴望成就的人，通常表现为有进取心，性格外向，拥有强大的驱动力，在行动中遇到困难时，他们会积极找出解决办法。但是鞭策者也容易出现好争辩的缺点。

（2）执行者。执行者具有强烈的自我控制力及纪律意识，偏好努力工作，并系统化地解决问题，往往将自身利益与团队紧密相连，从而较少体现个人诉求。执行者可能因缺乏主动而显得呆板。

（3）完成者。完成者通常会坚持不懈地执着于细节的完美，他们勤恳尽责，希望将事情做到最好，因而无法容忍那些态度随意的人。

2. 人际导向型角色

人际导向型角色主要负责协调团队内外部人际关系，该类角色包括外交家（Resource Investigator）、协调者（Co-ordinator）和凝聚者（Teamworker）。

（1）外交家。外交家沟通能力强，善于和人打交道，能够发展良好的人际关系，从而发掘那些可以获得并利用的资源。外交家为人随和，好奇心强，但是他们的热情往往不能长久保持。

（2）协调者。协调者成熟、值得信赖并且自信，能够凝聚团队的力量向共同的目标努力。协调者拥有快速发掘对方长处的能力，能够将人安排到合适的位置，从而更好地达成团队目标。

（3）凝聚者。凝聚者性格温和、观察力强，善于交际并关心他人，能够适应不同的环境和人。凝聚者是团队中的"最佳倾听者"，既是团队中最受欢迎的人，也是能给予其他成员最大支持的人。

3. 谋略导向型角色

谋略导向型角色负责发掘创意以及提供专业意见，该类角色包括智多星（Plant）、专家（Specialist）和审议员（Monitor）。

（1）智多星。智多星拥有极强的创造力，是团队中的创新者和发明者，为团队的发展和完善出谋划策。智多星运用自己的想象力完成任务，其想法可能会很激进，有时缺乏可行性。

（2）专家。专家是专注于某一领域的研究者，他们会不断提升自己的专业技能，拓展自己的专业知识。然而，由于将绝大多数注意力都集中在自己的专业领域，专家往往对其他领域没有足够的认识。

（3）审议员。审议员非常具有批判性思维，往往态度严肃、谨慎理智，对言语和修饰具有高度的免疫力，执着于客观规律和事实。审议员倾向于考虑周全之后做出明智的决定，是团队的"保险丝"。但是他们通常看待问题较为消极，不能忍受风险。

这9种角色共同构成了一支对内和谐、对外有力，能稳定运转并胜任各种复杂活动的创业队伍。当然，创业者也不要拘泥于理论，并非每一种角色的数量在团队中都要一致，也并不是一个团队成员只能担任一种角色，但一般而言，一个核心团队至少需要精通管理、技术和营销三方面的人才。

四、如何组建创业团队

要想将性格、能力、偏好不同的成员塑造成一支高效的创业团队，使他们在创业活动中充分发挥各自的作用，创业者就需要遵循组建创业团队的原则和程序。

1. 组建创业团队的原则

创业团队在组建时遇到的任何细小的问题，都可能在之后的活动中被放大，产生不可预料的后果。为了使团队能够适应创业活动的需要，创业者组建创业团队应该遵循以下几个原则。

- 愿景明确合理原则。创业愿景是创业的动力。愿景必须明确、合理、切实可行，这样才能使团队成员清楚地认识到自己的奋斗方向，真正达到激励的作用。

微课视频

创业团队的组建原则与程序

- 能力互补原则。组建创业团队的目的在于弥补创业目标与创业者自身能力之间的差距。只有当团队成员在知识、技能、经验等方面实现互补时，才有可能通过协作发挥出协同效应。
- 精简高效原则。创业初期，受资金与资源的限制，创业者无力维持一支庞大的专业团队，所以创业团队应该保持"麻雀虽小，五脏俱全"的模式，在人员构成上，应在保证企业高效运转的前提下尽量精简。
- 动态开放原则。由于创业活动的前景不明朗，创业团队往往也并不稳定，经常会有人员的变动。在组建创业团队时，创业者应注意保持团队的动态性和开放性，使真正适合的成员留在创业团队中。

2. 组建创业团队的程序

由于现实条件的差异，组建创业团队并没有一个既定的程序，一些创业者可能先有项目，再按需找人；一些创业者可能会先在社交关系中组建队伍，再准备创业。但无论如何，组建创业团队都需要经历一些程序。

（1）勾勒创业愿景

一些创业者可能是带着明确的愿景去寻找成员，一些创业者则与成员一起勾勒未来的愿景，但无论如何，创业都需要确立愿景。愿景是创业团队天然的黏合剂，各个成员都怀着同一个愿景，创业团队才能达成创业目标。

（2）评估成员需要

创业团队需要什么样的成员，需要哪些成员，创业者需要在前期有一个大致的规划。对创业活动的规划越清晰，对团队成员的要求就越具体。

（3）充实团队成员

充实团队成员是组建创业团队的核心步骤，创业者既要考察预选成员的能力、技能、知识，也要考虑其价值观、个性，从而使团队成员之间互相契合。同时，创业者还要注意控制团队规模，团队规模对团队运转有非常重要的影响：团队规模过小则无法发挥团队的功能和优势；团队规模过大则会导致团队交流障碍甚至团队分化，影响团队的工作效率。

（4）构建创业团队制度体系

创业团队制度体系的作用是对成员进行控制和引导。创业团队制度可以分为约束制度和激励制度两类。约束制度主要包括纪律条例、组织条例、财务条例、保密条例等，其作用是约束团队成员的行为，保证团队的秩序稳定；激励制度主要包括利益分配方案、奖惩制度、考核标准、激励措施等，其作用是充分调动团队成员的积极性，最大限度发挥团队成员的作用。

（5）团队整合

要想使团队成员真正凝聚在一起，发挥强大的力量，创业团队还需要在实际运行中不断调整。随着团队的运转，创业团队在人员安排、制度设计、职权划分等方面的不合理之处会逐渐暴露出来，这时就需要对创业团队进行整合。

实践课堂

实训一　创业潜力评测

　　个体创业潜力对创业成功率有一定的影响。你想要创业吗？你的创业潜力如何？表 6-1 所示为创业潜力测评题，可帮助大学生创业者判断自己是否适合创业，以及具有多少创业潜力。该测评题由一系列判断句组成，请根据你的实际情况，从"是"和"否"中选择符合自己特征的答案。

　　注意，在选择时，一定要根据第一印象回答，不要做过多的思考。

表 6-1　创业潜力测评题

题目	是	否
1. 你是否曾经为了某个理想而制订过两年以上的长期计划，并且按计划执行直到完成		
2. 在学校和家庭生活中，你是否能在没有老师和父母的督促下，自觉地完成分派的任务		
3. 你是否喜欢独自完成自己的工作，并且做得很好		
4. 当你与朋友在一起时，朋友是否会时常寻求你的指导和建议？你是否曾被推举为领导者		
5. 求学时期，你有没有赚钱的经验？你喜欢储蓄吗		
6. 你是否能够连续 10 小时以上专注于个人兴趣		
7. 你是否习惯保存重要资料，并且井井有条地整理它们，以备需要时可以随时提取查阅		
8. 在平时生活中，你是否热衷于社会服务工作？你关心别人的需求吗		
9. 你是否喜欢音乐、艺术、体育等活动课程		
10. 在求学期间，你是否曾经带动同学，完成一项由你领导的大型活动，如歌唱比赛等		
11. 你喜欢在竞争中生存吗		
12. 当你为别人工作时，发现其管理方式不当，是否会想出适当的管理方式并给对方建议		
13. 当你需要帮助时，能否充满自信地提出要求，并且说服别人来帮助你		
14. 你在募捐或义卖时，能否充满自信而不害羞		
15. 当你要完成一项重要工作时，是否总是给自己足够的时间去仔细地完成		
16. 参加重要聚会时，你能否准时赴约		
17. 你是否有能力安排一个恰当的环境，使你能不受干扰、有效地专心工作		
18. 你是否有许多有成就、有智慧、有眼光、有远见、老成稳重的朋友		

续表

题目	是	否
19. 你在工作或学习团体中，被认为是受欢迎的人吗		
20. 你自认是一个理财高手吗		
21. 你是否可以为了赚钱而放弃个人娱乐		
22. 你是否总是独自挑起责任的担子，彻底了解工作目标并认真完成工作		
23. 在工作时，你是否有足够的耐心与耐力		
24. 你是否能在很短的时间内，结交许多朋友		

（影响个人创业潜力的因素很多，该测评仅供参考，资料来源于中国大学生创业网）

测验结果：选择"是"得1分，选择"否"不得分。统计分数，参照以下答案。

1. 0～5分。你目前不适合创业，应先为他人工作，并用心总结工作经验、提高自己的专业技能。

2. 6～10分。你需要在他人的指导下创业，这会增加创业成功的机会。

3. 11～15分。你非常适合独立创业，但需要认真分析你选择"否"的问题，找出原因并加以改正。

4. 16～20分。你个性中的特质足以使你从小处着手开始创业，并从中获得经验，成为成功的创业者。

5. 21～24分。你有无限的潜能，只要懂得掌握时机，就能成为商业巨子。

实训二 贝尔宾团队角色自我测评

通过贝尔宾团队角色自我测评，测评者可以了解自己在团队中的角色倾向。

说明：对下列问题的回答，可能在不同程度上描绘了您的行为。每题有九句话，请将总分 10 分分配给每题的 9 个句子。分配的原则是：最体现您行为的句子分最高，以此类推。最极端的情况是 10 分全部分配给其中的某一句话。

（1）我认为我能为团队做出的贡献是：

A. 我能很快地发现并把握住新的机遇

B. 我的专业知识与经验通常是我最主要的资产

C. 我能与各种类型的人一起合作共事

D. 我生来就爱出主意

E. 一旦我发现某些对实现集体目标很有价值的人，我就及时把他们推荐出来

F. 为了能把事情办成，我会做到直言不讳

G. 我能够被依赖去完成任何赋予我的任务

H. 我通常能意识到什么是现实的，什么是可能的

I. 在选择行动方案时，我能不带倾向，也不带偏见地提出一个合理的替代方案

（2）在团队中，我可能有的弱点是：

A. 如果会议没有得到很好的组织、控制和主持，我会感到不痛快

B. 我容易对那些有高见而又没有适当地发表出来的人表现得过于宽容

C. 对于我不熟悉的领域，我不太能够给予贡献

D. 只要集体在讨论新的观点，我总是说得太多

E. 我的客观看法，使我很难与同事们打成一片

F. 在处理重要事宜时，我有时使人感到特别强硬以至专断

G. 可能由于我过分重视集体的气氛，我发现自己很难与众不同

H. 我容易陷入突发的想象之中，而忘了正在进行的事情

I. 我的同事认为我过分注意细节，总有不必要的担心

（3）当我与其他人共同进行一项工作时：

A. 我试着始终保持我的专业态度与素质

B. 我有在不施加任何压力的情况下，去影响其他人的能力

C. 我随时注意防止粗心和工作中的疏忽，以避免危害到工作的完成

D. 我愿意施加压力以换取行动，确保会议不是在浪费时间或离题太远

E. 在提出独到见解方面，我是数一数二的

F. 对于与大家共同利益有关的积极建议我总是乐于支持的

G. 我热衷寻求最新的思想和新的发展

H. 我相信我的判断能力有助于做出正确的决策

I. 我能使人放心的是，对那些最基本的工作，我都能组织得"井井有条"

（4）我在工作团队中的特征是：

A. 我有兴趣更多地了解我的同事

B. 我经常向别人的见解发起挑战或坚持自己的意见

C. 在辩论中，我通常能找到论据去推翻那些不甚有理的主张

D. 我认为，只要计划必须开始执行，我就有推动工作运转的才能

E. 我有意避免使自己太突出或出人意料

F. 对承担的任何工作，我都能做到尽善尽美

G. 我仅在我知晓的领域以及我评论的方面做出我的贡献

H. 我乐于与工作团队以外的人进行联系

I. 尽管我对所有的观点都感兴趣，但这并不影响我在必要的时候下决心

（5）在工作中，我得到满足，因为：

A. 我感到我正在有效地使用我的专业知识与经验

B. 我喜欢分析情况，权衡所有可能的选择

C. 我对寻找解决问题的可行方案感兴趣

D. 我感到我在促进良好的工作关系

E. 我能对决策有强烈的影响

F. 我能够有机会遇到那些有新意的人们

G. 我能使人们在某项必要的行动上达成一致意见

H. 我感到我的身上有一种能使我全身心地投入工作中去的气质

I. 我很高兴能找到一块可以发挥我想象力的天地

（6）如果突然给我一件困难的工作，而且时间有限，人员不熟：

A. 我宁愿先自己拟定出一个解脱困境的方案，再试着向团队解释

B. 我比较愿意与那些表现出积极态度的人一道工作

C. 我喜欢在我的能力范围之内，对于工作的某个主题进行研究

D. 我会设想通过用人所长的方法来减轻工作负担

E. 我天生的紧迫感，将有助于我们不会落在计划后面

F. 我认为我能保持头脑冷静，富有条理地思考问题

G. 尽管困难重重，我也能保证目标始终如一

H. 如果集体工作没有进展，我会采取积极措施去予以推动

I. 我愿意展开广泛的讨论来激发新思想，推动工作

（7）对于那些在团队工作中或与周围人共事时所遇到的问题：

A. 我很容易对那些阻碍前进的人表现出不耐烦

B. 别人可能批评我太重分析而缺少直觉

C. 我期望事无巨细，工作都能够被仔细检查无误，但这也不总是能够受到欢迎

D. 我常常容易产生厌烦感，除非我能积极参与并去激发他人

E. 如果目标不明确，我起步是很困难的

F. 我感觉我正在浪费时间，最好我自己一个人来解决这个问题

G. 对于我遇到的复杂问题，我有时不善于加以解释和澄清

H. 对于那些我不能做的事，我有意识地求助于他人

I. 在难以对付或者强势的人面前，我感觉我很难表达我的个人观点

在回答问题的同时，请将你在各选项上分配的分数填写在表 6-2 中。分配完毕后，将各项总分相加，测试者即可得到自己在该角色上的分数，分数越高，测试者就越适合该角色。在正常情况下，大多数人都是同时具有多种特性的，但一般在两三个方面表现突出。

表 6-2　贝尔宾团队角色自我测评

题号	执行者	协调者	鞭策者	智多星	外交家	审议员	凝聚者	完成者	专家
1	G	E	C	D	A	I	H	F	B
2	A	B	F	H	D	E	G	I	C
3	I	B	D	E	G	H	F	C	A
4	D	I	B	E	H	C	A	F	G
5	C	G	E	I	F	B	D	H	A
6	G	D	H	A	I	F	B	E	C
7	E	H	A	G	D	B	I	C	F
总计									

创业家故事：AI赋能文化创业

2024年10月31日，长沙市科技创新大会盛大召开，湖南缩影文化传媒有限公司创始人邓炼武荣获"长沙市大学生创新创业之星"称号。

2018年，邓炼武考入湖南某学院数据科学与大数据技术专业，2019年12月在大学生创新创业孵化中心创业导师的推荐下，进入梅溪湖大剧院实习。实习使得邓炼武对摄影产生了浓厚的兴趣和热情，也在他心中埋下了创业的种子。

邓炼武

在大学生创新创业孵化中心创业导师的指导下，邓炼武利用课余时间接触了许多企业家和项目，并尝试剪辑、拍摄和制作等工作。经过半年的筹备，2020年9月邓炼武和四位志同道合的校友一起携手创业，共同创立了他们"小而美"视频创作团队。

"熬夜剪片子是常有的事情，小伙伴们忙完还要赶在门禁前回宿舍。"邓炼武回忆创业之初的那段时光，复杂情绪涌上心头。为了提高团队的知名度，只要不赔钱，他们什么单都接，难能可贵的是，在没有利润的情况下，他们依然以最高标准严格要求自己，竭力提供最好的服务给客户。"年轻能熬，不怕辛苦。"邓炼武说这句话贯穿了他的创业故事。

2022年5月，大四的邓炼武正式注册湖南缩影文化传媒有限公司，落户在梅溪湖畔。提起人工智能掀起的火热浪潮，邓炼武十分焦虑，"如果和成熟的创业者竞争已有的AI领域，我们很难找到出口"。在他看来，创业得在已有基础上做优化和创新，挖掘新生代用户的需求和场景，这是00后的优势。

邓炼武和他的团队灵光一现：决定让科技赋能文化产业，利用AI脚本辅助程序优化内容创作。通过数据集的丰富和不断优化，原本机械缺乏生命力的内容创作优化鲜活起来，在保证高效生成能力的同时，又能精准把控摄影脚本的和谐与美感。目前，公司已初步完善成熟这一辅助程序，并计划灵活运用到工作中，加快确定制作方向，提高制作效率。这种前沿技术的应用，实现了科技与文化的深度融合，为传媒行业注入了新的活力。

在实现个人梦想的同时，邓炼武始终没有忘记回馈社会。他与团队密切对接母校，入驻大学生创新创业孵化中心，为学弟学妹们提供实习和就业机会，带动了120多人的就业。邓炼武认为，成功不仅仅是个人成就，更在于能通过自己的努力改变他人的生活。

项目七

创业机会与风险防范

学习目标 ↓

- 知识目标：了解创业机会和创业风险的概念。
- 技能目标：掌握识别创业机会和应对创业风险的方法。
- 素养目标：具备发现机会的敏锐眼光，树立风险防范意识。

本章导图 ↓

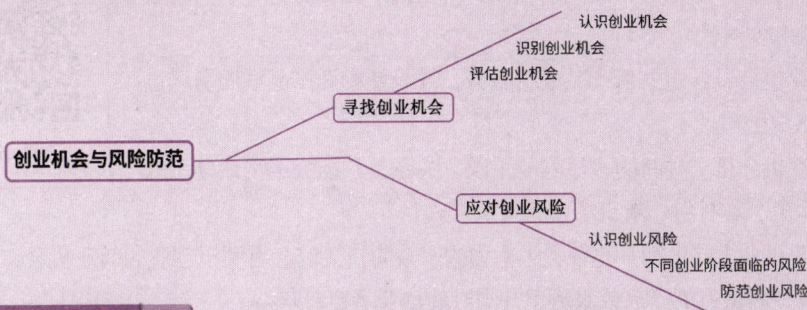

创业机会与风险防范
- 寻找创业机会
  - 认识创业机会
  - 识别创业机会
  - 评估创业机会
- 应对创业风险
  - 认识创业风险
  - 不同创业阶段面临的风险
  - 防范创业风险

案例导入 ↓

2022 年以来，无论是健身直播的现象级爆红，还是本土线上健身平台 Keep 的首次公开募股（Initial Public Offering, IPO），都反映出中国线上健身市场的加速崛起。而成立于 2019 年的 FITURE 以其对市场的先知先觉，乘着线上健身市场扩张的东风，实现了突破性的发展。

2019 年我国体育产业总产值达到了 2.95 万亿元，但是健身人口的渗透率仅为 4.9%，FITURE 的几个创始人非常热爱健身，他们敏锐地发现了这个庞大但尚未被充分开发的市场，并意识到科技可以成为推动健身行业变革的关键力量。

更进一步地，FITURE 团队通过深入调研发现了人们不愿意健身的主要原因：时间与空间上的限制、缺乏趣味性难以坚持及效果不明显等。针对这些问题，FITURE 提出了"硬件＋内容＋服务＋AI"的模式，开发了一款名为"魔镜"的产品，它结合了高清显示屏、内置摄像头、麦克风及其他传感器，能够捕捉用户的动作并给予实时反馈；同时，还提供了丰富的在线课程资源和服务支持，帮助用户随时随地接受高质量的训练指导。

2022 年全年，FITURE"魔镜"用户累计共完成超 400 万次运动打卡。该年度，FITURE 被列入胡润研究院发布的《全球独角兽榜》。2024 年，公司连续第 3 年登上该榜单，估值达到 71 亿元。

析例启智 ↓

"机会总是留给有准备的人"，世界上有很多机会，但往往只有敏锐的人才能抓住机会并成功。请搜集相关信息并思考：

（1）FITURE 的创业成功抓住了什么样的机会？为什么它能够抓住机会？

（2）为什么只有少数人能够抓住机会，我们应该怎么做，才能更好地发现并利用机会？

任务一　寻找创业机会

在过去的几年里，我国的健身市场取得了显著的发展，而 FITURE 正是顺应着这样的浪潮，成为时代的弄潮儿。机会可以说是创业的核心要素，创业的过程是围绕创业机会进行的识别、开发过程。如何从复杂的市场环境中识别出具有商业价值的机会，并对其进行评价，是每一个创业者都需要思考的问题。

知识驿站

创业机会的特征

微课视频

寻找创业机会

一、认识创业机会

创业机会来自有商业价值的创意。有商业价值的创意绝对不是空想，而是要有现实意义，具有实用价值。关于创业机会，有以下几种常见定义。

（1）创业机会可以为客户提供或增加有价值的产品或服务，它具有吸引力、持久性和实时性。

（2）创业机会可以引入新产品或新服务，并能使相关产品或服务以高于成本的价格被出售。

（3）创业机会是一种新的"目的—手段"关系，它能为经济活动引入新产品、新服务、新材料、新市场或新组织方式。

（4）创业机会主要是指具有较强吸引力的、较为持久的、有利于创业的商业机会，创业者可以据此为客户提供有价值的产品或服务，并同时使创业者自身获益。

综上所述，我们可以得出较为全面的创业机会概念：创业机会是指在市场经济条件下，在社会经济活动过程中形成的一种有利于企业经营成功的因素，是一种带有偶然性并能被经营者认识和利用的契机。但是大学生创业者不能简单地将商业机会认为是创业机会，并非所有的商业机会都是可持续的，有时可能是昙花一现的，甚至大学生创业者还没有开始行动，商业机会就可能已经消失了。针对特定的商业机会，大学生创业者如果不能开发出与之匹配的创意产品，这样的商业机会就不能视为创业机会，因为既无创意，谈何创业。

案例阅读

大学生在"非遗"中找到创业灵感

土肥皂是维吾尔族人的日常用品。阿尔曼江·吐逊江是乌鲁木齐职业大学艺术学院的学生，他来自库车，从小便看着长辈们用羊油制作土肥皂，上大学后，他发现在乌鲁木齐很少见到这种土肥皂。于是，在大学的一次就业创业课上，阿尔曼江·吐逊江告诉老师，土肥皂去污力强，在他的家乡，都是用羊油、牛奶等天然物品熬煮后制成的土肥皂洗手、洗衣服。虽然它外观不好看，味道也不好闻，但如果进行改进、包装，就可以成为创业项目。

阿尔曼江·吐逊江的想法得到了老师和同学的认可，他们很快组建了创业团队，学校博梦工场提供办公室的同时，还给予创业指导。团队成员找到库车土肥皂传统手工艺第五代传承人努尔麦麦提·艾比布拉，一起研发了添加蜂蜜、薰衣草精油的手工香皂；擅长绘画的同学设计图案，找工厂制作包装；传媒学院的成员负责在抖音、快手等平台推介视频。传统工艺、纯天然材料、"非遗"……包含这些元素的视频一经发布，很快获得8.1万"粉丝"，他们乘胜追击，在电商平台开店。在"互联网+"的帮助下，土肥皂销售量不断增加，为当地农户带来了实惠。"过去做500千克的土肥皂，在集市上要卖一周，现在一天就能卖完。"阿尔曼江·吐逊江说，过去一块香皂的利润为0.5元左右，改良后，一块香皂的利润提升到了1.5元左右。同时，村里的妇女也可以利用农闲时间分装香皂，一个月能增收1 500元左右。

同样在"非遗"中获取灵感的，还有该大学美术老师达布西力特和他的学生们。一次在阿勒泰采风的契机，达布西力特了解并学会了牧民从祖辈传承得来的，用核桃皮等天然成分染色的、现被认定为"非遗"的技艺，用该技艺制作的羊毛毡颜色艳丽，存放多年不褪色。出于传承非物质文化遗产的初心，达布西力特在学校的美术沙龙社团对该技艺进行推广，并带着学生研发相关产品——他们将羊皮染色并制成各式各样的工艺画，剩余的皮料还缝制成配饰。达布西力特带着学生积极注册公司，相比团队制作产品销售，他们更乐于授人以渔。莎车县的几个乡镇看中了他们的项目，于是团队打算将植物染色技术、羊皮画制作技术传授给村民，为当地村民拓宽就业渠道。

启示：阿尔曼江·吐逊江及达布西力特和他的学生们从传统"非遗"中挖掘出创业的点子，并且顺利开展了创业活动，可见创业机会往往就在我们身边，只是需要一双敏锐的眼睛才能发现。

二、识别创业机会

创业机会有时近在眼前，但并非每一个人都能够发现创业机会，事实上很多创业机会虽然隐蔽，转瞬即逝，但有迹可循。那么，如何从生活中识别出创业机会呢？大学生创业者可以尝试以下方法。

1. 在环境变化中识别创业机会

社会环境、市场环境的变化能够催生出许多创业机会，因此创业者可直接在环境变化中识别创业机会，例如家庭收入提高，人们的娱乐活动需求更加丰富多样；三孩生育政策的实施，为母婴市场带来了良机；人们推崇"快"文化，移动电商应运而生，蓬勃发展，同时带动了物流、在线支付等行业的发展；私人轿车不断增加，为汽车销售、汽车维修、汽车清洁、二手车交易等行业带来了诸多创业机会。

2. 通过消费者需求发现机会

从消费者身上寻求创业机会是一个亘古不变的规则。创业者销售的产品或服务，最终面对的是消费者，分析调研消费者的需求，可从中识别出创业机会。

想要从消费者身上识别创业机会，大学生创业者需要观察消费者的生活和工作轨迹。由于每个人的需求不同，创业者应将消费者分类，从消费者分类群体中研究各类人群的需求特点，例如，退休职工重视身体健康、父母重视子女的教育。不同人群的需求不同，产生的创业机会也不一样，前者催生出保健方面的创业机会，后者催生出教育方面的创业机会。值得注意的是，如果大学生创业者能够发掘消费者的隐性需求（消费者自己也不知道的需求）并率先提供能够满足其需求的产品或服务，往往能够开辟竞争小而利润较高的新兴市场，取得较大的收益。

根据"路人建议"开启创业路

2024 年 12 月，武汉一商铺还未营业就因为店门口的一处广告牌走红网络。这块广告牌写道："头脑一热，租了个门店，还不知道干点啥，路过的朋友给点建议。"路人纷纷在留言区写下意见，"红油包子、汽水包、麻辣烫、糖水铺、花甲粉丝……"上百条留言写满了整个墙面。

这个创意来自 25 岁的涂智秋，据他介绍，今年 9 月，他决定创业。以前，他常常经过这条街道，附近的小吃基本吃过，也认识了多家商铺的老板。这成了他在这里开店的理由之一。11 月 28 日，他租下一家面积不大的店铺，第二天，他打印了一张广告布贴在店门口，想要请在此经过的路人帮他出主意。收到如此多的热心留言，也让他自己感到意外。

涂智秋自述，广告布上的建议以小吃为主，如汽水包、红油包子。另外有五十多人添加了他的社交账号，"好几个人给我提到了红油包子，他们都说红油包子在武汉特别火，最近在武汉开了很多家"。再三权衡下，他决定采纳大部分人的建议，开一家红油包子店。

于是，他将原本写满留言的广告布撤下，换上了新的广告布。这块广告布告诉大家，他决定开一家红油包子铺。

启示： 涂智秋通过让路人留言的方式，收集了大量路人的建议。这些路人都是店铺的潜在消费者，这些建议代表了消费者的需求。通过让路人留言的方式，涂智秋有效收集了消费者需求，同时也为自己的店铺吸引到了关注度。

3. 通过问题导向发现创业机会

问题是令人们"烦恼的事""困扰的事"，也是市场的痛点。如果大学生创业者能着眼于人们的苦恼、困扰，并能够提供可以有效解决问题的方案，实际上就是找到了创业机会，这个"解决问题的方案"就是最好的产品。

例如，个人搬家费时费力，于是就有了搬家公司；双职工家庭没有时间照顾小孩，这是家庭的"痛点"，于是就有了家庭托儿所；上班路途遥远，"上班族"很难吃上一顿舒适的早餐，焖烧杯的出现就解决了这个问题。

4. 通过创新变革获得创业机会

创新变革获得创业机会的方式在互联网等行业中最为常见。大学生创业者针对目前明确的或者未来潜在的市场需求，探索相应的新技术、新方法、新知识或新模式；或利用已有的某项技术发明、商业创意来实现新的商业价值。例如，电子商务模式未出现前，人们主要通过线下实体店购物，电子商务模式被开发出来后，创业者通过电子商务模式获得了大量的创业机会，如开发电子商务交易平台，为商家和消费者提供服务等。

三、评估创业机会

创业活动是风险和收益并存的活动，对大学生创业者来说，并非所有的创业机会都适合自己，因此必须选择适合自己的创业机会。要想做出合理的选择，大学生创业者就需要对创业机会进行科学的评估，这通常可以依靠以下几种方法来实现。

1. 定性分析法

定性分析即创业者通过观察创业机会的表现和状态，结合文献资料等对其直接做出价值判断。美国经济学家、科隆大学教授托马斯·齐默尔等一些学者提出了简单分析创业机会的方法。

- 分析产品或服务本身：创业者主要判断新产品或服务将怎样为消费者创造价值、判断新产品或服务在应用上的障碍，并根据前面的结果判断该产品或服务的市场需求、早期消费者群体及创造收益的预期时间。
- 分析产品或服务的投放：创业者主要分析新产品或服务在目标市场投放的技术风险、财务风险等，由此判断该产品或服务进入市场的最佳时机。
- 分析产品或服务的供应：创业者主要考虑新产品在制造过程中能否保证足够的生产批量及合格的产品质量，考虑新服务的提供者能否批量进行培训并保证服务的质量，衡量培养服务提供者的周期与投入。
- 分析初始成本：创业者主要估算新产品或服务的初始投资额，判断是否能获取足够的资金与稳定的资金来源。
- 分析其他风险因素：创业者需在更大的范围内考虑风险程度及如何控制和管理这些风险因素。

托马斯·齐默尔的定性分析法简单易行，但正是由于该方法较为简单，并不能深入解释创业活动所涉及的各具体影响因素，也无法定量诊断、评价各要素的具体状态，因此并不足以全面、科学地评价创业机会。除此之外，也有人通过其他定性指标对创业机会进行评价，如图7-1所示。

图7-1 创业机会定性评价指标

2. 定量分析法

定量评价是创业者在收集数据资料的基础上，采用数学计算的方式对创业机会做出价值判断。对创业机会进行定量评估的方法较多，如专家通过对创业机会进行打分评估、对关键指标进行量化评分、为不同评价因素划分权重进行评分等，这些量化评估方式都可以对创业机会的潜力进行评估。

此外，大学生创业者还可以从财务的角度，使用"量本利"分析对创业机会进行定量评估，方法如下。

（1）预测市场需求量。收集相关资料，预测市场需求量，确定产品或服务的定价和销售量，进而确定销售额。

（2）分析成本。分析包括采购成本、生产成本、销售成本等在内的固定成本、可变成本。

（3）计算企业利润。通过销售额和总成本，计算可能获得的利润。如果利润符合预期目标，则说明创业机会具有一定的吸引力和潜力，如果利润情况不理想，则说明创业机会可能就没有吸引力。

3. SWOT分析法

SWOT分析法因其兼顾内外因素（S、W为内部因素，O、T为外部因素），所以能够很好地用来分析创业机会，其分析方式如图7-2所示。

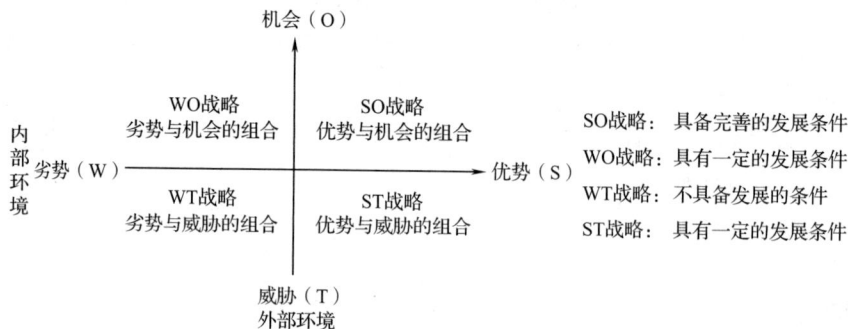

图7-2　SWOT分析方式

- 优势。优势是指对创办企业有利的内部因素，如创办企业的资金充足、资源丰富、价格比同行更低、员工素质和技术更好等。
- 劣势。劣势是指对创办企业不利的内部因素，如知名度不如竞争对手、自己没有其他创业者的丰富阅历、促销方式不佳、产品类型少等。
- 机会。机会是指外部环境因素对创办企业有利，如行业政策扶持力度大、周边入驻了新小区、人流量增大等。
- 威胁。威胁是指外部环境因素对创办企业构成潜在威胁，如周边有新的企业创建、原材料价格上涨等。

运用SWOT分析法可以对创业进行整体全面的分析，简单易行且很有参考价值。运用SWOT分析法进行创业分析的程序主要有以下4步。

（1）评估自身的优势和劣势。正确评估自身的优势和劣势是进行SWOT分析的基础，其完成度与准确度决定了分析结果的有效性。在进行优势和劣势评估时，创业者一定要尽量全面而准确地列出尽可能多的优势和劣势。

（2）找出面临的机会和威胁。找出机会和威胁是对外部环境的考量，创业者应该将所有对创业有影响的因素都纳入考量范围，并找出有利条件与不利条件。

（3）评估创业可行性。评估创业可行性是指分析上面找出的各种条件，并综合分析哪些劣势可以被填补及各种威胁的应对方法，最后评估创业项目的投入、成功率、产出等具体情况，判断项目是否可行。

（4）制订工作计划。在评估创业机会可行的情况下，创业者就需要考虑如何实现创业项目，包括组织人员、调度资源、寻找投资等，优势越大、机会越多的创业项目越容易取得成功。

4. 刘常勇创业机会评价框架

刘常勇教授提出的创业机会综合性评价框架，主要是从市场评价和回报评价两个方面，用 14 个评价指标，对创业机会进行评估，如表 7-1 所示。这些指标的评估结果越好，创业机会越具有可行性。

表 7-1　刘常勇创业机会评价框架

评价要素	评价指标
市场评价	1. 是否具有市场定位，专注于具体顾客需求，能为顾客带来新的价值
	2. 依据波特五力模型进行创业机会的市场结构评价
	3. 分析创业机会所面临的市场规模的大小
	4. 评价创业机会的市场渗透力
	5. 预测可能取得的市场占有率
	6. 分析产品成本结构
回报评价	1. 税后利润至少高于 5%
	2. 达到盈亏平衡的时间应该少于 2 年
	3. 投资回报率应高于 25%
	4. 资本需求量较低
	5. 毛利率应该高于 40%
	6. 能否创造新企业在市场上的战略价值
	7. 资本市场的活跃程度
	8. 退出和收获回报的难易程度

5. Timmons创业机会评估体系

美国杰弗里·蒂蒙斯教授及其团队提出的 Timmons 创业机会评估体系从行业与市场、竞争优势、管理团队等方面，用 53 项指标对创业机会进行评估，如表 7-2 所示。创业者可以根据这个体系模型对一个或多个创业机会做出相对全面的判断，从而评判创业机会的投资价值。

表 7-2　Timmons 创业机会评价体系

思维维度	创新设想
行业与市场	1. 市场容易识别，可以带来持续收入
	2. 顾客可以接受产品或服务，愿意为此付费
	3. 产品的附加价值高
	4. 产品对市场的影响力大
	5. 将要开发的产品生命期长

思维维度	创新设想
行业与市场	6. 项目所在的行业是新兴行业，竞争不大
	7. 市场规模大，销售潜力达到 1 000 万～10 亿元
	8. 市场成长率在 30%～50%，甚至更高
	9. 现有厂商的生产能力几乎完全饱和
	10. 在 5 年内能占据市场的领导地位，市场占有率达到 20%
	11. 拥有低成本的供货商，具有成本优势
经济价值	1. 达到盈亏平衡点所需要的时间在 1.5～2 年以下
	2. 盈亏平衡点不会逐渐提高
	3. 投资回报率在 25% 以上
	4. 项目对资金的要求不是很高，能够获得融资
	5. 销售额的年增长率高于 15%
	6. 有良好的现金流量，能占到销售额的 20%～30%，甚至更高比例
	7. 能获得持久的毛利，毛利率在 40% 以上
	8. 能获得持久的税后利润，税后利润率超过 10%
	9. 资产集中程度低
	10. 运营资金不多，需求量是逐渐增加的
	11. 研究开发工作对资金的要求不高
收获条件	1. 项目带来的附加价值具有较大的战略意义
	2. 存在现有的或可预料的退出方式
	3. 资本市场环境有利，可以实现资本的流动
竞争优势	1. 固定成本和可变成本低
	2. 对成本、价格和销售的控制较强
	3. 已经获得或可以获得对专利所有权的保护
	4. 竞争对手尚未觉醒，竞争较弱
	5. 拥有专利或具有某种独占性
	6. 拥有发展良好的网络关系，容易订立合同
	7. 拥有杰出的关键人员和管理团队

续表

思维维度	创新设想
管理团队	1. 创业者团队是一个优秀管理者的组合
	2. 行业和技术经验达到了本行业的最高水平
	3. 管理团队的正直廉洁程度能达到最高水准
	4. 管理团队知道自己缺乏哪方面的知识
致命缺陷	不存在任何致命缺陷
创业者的个人标准	1. 个人目标与创业活动相符合
	2. 可以做到在有限的风险下实现成功
	3. 能接受薪水减少等损失
	4. 渴望进行创业这种生活方式，而不只是为了赚钱
	5. 可以承受适当的风险
	6. 在压力下状态依然良好
理想与现实的战略性差异	1. 理想与现实情况相吻合
	2. 管理团队已经是最好的
	3. 在客户服务管理方面有很好的服务理念
	4. 所创办的事业顺应时代潮流
	5. 所采取的技术具有突破性，不存在许多替代品或竞争对手
	6. 具备灵活的适应能力，能快速地进行取舍
	7. 始终在寻找新的机会
	8. 定价与市场领先者几乎持平
	9. 能够获得销售渠道，或已经拥有现成的渠道
	10. 能够允许失败

评估时，创业者可以直接根据自己对机会的认知与理解判断该创业机会是否符合指标要求，通常创业机会满足越多指标，就越具备可行性。或者创业者可以邀请行业经验丰富、商业嗅觉敏锐且具有一定管理经验的投资人或资深创业者帮助进行评估，采用多人打分方式，每人对每个指标进行极好（3分）、好（2分）、一般（1分）三个等级的打分，形成打分矩阵表，然后求出每个指标在各个创业机会下的加权平均分，得出量化后的评分结果。该方法非常适合评价多个创业机会的优劣。

任务二　应对创业风险

2022年7月，FITURE被曝进行了一次大规模裁员。对此，FITURE回应称，作为一家处于成长期的创业公司，为了更长远地发展，需要根据战略灵活调整组织架构。若业务线包括市场增长率和相对占有率较低的问题业务，则会考虑优化该业务线。可见，在快速发展的背后，FITURE 同样也受到了挫折。其实，创业是一项高风险的活动，创业成功固然可以让创业者收获很多，然而创业失败也会使创业者遭受损失。创业者必须学会和风险共存，对风险做出分析和判断，并根据其特点作出相应的防范措施，以系统性地防范和控制风险。

一、认识创业风险

创业风险是指企业在创业过程中存在的各种风险。由于创业环境的不确定性，创业机会与创业活动的复杂性，创业者、创业团队与投资者的能力和实力的有限性而导致的创业活动结果的不确定性，就是创业风险。创业风险蕴含在所有的创业中，其种类繁多，甚至可能贯穿整个创业过程。

创业过程的每一个环节、每一个方面都可能出现风险。根据分类标准的不同，这些风险可以分为不同的类型，如表 7-3 所示。大学生创业者应该有针对性地了解各种创业风险。

知识驿站

创业风险的特征

表 7-3　创业风险的类型

分类标准	风险类型	风险介绍
风险来源	主观创业风险	指由于创业者的心理素质、个人喜好等主观方面的因素导致创业失败的可能性
	客观创业风险	指在创业阶段，由于市场的变化、政策的变化、竞争对手的出现、创业资金短缺等客观因素导致创业失败的可能性
风险内容	政治风险	战争、国际关系变化或国家相关政策改变导致创业者或创业企业蒙受损失的可能性
	经济风险	宏观经济环境发生大幅度波动或调整使创业者或创业投资者蒙受损失的风险
	市场风险	市场情况的不确定性导致创业者或创业企业蒙受损失的可能性
	技术风险	技术方面的因素及变化的不确定性导致创业失败的可能性
	生产风险	创业企业提供的产品或服务在从小批试制到大批生产的过程中产生的风险
	管理风险	因创业企业管理不善产生的风险
风险对资金的影响程度	安全性风险	指从创业投资的安全性角度来看，不仅预期实际收益有减少的可能，而且投资者与创业者投入的其他财产也可能蒙受损失，即投资方财产的安全存在风险
	收益性风险	创业投资的投资方的资本和其他财产不会蒙受损失，但预期实际收益有减少的可能性
	流动性风险	指投资方的资本、其他财产及预期实际收益不会蒙受损失，但资金有可能不能按期转移或支付，造成资金流转的停滞，使投资方蒙受损失的可能性

二、不同创业阶段面临的风险

在创业的不同时期，创业风险有不同的表现形式，创业者应该认识创业各阶段的高发风险，这样有利于及时警惕和防范相关风险，增加创业成功的概率。

1. 创业前期的风险

创业前期是指从萌生创业想法到成立创业企业之间的阶段。这一阶段是创业的准备期，创业者刚接触创业，对于创业风险没有太多的认识，所以多学习他人的经验尤为重要。创业前期典型的创业风险主要有以下几种。

- 临渊羡鱼。古人云："临渊羡鱼，不如退而结网。"意思是站在水边想得到鱼，不如回家去结网。创业也是如此，很多大学生羡慕成功创业者的功成名就，但又害怕创业的辛苦及失败的损失，于是就表现出对创业的徘徊犹豫，这样其实无形中浪费了大量的时间成本和机会成本。一旦认准了创业就应该坚定地行动，瞻前顾后无法成功创业，只会蹉跎岁月。

- 悲观主义。创业过程中难免会遇到挫折和困难，如果创业者是一个悲观主义者，一碰到暂时难以解决的问题就灰心丧气，再无当初的激情和雄心壮志，失去了面对现实的勇气，那么失败就难以避免。曾经有学者专门对一些成功人士的心理做过研究，研究显示，成功者大多具有以下特点：有积极的人生态度，有赚钱动机，内部冲突很少，勇于为结果承担责任，同时还具备风险控制和耐心这两个关键的素质。

- 方向不明。方向即创业的道路、思路，这是创业活动总体的走向与原则，在创业实践中，"做正确的事情"要比"正确地做事情"更重要。如果经营方向或选择进入的产业错误，那创业活动大概率也就化为泡影了。

- 合伙人选择不慎。企业运营中除了最重要的业务活动，还有一项必不可少的关乎成败的因素——合伙人。在创业过程中，创业者除了需要不断地学习，还需要找到真正能屈能伸的高素质合伙人。与合伙人建立信任不是一件容易的事，不仅需要充分的交流与时间的积累，更需要彼此志同道合，拥有共同的目标和一致的方向。

- 融资不谨慎。融资是创业必须面对的问题，只有创业者具有足够的实力，才能吸引投资者，资本才有可能进驻创业企业。所以，创业者首先应做好产品，增强产品和企业的竞争力，能让资本市场看到企业的未来，这样企业才能获得比较好的估值。此外，融资时，不能为了融资而融资，因为资本终有退出之时，所以，长远来看，选择投资者应当谨慎。

2. 创业中期的风险

创业中期是指企业从成立到稳定之间的阶段，通常是企业成立的 3 年内。这是创业企业大规模倒闭的时期，是决定一个创业企业成功与失败的重要拐点，处在创业中期中的创业者往往会在不知不觉中走入一些误区。下面将分析创业中期可能遇到的一些风险。

（1）战略性风险

战略性风险是指创业中期由企业目标、战略、决策带来的风险。企业战略取决于创业者及核心团队的意志，因此，创业者应该了解企业的战略性风险，尽可能做好企业决策。企业的战略性风险主要表现在以下方面。

- 目标不定。人的精力有限，频繁更换目标会使人无法投入任何一个目标。事实上，无论是业务领域、管理风格还是产品设计都没有绝对正确的选择，只有适合企业的选择。频繁更换目标不仅会消耗创业企业并不充裕的资源，还会使企业错失宝贵的发展时间，很容易导致创业失败。

- 业务领域不明。每个企业在初创时几乎只有单一的业务，但在企业经营过程中可能会发展一些"副业"，而后开展多样化经营，拓展盈利渠道。很多创业企业在前期往往没有足够的实力多业并举，贸然发展"副业"，容易造成业务领域不明，这样反而会使核心业务衰退。

- 急功近利。企业在刚刚成立的一段时间里，一般只见投入不见产出，而创业者可能还背负着债务且急于实现创业理想，这就容易导致急功近利现象的出现。过于追求利润、削减开支可能会导致产品质量下降、开发投入下降、营销投入下降等，为企业发展埋下隐患。

- 孤军奋战。现代社会中人与人之间的联系越来越紧密，社会专业化程度越来越高，人与人之间、公司与公司之间的相互依存性也越来越强，"独行侠式"的创业者已经不适合这个时代了。在创业中期，企业得到了一定的发展，生产经营过程中也会越来越多地和外界产生联系，创业者无法靠自己解决所有问题，需要有一个良好的社会关系网络，需要合适的合作伙伴、供应商、经销商等。

（2）管理风险

在创业中期，企业管理是一个绕不开的问题，此时企业组织在各个层面都具有一定的不确定性，对刚刚建立的管理体系来说是一个很大的考验，由此也产生了相应的风险。管理风险分为以下两种。

- 管理人员的选择风险。管理人员对一个企业来说，就像一个机器的核心部件，只有核心部件起作用了，整个机器才可能良好地运行。管理人员是公司整体管理制度、管理方案的编制者及执行者，创业者选择与自己观念匹配的核心管理人员，其重要程度不亚于生产一种核心产品。如果管理人员选择不善，会给企业运营和团队建设带来不良影响，甚至造成创业失败的局面。

- 管理制度风险。管理制度是公司正常运行的核心，建立一套符合公司企业文化，适合公司长远发展的管理制度对公司来说是非常重要的。管理制度一方面重在制定，另一方面重在执行，仅有制度而将其束之高阁等于空设。在创业初期，创业者可能已经制定了管理制度，在不断发展的创业中期，创业者要更好地完善并落地实施制度，减少管理制度缺陷给企业带来的危害。

（3）财务风险

财务系统是企业的核心，创立企业的出发点与落脚点都是为了效益。因此，财务系统的良好运行对企业发展至关重要。而财务领域由于其自身的专业性和复杂性，往往存在以下两种风险。

- 无记账意识带来的风险。一些创业者并不具备财务记账意识，他们的想法是自己的企业，是自己的钱，多或少、赚或赔都是自己的。这实际上是一种错误的观念，没有记账，企业管理者就无法了解自己企业的经营状况，无法直观了解企业的核心问题，也就找不到企业症结，同时也会对企业的财税管理产生影响。

- 无成本管理观念带来的风险。成本是生产和销售一定种类与数量的产品所耗费的资源的经济价值。这些耗费用货币计量，就表现为材料费用、折旧费用、工资、销售活动费用及为管理生产所产生的费用等。一些创业者没有成本管理观念，无法有效控制成本，就难以提高企业的核心竞争力。

案例阅读

人工智能技术打造财务风险"瞭望台"

当前，越来越多企业意识到财务风险防范的重要性。随着以人工智能为代表的金融科技新技术日益成熟，利用金融科技提升金融风险防范能力，优化金融风险管理模式，提升金融管理的效能成为前沿的科技热点。在创新转型发展的时代背景下，金融行业推动财务风险预警系统建设，可以切实强化财务风险管理能力，增强对复杂的市场运行环境的能动反应。

2019年，广发证券启动数字化合规与风险监控体系DCAR建设，目标是借助大数据和AI技术，打造"数字化合规与风控监控体系"，为全集团、全业务提供实时、连续、穿透式的合规与风险管理。

"企业财务智能预警平台"对企业财务风险的识别、处置贯穿整个项目周期，在项目前期，通过财务模型预测结果为项目筛选"避雷"提供参考；在项目尽调过程，通过人工智能模型，刻画企业多个维度能力在行业内的风险水平；在项目后督导管理过程，能够持续监控标的企业重点科目与风险异常点。该平台对全市场多个公众主体进行财务扫描分析，主动预警异常企业，识别人工难以发现的异常点，提高风险识别准确率，提升业务的风险控制能力。

该平台所使用的模型融合了业务专家经验和人工智能算法，尤其是当下深度学习领域最前沿的基于预训练大模型的技术实践，实现了模型性能从65%大幅提升到90%，使模型对风险样本的召回率达到行业领先水平。

自上线以来，预警平台财务异常企业识别准确率接近90%，达到行业领先水平，可快速有效识别4 000多家上市公司和6 000多家发债企业等主体4类财务异常、160多小类预警信号、6种舞弊动机、10余种常见舞弊手段，已支持包括投行、风控等多条线用户，支持项目审核、尽调、督导等多业务流程，并在做好权限安全隔离管理的前提下逐步拓展至财富管理、融资融券等更多部门。

启示： 在当今复杂多变的市场环境中，企业对财务风险防范的重视程度不断提高。新技术，特别是人工智能和大数据分析等金融科技的应用，为企业提供了一种全新的风险管理工具，显著增强了企业识别、评估和应对风险的能力。随着技术的不断进步，未来将有更多创新解决方案涌现，助力企业更好地驾驭风险，实现稳健发展。

3. 创业后期的风险

创业后期是指企业经营进入稳定期之后的阶段，此时企业通常已经有了较为稳定的市场份额与核心消费人群，在营业收入上有了一定的保证，同时内部的组织构架和制度也趋于稳定，能够平稳运作。但此时企业仍然面临各种各样的风险。

- 盲目冒进。当企业初具规模、小有成就时，一些企业容易被自己营造的区域性知名度冲昏头脑，趁着手里有一定储蓄，不顾实际，盲目开拓超出自身实力的大市场。此时，如稍有意外，就可能给企业造成巨大的损失，最终导致前期所有的努力都付诸东流。

- 好大喜功。创业者往往拥有思想解放、执着、敢作敢为的个性，这些个性使他们在创业初期较容易获得成功。但随着企业规模的扩大和实力的增强，再加上市场环境的规范化和竞争的激烈化，部分创业者的性格和能力容易促使其带领团队盲目追求规模、知名度、市场占有率等，而忽视了企业稳定运营的根基，使企业发展脱离实际。

- 挥霍浪费。在创业初期，大多数创业者能做到开源节流、艰苦勤俭。而在创业企业持续盈利之后，企业有了资源和资金，有些创业者不能有效地规划资金、使用资金，出现大手大脚、挥霍浪费的行为。一旦现金流断裂，企业的经营就会受到严重的影响。

- 小富即安。部分创业者在事业小有成就时就失去了进取心，有了小富即安的想法，不再计划将企业做大做强，不再积极拓展新的业务。小富即安的想法在一定程度上限制了很多企业的发展，而创业如逆水行舟，一旦停下就会很快被后来者赶超，甚至失去现有的市场和利润。

- 缺乏创新。企业得以生存与发展的根本就是能满足人类社会不断增长的物质与精神需求，要做到这一点，企业唯一的途径就是创新。创业的过程就是不断创新的过程，部分企业在发展到一定程度后便拒绝再创新，这诚然有利于维持企业的稳定并降低成本，但是失去创新的企业最终只会停滞不前甚至衰落。

- 管理危机。部分企业在发展到一定阶段后，未能及时调整自己的管理体系。一些创业者坚持将企业牢牢控制在自己手上，一方面把持话语权，拒绝新资本进入，拒绝使用职业经理人管理，拒绝摊薄自己的股权；另一方面任人唯亲，将自己的"心腹"安插在公司的行政、人力和财务等关键岗位上，而不考虑他们是否有能力胜任，这将导致管理低效、用人失误、财务混乱、管理失控等一系列严重后果，影响企业的经营与发展。

三、防范创业风险

大学生创业虽存在诸多风险，但机遇和挑战并存，唯有冷静地分析风险，勇敢地面对挑战，大学生创业者才能防范风险，克服困难，走向创业成功。针对大学生创业过程中遇到的风险，大学生创业者可以从以下方面加以管控。

1. 调整心态，做好创业准备

对自己充分了解，是大学生成功创业的前提。大学生创业时要对自己的个性特征、特长等有充分的了解，选择适合自己个性特征、符合个人兴趣爱好的项目进行创业；同时，大学生创业者要掌握广博的知识，具有一专多能的知识结构，才能充分发挥创造性思维，才可能做出正确的创业决策。大学生在创业前还要积累一些有关市场开拓、企业运营方面的经验，同时通过在企业实习、参加创业培训、接受专业指导等方式，积累创业知识，提高创业成功率。

大学生创业者还应当锻炼受挫能力，遇到挫折后应放下心理包袱，仔细分析失利的原因。因主观原因失败的，要适当调整自己的动机、追求和行为，避免下次犯同样的错误；因客观原因或社会中自己无能为力的因素失败的，也不要过于自责、自卑或固执，应坦然面对，灵活处理，争取新的机会。即使失败，大学生创业者也要振作起来，让自己始终保持昂扬的斗志和必胜的信心，直至创业成功。

2. 审时度势，创业应有选择地量力而行

创业路途充满艰辛，绝不是一蹴而就的。因此，大学生创业者应找到合适的切入点，选择合适的时机、合适的项目和合适的规模。大学生创业者大多手中资金较少，创业经验不足，可以选择起点低、启动资金少的项目进行创业。

另外，大学生创业要选择一种适合自己的企业法律形态。大学生创业者如果选择个体工商户、合伙制企业的法律形态，则创业者或投资人要对企业承担无限连带责任，企业如果经营不善欠下债务，股东要对企业的债务承担清偿责任；创业时如果选择有限责任公司的法律形态，由于公司具备法人资格，能够独立承担法律责任，公司如果资不抵债宣告破产，对公司不能清偿的债务，股东仅以其出资额承担法律责任，超出的部分不承担法律责任。

3. 充分利用优惠政策，迈出创业坚实的第一步

支持大学生创业，已经成为各级政府的重要议事内容。近年来，相关部门陆续出台了许多优惠政策，鼓励和支持大学生创业。大学生创业者一定要充分了解这些优惠政策，并把它们充分运用到自己的创业实践。具体来说，高校要向大学毕业生详细讲解政府出台的创业优惠政策，使大学生创业者对自己能享受到的优惠政策熟记在心；相关部门对这些优惠政策要出台具体实施办法及操作指引等，以方便大学生创业者操作实施，帮助大学生迈出创业坚实的第一步。

4. 多渠道融资，降低创业资金风险

虽然大学生创业融资渠道相对较少，但社会相关各方仍能为大学生创业提供资金。大学生还可以得到各类创业基金的资金支持。目前，由中国社会福利教育基金会发起的中国大学生创业基金、由共青团中央发起的中国青年创业就业基金、由社会知名人士郑泽等人发起的中国大学生西部创业基金等，可以帮助大学生解决部分创业资金短缺问题。由共青团中央、中国科学技术协会、教育部和中华全国学生联合会等单位主办的"挑战杯大学生创业大赛"为冠军提供 10 万元的创业基金。大学生参加创业大赛，既可以锻炼创业能力，又可能获得高额的创业资金，是一种很好的创业途径。

另外，大学生创业者还可以引入风险投资。风险投资者往往比较关注创业管理团队的构成、管理者的素质、创业者持续奋斗的精神等。有优秀的创业团队、独一无二的技术支撑、市场前景光明的创业项目，就有可能得到风险投资者的青睐，从而获得创业资金。大学生创业的成功典范——江南春创办的分众传媒，就在成立两年内获得了超过 5 000 万美元的风险投资。

5. 树立团队意识，与他人合作共赢

新东方集团总裁俞敏洪认为，创业除了自己成功，还要与别人一起成功。一个人的能力是有限的，创业应抛弃单打独斗、孤军奋战的个人英雄主义思想，树立牢固团队合作共赢的理念。大学生创业应建立一个由各方面专才组成的合作团队，团队成员既有共同的理想，又能有效地使技术创新与企业管理互补，保证团队形成最大合力，在市场竞争中取胜，推动企业发展，取得创业成功。

6. 重法治淡人情，在法律规则中稳步发展

市场经济是法治经济，企业的诞生和发展必须在法律框架下进行，符合法律规定。要想使企业稳步发展，把企业做大做强，大学生创业者从开始就应该依法办事，淡化人情，让法律成为创业成

功的基石。具体来说，大学生在创业之初选择企业形态要慎重，多人合伙企业一定要制订合伙章程，明确合伙人之间的权利、义务及盈利或亏损的分配方式，最好找专业法律人士审查把关；企业法律形态可以选择有限责任公司的模式，分清公司责任和个人责任，降低个人风险；企业运营应严格遵守法律规定，合法经营，切不可为小利而做违法乱纪之事；依法为企业员工缴纳社会保险，降低企业风险；出现纠纷应通过法律途径解决，依法维护企业的合法权益。

总之，在社会发展的潮流中，大学生创业已成为时代的选择。随着社会各方对大学生创业的理解和支持，以及大学生身心发展的日趋成熟，知识结构更加完善，大学生创业遇到的风险会随之减少，大学生创业者的风险管控能力也会随之增强，大学生创业必将发展到一个新阶段。

实践课堂

实训一 寻找一个创业机会

在市场中，有无数的创业机会等待着人们去发掘，识别出创业机会，是创业成功的第一步，请同学们试着通过各种途径，发现创业机会。

1. 研究国家宏观经济政策和行业发展趋势，发现其中可能蕴含的创业机会。

_____

_____

_____

_____

2. 研究大众媒体信息，分析人们消费需求的特点和变化，发现其中可能蕴含的创业机会。

_____

_____

_____

_____

3. 对自己所在地区进行市场调查，收集市场信息，发现其中可能蕴含的创业机会。

_____

_____

_____

_____

4. 选择一个你感兴趣且有一定了解的产品，通过头脑风暴法联想可能产生的创业机会。

_____

_____

_____

_____

5. 收集身边的同学、朋友、家人对某些产品或服务的意见，从中发现可能蕴含的创业机会。

_____

_____

_____

实训二　评估创业机会的价值

根据任务一的结论，对创业机会进行评估，要求：

（1）准备的创业项目应尽量翔实，给出创业项目的受众、投资来源、技术要求、经营周期、资源需求、人力需求等要素；

（2）必须给出确切的分析结论，即该项目可行或不可行。

1. 使用定性分析法分析产生的创业机会。

创业机会 1：_____

_____

创业机会 2：_____

_____

创业机会 3：_____

_____

创业机会 4：_____

_____

创业机会 5：_____

_____

2. 从上述创业机会中选择一个机会，使用刘常勇的创业机会评估框架分析创业机会，然后将分析结果填写在表 7-4 中。

表 7-4　使用刘常勇创业机会评价框架分析创业机会

市场评价	
1. 是否具有市场定位，专注于具体顾客需求，能为顾客带来新的价值	
2. 依据波特五力模型进行创业机会的市场结构评价	
3. 分析创业机会所面临的市场规模的大小	
4. 评价创业机会的市场渗透力	
5. 预测可能取得的市场占有率	
6. 分析产品成本结构	

回报评价	
1. 税后利润至少高于5%	
2. 达到盈亏平衡的时间应该少于2年	
3. 投资回报率应高于25%	
4. 资本需求量较低	
5. 毛利率应该高于40%	
6. 能否创造新企业在市场上的战略价值	
7. 资本市场的活跃程度	
8. 退出和收获回报的难易程度	

总体评价：_____

_____

_____

创业家故事："科学翻译官"杨远帆

杨远帆的身份是中国科学技术大学2021级能源动力专业博士生，虽然还是学生，但他已经有近两年的创业经验。他带领10多名年轻人在位于合肥市蜀山区科里科气科创驿站科大站里成立公司，将实验室内外的前沿科学成果及国家大科学装置的科学原理用视频、AR、VR等视觉技术呈现出来，把晦涩难懂的科学原理通过浅显易懂又极具美感的方式呈现给大众。

杨远帆一直对传播和宣传相关领域的知识感兴趣。2020年，他曾在校内组建学生

杨远帆展示为客户拍摄的专业画册

团队运营中国科大本科招生办官方新媒体矩阵，一年"涨粉"40余万人，部分短视频的播放量超过7 000万次。2022年，杨远帆和他的同学在中国科大艺术与科学研究中心梁琰老师指导下，参与了一项科学艺术摄影项目——IN THE LAB，并成立了科学摄影学生团队。他们深入中国科大的顶尖实验室中，用镜头去记录科学之美，并传播给大众。

这一过程中，科研人员的执着攻关和勤奋精神让杨远帆等人动容。杨远帆发现每个科学家都有精彩的科学故事，也有传播成果的迫切需求。但有些科学家有讷于言而敏于行的特点，并且市场上也很少有懂他们科学成果的团队，所以他萌发了一个念头——我们是否可以成为帮助科学家讲好科学故事的人，成为"科学翻译官"？

2022年5月，杨远帆和几名中国科大的同学一起，成立公司并入驻学校附近的"科大硅谷"蜀山园，正式带领团队去和各个科研机构接触沟通，期望帮助大众更好地了解中国最前沿的科学成果。2024年，国家大科学装置高海拔宇宙线观测站"拉索"产出了一个重大科学成果——在银河系中首次发现了超高能伽马射线泡，科学家们成功揭示了泡状结构的形成原因。这项重大科学成果的可视化任务交到了杨远帆团队手中，他们要用动画的形式来展示伽马光子形成、射向地球并最后被"拉索"捕捉的过程。其中，团队用三维建模的方式来展示由于银河系中大质量恒星星风相互碰撞摩擦，微观粒子不断碰撞加速形成宇宙线，宇宙线再与悬浮的氢原子核碰撞产生伽马光子等现象，将科学家脑海里的科学原理一笔一笔描绘出来。

杨远帆觉得，科学本身是美丽的，也值得以很美的方式展示、传播。作为一名年轻创业者、开拓者，自己只接触到了科学界的皮毛知识，在他的梦想蓝图里，要虚心学习和科普更多的科学知识，探索和开发更多的新型可视化技术，担当好"科学翻译官"职责，将中国最前沿的科学技术用最美的方式向世界传播。

项目八

创业资源与商业模式设计

学习目标 ↓

- 知识目标：了解创业资源和商业模式的概念。
- 技能目标：掌握整合创业资源和设计商业模式的方法。
- 素养目标：培养全局眼光，强化统筹协调的能力。

本章导图 ↓

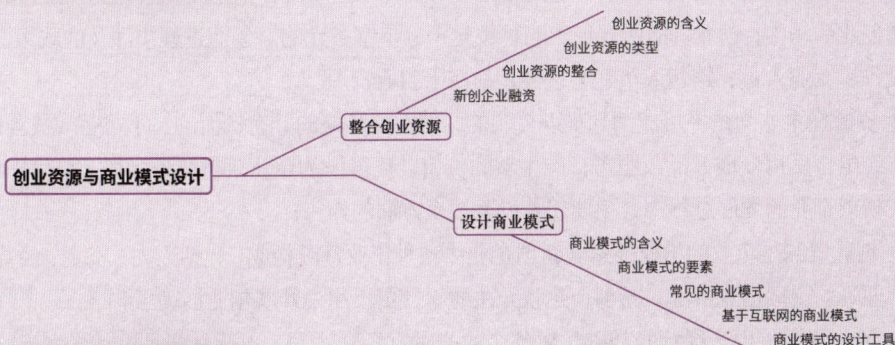

创业资源与商业模式设计
- 整合创业资源
  - 创业资源的含义
  - 创业资源的类型
  - 创业资源的整合
  - 新创企业融资
- 设计商业模式
  - 商业模式的含义
  - 商业模式的要素
  - 常见的商业模式
  - 基于互联网的商业模式
  - 商业模式的设计工具

案例导入 ↓

毕业那年，张俊超收到了滇中新区人力资源中心发来的《致在外高校学子的一封信》和人才工作联系卡，得知家乡正在实施"彩云雁归"创业计划，吸引和扶持高校毕业生等重点群体返乡入乡办实业、带动就业，助推乡村振兴。他随即做出了回乡创业的决定。

起初，张俊超对葡萄种植的种植技术、病虫害防治、销售等都是"两眼一抹黑"，同时最大的难题还是资金短缺。滇中新区人力资源中心了解到张俊超的情况后，联合"兴农科技特派员"和"金融特派员"入户精准服务，为张俊超送来了20万元的创业贷，并在街道、社区党委的帮助下，顺利向本地村民流转了70亩土地发展果树种植，帮助张俊超的葡萄种植事业走上了正轨。

眼看收成可观，张俊超的底气也更足了，凭借自身学历高、学习能力强、接受新鲜事物的速度快等优势，专注于种苗培育、葡萄种植、直播营销，在村里首次引进了阳光玫瑰葡萄种植，很快就成了远近闻名的"致富能手""葡萄专家"，吸引带动了一大批大学生返身投身葡萄产业。

2023年10月初，沙沟社区成立了党组织领办的合作社，张俊超获得了发展壮大村级集体经济扶持，在原有的基础上，建设了占地50亩的高标准葡萄种植基地，葡萄的亩产值达1.2万元。

析例启智 ↓

现在，有一批批像张俊超一样享受人才创新创业政策的返乡大学生，从"新农人"成长为了"兴农人"。创业并不是单单凭一腔热血就能成功的，请思考：

（1）张俊超能够创业成功，除了自身的努力，还得到了哪些外部支持？

（2）一次成功的创业，除了需要创业团队和创业机会，还需要哪些条件？

任务一　整合创业资源

张俊超能走上创业路，无论是最初的启动资金，还是土地、技术、销售各方面的资源获取，滇中新区的帮助都功不可没。事实上，在创业活动中，创业者往往需要不断地投入设备、原材料、人力、资金等各种资源，才能得到对应的产出。从这个角度看，创业的过程就是创业者尽力获取资源并对资源进行合理配置的过程，没有创业资源，创业者就无法创造价值，开展创业活动。

微课视频

整合创业资源

一、创业资源的含义

创业资源基础理论的主要代表人物巴尼认为，创业资源是指企业在创业的整个过程中先后投入和使用的各种有形和无形的资源总和，是创业过程中投入和运用的各种生产要素和支撑条件的总和。在实际的创业活动中，创业资源所表现出的种类是十分丰富多元的。创业过程中涉及的政策、资金、场地、设备、专业人员、销售人员、客户等，都属于创业资源。

创业资源在企业间是不可流动且难以复制的，特别是稀缺的、有价值的、不可替代或难以模仿的资源，经组合后可变成产品或服务，产生新的价值，还可以为企业获得竞争优势。总体来说，创业资源在新创企业的发展过程中，主要起着以下 3 个方面的作用。

（1）创业资源是企业的构成要素。新创企业由各种创业资源构成，包括人力、资金、经营场所、技术、管理等。脱离创业资源，新创企业就无法建立，更不用说开展创业活动了。

（2）创业资源是生产经营的基础。新创企业的所有经营活动，不管是产品设计、生产、仓储，还是推广、营销、运输，都需要投入创业资源才能进行。例如，产品运输需要资金、车辆、人力等资源。

（3）创业资源是企业竞争优势的源泉。不同企业拥有的资源不尽相同，各种资源都具有多种用途。企业的经营决策就是指定各种资源的特定用途，而决策一旦实施就难以还原。因此，企业会根据自身的资源配置情况来做出决策，资源的不同导致企业决策的不同，进而使企业各具特色，形成不同的竞争优势。

二、创业资源的类型

创业资源是所有有利于企业经营发展的因素总和，其中包含很多复杂的、多样的概念。根据不同的规则，创业资源可以分为不同的类型，不同类型的创业资源有其独特的作用与属性。以下按照资源性质的不同对创业资源进行分类，大致可以分为 6 种类型。

1. 人力资源

人力资源是指企业所拥有的用以制造产品和提供服务的人力。人力资源是企业的关键资源，是获取、利用和转化其他资源的基础。人具有主观能动性，创业者、创业团队拥有的技能、知识、洞察力、视野、期望等都会深刻而持续地影响企业的运营和发展。人力资源又分为两个方面，一是高素质人才的获取和培养，二是一定数量的、合格的产业工人的培养和获取。二者都对企业的发展至关重要。

2. 社会资源

社会资源主要指由人际和社会关系网络而形成的关系资源。社会资源不会直接作用于产品的开

发、生产、运输和销售这一整套流程，却能够帮助企业获取、利用其他资源，间接作用于企业的方方面面。同时，丰富的社会资源还能够使企业获得或抢先获得一些其他组织难以获得和接触到的资源，如一些非公开的商业信息、市场变化的征兆等。

3. 财务资源

财务资源是指企业所拥有的所有以货币形式计量的资源，包括固定资产和流动资产两种。固定资产如厂房、铺面、机器设备等；流动资产包括现金存款及可以变现的债券、股票、基金等。财务资源是衡量企业价值的标准，扩大财务资源是企业经营的主要目标。同时，财务资源尤其是流动资产还能够灵活地转化为其他资源，在企业的经营活动中发挥重要作用。

4. 政策资源

政策资源是指会对企业的生产、运营和发展产生影响的国家、地区、行业的相关政策，如一些市场准入政策、创业税收支持政策、创业融资支持政策、人才帮扶政策等。

5. 技术资源

技术资源是指企业在产品生产加工、储存、运输的过程中特有的关键技术和工艺流程等，广义的技术资源还包括应用这些技术的专业设备。技术资源是企业的核心资源，它决定了创业企业资本规模、市场竞争力及盈利能力的大小。缺乏技术的企业最终只能沦为代工企业，无法成为贯通产业链的行业巨头。

知识驿站
创业资源的获取

6. 组织资源

组织资源是指企业的组织结构、制度建设及企业的规范管理、市场营销策划等。其他资源的运用与发挥需要依靠组织资源。

三、创业资源的整合

不同的创业资源有着不同的作用，创业者仅靠单个资源可能难以创造新的价值，因此需要对创业资源进行开发和调整，通过合理的组合搭配将不同的创业资源整合在一起，使其互相作用，更好地服务于创业活动。

1. 创造性拼凑整合策略

创造性拼凑是由国外学者发现的一种通常出现在初创企业中的现象，即创业者在面对资源困境时，选择忽视正常情况下被普遍接受的关于物资投入、惯例、定义、标准的限制，仅仅利用手头已有的资源，拼凑出独特的价值，而这些资源对其他人来说也许是无用的甚至是废弃的。创造性拼凑整合策略的使用需要同时满足多个关键要素，分别是手边的已有资源、整合资源用于新目的及将就使用。

（1）手边的已有资源。创业者能够充分使用可以轻易获得的资源，包括企业内部资源和外部获取的资源。虽然有些资源对他人来说或许是无用的、没有价值的，但是创业者可以通过自己独特的技巧、经验，将这些资源创造性地整合在一起，积极主动地突破资源传统利用方式的束缚，使其发挥新的效用。

（2）整合资源用于新目的。对于某些"零碎资源"，创业者可能不确定其用途，但是在面对新问题时，创业者通过敏捷的思维和深刻的洞察力察觉到这些"零碎资源"的潜力，突发奇想地将其用在新的系统中，这是一种基于新目的的创造性整合。

（3）将就使用。创新性拼凑是在时间紧迫和资源不足的情况下的权宜之计，其拼凑使用的多是非常规资源，因此在性能和系统匹配度上往往会有一些不足，需要创业者经常关注。

小贴士

创造性拼凑可分为全面拼凑和选择性拼凑。全面拼凑是指创业者在物质资源、人力资源、技术资源、制度规范和市场等诸多方面长期使用拼凑的方法，以至于在企业现金流步入稳定后依然没有停止，久而久之这样的企业容易被大众认定为标准低、质量次的"拼凑型企业"。选择性拼凑是指创业者在拼凑行为上有一定的选择性。在应用领域上，他们往往只选择在一到两个领域内拼凑。在应用时间上，他们只在早期创业资源紧缺的情况下采用拼凑，随着企业的发展逐渐减少拼凑，甚至到最后完全放弃拼凑，使企业逐步走向正规化。

2. "步步为营"整合策略

"步步为营"一词英文的本意为"靴子的鞋带"，后来逐渐演化出"自给自足"的意思。在创业资源整合中，"步步为营"主要指在缺乏资源的情况下，创业者分多个阶段投入资源并且在每个阶段或决策点投入尽可能少的资源。在创业初期，项目需要不断地投入资源且并不会产生利润，因此创业者往往会经历一段"只见支出不见收入"的时期，而"步步为营"整合策略就是为了应对这种情况而产生的。"步步为营"整合策略要求创业者在需要投入资源的时间点投入尽量少的资源，其本质是通过尽量降低开销来尽快实现收支平衡。

"步步为营"整合策略看上去很美好，但实际应用的"度"不好把握，如果一次投入的资本过少，就可能导致经营出现问题，如果投入的资本过多则失去了"步步为营"整合策略的意义。在运用"步步为营"整合策略时，创业者应有原则地节俭。

四、新创企业融资

对一个企业而言，资金是创业活动的"燃料"，企业生产经营中的每一个环节都离不开资金。为了获取资金，维持企业的运转，创业者需要进行融资。而对新创企业而言，由于没有建立商业信誉，通常也没有可供抵押的资产，其融资的方式比较有限。

1. 向家人及亲戚朋友借款

新创立的企业早期所需的资金具有高度的不确定性，但是需求量较少，因此在这一阶段，除了大学生创业者本人的个人积蓄，家人和朋友的借款就是最为常见的资金来源。他们之间有一定的亲情、友情关系，更容易建立信赖感。

向家人及亲戚朋友借款也具有一定的局限性，这种方式只适用于家庭物质条件较好的大学生创业者，同时，如果创业失败，还可能影响双方关系，因此大学生创业者应该在对方自愿的情况下进行借款，并将家人或朋友的借款与其他投资者的资金同等对待。

2. 大学生创业贷款

大学生创业贷款是银行等资金发放机构对各高校学生（专科生、本科生、研究生等）创业者发放的无抵押、无担保的大学生信用贷款。大学生创业贷款是一项重要的创业扶持政策，相比于普通银行商业贷款，大学生创业贷款通常具有利率低（甚至无息）、审核宽松、放款速度快等优点，是一种理想的融资手段。但是，大学生创业贷款也有额度较低、存在申请条件限制等缺点。

3. 银行商业贷款

如果大学生创业者需要的创业启动资金无法通过创业贷款的方式满足，也可以向银行申请商业贷款。银行是依法成立的经营货币信贷业务的金融机构，向银行申请商业贷款是企业普遍的融资手段之一。银行商业贷款主要有以下 5 种形式。

- 担保贷款。担保贷款是指以担保人的信用作担保而发放的贷款。随着国内中小企业信用担保体系的建立和完善，目前各地均有专业化的信用担保机构。如果大学生创业者缺乏合格的抵押物品，就可以向信用担保机构申请担保贷款。
- 抵押贷款。抵押贷款是指借款者以一定的抵押品作为物品保证向银行取得的贷款。抵押物通常包括不动产、设备等。办理抵押贷款时，银行保管抵押物的有关证明（所有权不变更）。
- 质押贷款。质押贷款是指以借款人或第三人的动产或权利作为质押物发放的贷款。大学生创业者可用自己甚至亲朋好友（需要本人书面同意）未到期的存单、国债、国库券等作为质押物，从银行申请有价证券面值 80% ~ 90% 的贷款。与抵押贷款相比，质押贷款中，借款人或第三方的动产或权利凭证被转移给了银行。
- 贴现贷款。贴现贷款是指借款人在急需资金时，以未到期的票据向银行申请贴现而融通资金的贷款方式。贴现贷款具有流动性高、安全性高、自偿性强、用途确定、信用关系简单等特点。贴现贷款与质押贷款的区别在于贴现是由银行购买借款人的未到期票据，而质押则是转移了动产或权利的占有权。
- 信用贷款。信用贷款是指银行仅凭对借款人资信的信任而发放的贷款，借款人无须向银行提供抵押物或担保。信用贷款具有无抵押、手续便捷的优点，借款人的门槛也比较低，只要工作稳定，征信记录良好，如信用报告、信用评估、信用信息良好就能获得贷款。但银行对信用贷款的信用审核严格，贷款额度相对较低，所以只适合于创业者的短期小额贷款。

4. 天使投资

天使投资是自由投资者或风险投资机构对原创项目或小型新创企业进行的前期投资。

天使投资一词起源于纽约百老汇的演出捐助。"天使"这个词是由百老汇的内部人员创造出来的，用以形容富有资助者，他们为了支持演出进行了高风险的投资。后来那些给创业者带来投资和帮助的投资者都被称为"天使投资人"，天使投资一般具有以下特点。

- 通常只提供"第一轮"融资。天使投资的资金往往是"天使投资人"自己的积蓄，不足以支持较大规模的资金需要，因此只有那些处于最初发展阶段的创业企业能够得到"天使投资人"的青睐。
- 带有强烈的感情色彩。创业者说服"天使投资人"投资的过程常常需要一定的感情基础，或者是志同道合的朋友，或者是有亲戚关系，或者是得到了熟悉人士的介绍等，如字节跳动在天使轮的投资来自海纳亚洲创投基金，字节跳动创始人张一鸣和海纳亚洲创投基金的投资者王琼就有很好的私交。
- 融资程序简单迅捷。"天使投资人"只是代表自己进行投资，投资行为带有偶然性和随意性，投资决策主要基于投资人自己的想法，不需要经过复杂而烦琐的投资决策程序。

- 投资者通常只作短期投资。因为是使用自己的资金进行投资，所以投资者对投资回报的期望较高，而且创业企业抗风险的能力不如大型投资公司，所以"天使投资人"对亏损的忍耐力不强，往往只进行短期投资。

🔔 小贴士

借款和贷款属于债权融资，企业与债权人约定期限，获取相应资金的使用权。到约定期限，企业就需要将资金还给债权人。而天使投资属于股权融资，企业出售部分所有权（股份）获取相应资金，投资者成为公司的股东。

任务二　设计商业模式

张俊超所在的沙沟社区正在探索以"党组织引领＋居民种植＋合作社统一销售＋居民获得合作社分红"的形式，整体统筹社区的种植产业，积极倡导农产品品牌化，建立"沙沟阳光"葡萄品牌，开办沙沟葡萄文化节。这一系列举措的背后，是当地通过扩展商业模式，提高产品附加值谋求更多元化的消费市场。所谓商业模式，就是"用什么方式来赚钱"，每个正常运行的企业背后，都有具体的商业模式作支撑，大学生创业者也要设计自己的商业模式，才能引领创业项目顺利步入市场。

一、商业模式的含义

商业模式这个概念第一次出现于 20 世纪 50 年代，但直到 20 世纪 90 年代才开始被广泛使用和传播。尽管商业模式在国内外得到了学术界和企业界的高度重视，但目前各方对商业模式的含义和本质尚未达成共识。

本书综合各类关于商业模式的定义，认为商业模式是企业在一定的动态环境中，为实现企业价值最大化，将企业运行的内外各要素整合起来，形成一个完整、高效率、具有独特核心竞争力的运行系统，并通过最优实现形式满足消费者需求、实现消费者价值，同时使系统达成持续盈利目标的整体解决方案，它包含特定企业的一系列管理理念、方式和方法。商业模式是企业赖以生存的基石，识别、分析、评价企业的商业模式，可以较为系统、严格、全面地对一个企业的运营健康状况和盈利能力进行整体性的考察。

商业模式是一个企业创造价值的核心逻辑，描述了企业创造价值、传递价值、获得价值的基本原理。这里所谓价值的内涵不仅是创造的利润，还包括为消费者、员工、合作伙伴、股东提供的价值，以及在此基础上形成的企业竞争力与持续发展力。

（1）创造价值。创造价值就是企业提供的产品或者服务为特定消费群体带来的核心价值。例如，星巴克针对的消费人群是咖啡爱好者和"白领"人士，那么，星巴克的烘焙咖啡豆的醇香就是带给咖啡爱好者的价值，免费 Wi-Fi 和轻松的氛围是给"白领"人士提供的价值。

（2）传递价值。传递价值就是企业通过各种渠道让目标消费群体了解产品或服务的价值。例如，安踏赞助中国国家游泳队、联通赞助中国科学院可可西里科考行、华为 5G 助力 2020 年珠穆朗玛峰高程测量登山队登顶……通过赞助，这些品牌都成功、有效地吸引了目标消费群体的注意。

（3）获得价值。获得价值是指尽可能地从为消费者创造的价值中获取最大的回报，其中最直接的方式就是卖出产品，赚取售价与成本的差额。要获得价值，企业要么向消费者提供独家的产品；要么向消费者提供具有差异化优势的产品，如相比同类产品价格更低、质量更优、售后服务更好、更易用、更耐久等。例如，吉列剃须刀不贵，但剃须刀刀片价格较高，拥有剃须刀的人必须持续购买特定的刀片，吉列由此获取丰厚利益。

总之，商业模式是连接消费者价值与企业价值的桥梁，商业模式为企业的各种利益相关者，如供应商、消费者、其他合作伙伴、企业内的部门和员工等提供了连接各方交易活动的纽带。一个好的商业模式最终能够成为资本和产品市场认同的独特企业价值。企业必须选择一个适合自己的、有效的商业模式，把各种有形和无形的资源都整合其中，并且随着客观情况的变化不断对其加以创新，这样才能获得持续的竞争优势。

二、商业模式的要素

由于实用性强且操作便捷，亚历山大·奥斯特瓦德与伊夫·皮尼厄共同提出的商业模式理论受到创业实践者的推崇。他们认为，商业模式包含九大要素：客户细分、价值主张、渠道通路、客户关系、收入来源、核心资源、关键业务、重要伙伴、成本结构。这9个要素相互作用、相互关联，它们之间的关系如图8-1所示。

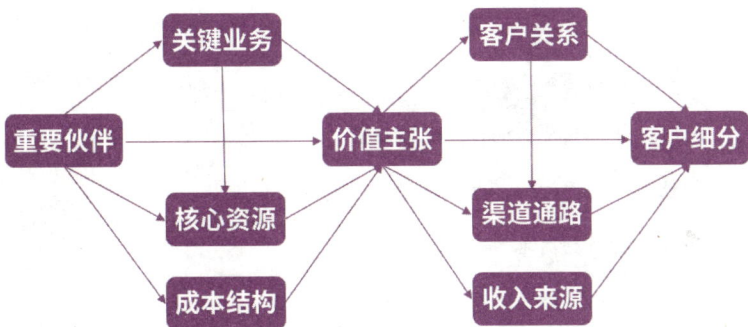

图8-1　商业模式的要素

值得注意的是商业模式并不仅仅是这9个要素的简单组合，因为要素之间存在必然的内在联系，一种成功的商业模式应能将这些要素有机地联系在一起，从而阐明某个企业或某项活动的内在商业逻辑。

1. 客户细分

客户细分要素描绘了一个企业想要获得的和期望服务的不同目标群体。目标群体即企业瞄准的购买产品或使用服务的客户群体。这些群体具有某些共性，从而使企业能够针对这些共性创造价值。定义客户群体的过程也称为市场细分。商业模式设计从"为谁做"开始，先要明确企业正在为谁创造价值，谁是企业最重要的客户。

2. 价值主张

价值主张要素描述的是企业通过其产品和服务为某一客户群体提供的独特价值。价值主张是客户选择一家企业的产品或服务而放弃另一家的原因，它能够解决客户的问题或满足其需求。每个价值主张是一个产品和服务的组合，这一组合迎合了某一客户群体的需求。同时客户在购买产品或服务的时候依赖其思维判断，客户生活在社会中，其思维判断不仅取决于自身意愿，还受所处环境与社会关系的影响。

有时客户会明确表达其需求，有时客户需求是只可意会、不可言传的，因此在构建价值主张时，创业者可以从客户"五色思维"的角度分析其需求特性，特别是其内心深处的需求特性，进而推出满足客户需求的产品或服务，如表 8-1 所示。

表 8-1　从客户"五色思维"导出价值主张

思维	需求特性	产品或服务的价值
生命思维	健康	有利于人的身心健康发展
	尝试	满足客户从未感受和体验过的全新需求
	可持续	能源资源节约与环境友好
	低风险	帮助客户抑制风险也可以创造客户价值
批评思维	真实	依据事实进行判断与决策
	改变	不断改善产品和服务性能
	颠覆	对旧有模式的根本改变
设计思维	新颖	形式活泼而有活力
	简单	外观与形式简单明快
	设计	产品因优秀的设计脱颖而出
经济思维	便利性	使用更方便，也可以创造可观的价值
	实用性	操作更简单
	回报	能够帮助客户获得更高回报
	价格	以更低的价格满足客户需求
	成本低	帮助客户削减成本是创造价值的重要方法
	可达性	使客户容易掌握、理解并以此实现目标
美学思维	感人	能够让客户产生感动与共鸣
	定制化	以满足客户个体或细分群体的特定需求
	品牌	客户通过使用和显示某一特定品牌而展示身份
	自然	产品和服务自然并让客户感觉舒适亲切

3. 渠道通路

要将一种价值主张推向市场，找到正确的渠道组合并以客户喜欢的方式与客户建立联系至关重要。渠道通路要素描述的是企业如何与其客户群体进行沟通并建立联系，进而向对方传递自身的价值主张。

与客户的交流、分销和销售渠道构成了企业的客户交互体系。每条渠道可划分为 5 个不同的阶段。每条渠道覆盖其中几个或全部阶段。渠道可以划分为直接渠道和间接渠道，或者自有渠道和合作方渠道，如表8-2所示。

表 8-2 渠道通路

渠道类型		渠道阶段				
		知名度	评价	购买	传递	售后
自有渠道或 直接渠道	销售人员	企业如何扩大公司产品和服务的知名度	客户如何评价企业的价值主张	客户如何能够购买到企业的某项产品和服务	企业如何向客户传递价值主张	企业如何向客户提供售后服务
	网络销售					
	自有商铺					
合作方渠道 或间接渠道	合作方商铺					
	批发商					

在考虑渠道通路时，创业者不妨思考以下问题，并通过这些问题整理自己的思路。客户希望以何种渠道与我们建立联系？我们现在如何建立这种联系？我们的渠道是如何构成的？哪个渠道最管用？哪个渠道更节约成本？我们如何将这些渠道与客户整合在一起？

案例阅读

小米的渠道

小米科技有限责任公司（以下简称"小米"）作为一家知名的科技公司，通过多种渠道通路与客户建立联系并传递自身的价值主张。

小米的自有渠道包括网络销售和自有商铺。

网络销售：小米通过自己的官方网站和微信小程序等销售产品。客户可以在网上浏览和购买小米的手机、电视、智能家居设备等。

自有商铺：小米在全球范围内开设了自己的实体店铺，如小米之家。这些店铺提供展示和销售小米产品的场所，同时也为客户提供了产品体验和售后服务。

小米的合作方渠道包括合作方商铺和批发商。

合作方商铺：小米与各种合作伙伴合作，将产品入驻他们的实体店铺中销售。这些合作伙伴可以是电子产品零售商、手机运营商等。通过与合作伙伴的合作，小米能够扩大产品的覆盖范围，并增加销售渠道。

批发商：小米与各种批发商合作，将产品批量销售给他们，然后由批发商进一步分销给零售商或其他终端客户。这种合作方式可以帮助小米扩大市场份额并提高产品的可见度。

启示：创业者可以从小米的渠道策略中汲取经验，考虑如何通过多元化渠道、实体店铺的建设、广泛的合作伙伴网络和线上线下协同，为自己的企业设计更具竞争力的渠道通路。

4. 客户关系

客户关系要素描述的是一家企业针对客户群体所建立的客户关系的类型。良好的客户关系是企业立足的根本。企业在其商业模式当中必须明确如何建立诚信的客户关系的方法。创业者在分析客户关系时，主要需要考虑每一个客户群体期待与企业建立并保持何种类型的关系、企业已经建立了哪些类型的关系、这些关系类型的成本如何、这些客户关系类型与企业商业模式中的其他模块是如何整合的等一系列问题。

5. 收入来源

收入来源要素代表企业从每个客户群体中获取的现金收益。如果说客户是一个商业模式的心脏，收入来源则是该商业模式的动脉。一个企业需要自问，每个客户群体真正愿意买单的究竟是什么。成功地回答这一问题可以使企业在每个客户群体中获得一定收入来源。通常企业有以下多种收入来源，如表8-3所示。分析收入来源需要考虑什么样的价值能让消费者愿意付费、消费者付费购买什么、消费者通过什么方式支付费用、消费者希望怎样支付费用等问题。

表8-3　常见的收入来源

收入来源类型	表现形式及运用情况
资产销售	通常表现为实物产品所有权的出售。例如，京东平台通过网站销售电器、服装、床上用品等商品；汽车4S店销售汽车给消费者
使用费	因使用某种具体服务而产生，对该服务使用得越多，消费者支付的费用就越多。例如，电信运营商根据用户通话时长进行收费；宾馆根据客人房间使用天数进行收费；快递公司把包裹从某地投送到另一地，根据包裹的重量和运送距离向客户征收包裹的费用
会员费	用户通过支付一定的费用成为会员，享受会员专属的服务和优惠。例如，一个健身房向用户销售月卡或年卡，以限定会员对健身器材的使用时限；视频网站的用户通过缴纳会员费获得VIP视频的观看权
租赁费	将某一特定资产在某一个时期专门供给某人使用并收取一定费用。例如，房屋所有人通过租赁房屋获得租金；租车公司为客户提供租车服务获得租赁费
许可使用费	向用户授予某种受保护知识产权的使用权，并向其收取许可使用费。许可使用费使得资源持有者无须生产产品或进行任何商业化操作，而仅凭对资源的所有权获得收益。例如，在科技产业中，专利持有者将专利使用权提供给其他公司使用并收取专利使用费
经纪人佣金	向双方或多方提供中介服务。例如，银行发放信用卡，对每一笔交易向商家和持卡人按交易额度的一定百分比收取费用。房产中介或房产经纪人会因每次成功地促成了交易而获得佣金
广告费	为某种产品、服务或品牌做广告而收取的费用。传统的传媒业和活动策划的收入很大程度上依赖于广告的收入。近些年其他产业，包括软件业和服务业，也开始更多地依赖广告收入

6. 核心资源

核心资源也称关键资源，该要素描述的是保证一种商业模式顺利运行所需的最重要的资产。核心资源决定了企业能够做什么，哪些可以做，哪些不可以做。

每一种商业模式都需要一些核心资源。这些资源使企业得以创造并提供价值主张，开拓市场，保持与某个客户群体的客户关系并获得收益。不同类型的商业模式需要不同的核心资源。例如，芯片制造商需要资本密集型生产设备，而芯片设计商则更聚焦于人力资源。

核心资源包括实物资源、金融资源、知识资源及人力资源。核心资源可以是自有的，也可以通过租赁获得，或者从重要伙伴处获得。在确定核心资源时，创业者需要考虑企业的价值主张、企业的渠道通路、客户关系及收入来源各需要哪些核心资源。

7. 关键业务

关键业务要素描述的是为保障商业模式正常运行所需做的重要事情。每种商业模式都包含一系列关键业务。这些业务是一个企业成功运营必须采取的重要行动。与核心资源一样，关键业务是企业为创造和提供价值主张、获得市场、维系客户关系及获得收益所必需的。并且，与核心资源一样，关键业务也因不同的商业模式类型而有差异。例如，对软件供应商而言，其关键业务是软件开发；对计算机中央处理器生产商而言，其关键业务还包含供应链管理。

对关键业务的确定，创业者应考虑企业的价值主张、企业的渠道通路、客户关系及收入来源各需要哪些关键业务。

8. 重要伙伴

重要伙伴要素描述的是保证一种商业模式顺利运行所需的供应商和合作伙伴网络，重要伙伴在许多商业模式中逐渐承担起支撑的作用。一个企业需要构建伙伴关系，但不是所有伙伴都属于重要伙伴。创业者需要思考：谁是企业的关键合作伙伴，谁是企业的关键供应商，企业从合作伙伴处获得了哪些核心资源，企业的合作伙伴参与了哪些关键业务……创业者可以通过这些问题确定重要伙伴。重要伙伴意味着企业可以通过建立联盟，优化自身的商业模式，以降低风险或者获得资源。

重要伙伴可以分为4种不同的类型，一是非竞争者之间的战略联盟；二是竞争者之间的战略联盟；三是为新业务建立的合资公司；四是为保证可靠的供应建立的供应商和采购商的关系。

9. 成本结构

成本结构要素描述的是运营一种商业模式所发生的重要成本的总和。创造和传递价值、维护客户关系及创造收益都会产生成本。在确定了核心资源、关键业务及重要伙伴的情况下，成本核算会变得相对容易。

每个企业的成本结构是有所差别的，有的企业以低成本为导向，有的则倾向于价值创造。创业者需要将预估成本与同类企业发布的报告进行对比，以确定合理的成本结构。在商业模式的设计中，创业者通常希望以较低的成本实现创业，并持续实现盈利，这样才能获取更多收益。所以有些商业模式相对于其他商业模式而言更加偏向成本导向型。例如，低成本航空就是以低成本为核心的商业模式。

成本结构设计需考虑的问题包括：商业模式中最重要的固有成本是什么，最贵的核心资源是什么，最贵的关键业务是什么等。创业者通过对这类问题的思考，可以基本确定一种商业模式良好运行所需的所有成本。

三、常见的商业模式

人类的商业史已经有数千年，在如此漫长的时间中，涌现出了一批又一批的成功企业，它们被人们分析研究，总结出很多经典的商业模式，得到了广泛的应用。学习这些常见的商业模式，是大学生自主设计商业模式的基础。

1. 店铺模式

店铺模式是最古老也是最基本的商业模式，它是指在具有潜在消费者群体的地方开设店铺并展示其产品或服务。店铺是这一模式的核心，通过店铺，商家接近了消费者群体，能够在固定的地点以固定的方式为消费者提供各种服务。同时，店铺也是展示产品、储存货物、提供服务的空间。店铺模式赚取的利润主要来自产品购入与卖出之间的差价，也有部分店铺依靠广告收入、服务收入等盈利。

经过长期的发展，店铺模式得以"进化"为连锁店模式，连锁店是指众多小规模的、分散的、经营同类产品和服务的同一品牌的零售店，这些店铺采用同样的装修风格、提供同样的产品和服务。通过连锁店，商家能够覆盖的市场范围大大扩大，同时也能由于规模效应获得更大的利润。

2. "饵与钩"模式

"饵与钩"模式也称为"剃刀与刀片"模式，或搭售模式。在这种模式里，基本产品（饵）的售价很低，但与之相关的消耗品或服务（钩）的价格却十分昂贵。其核心是通过廉价（甚至亏本）的基本产品获取消费者，然后通过后续的消耗品或服务实现盈利。例如，著名的剃须刀品牌吉列，就曾经通过免费送剃须刀获取大量消费者，占据了绝对优势的市场份额，随后便通过卖刀片赚取持续的利润。今天，我们身边仍然有很多采用"饵与钩"模式的产品，例如手机（饵）和通话时长（钩）、打印机（饵）和墨盒（钩）等。

3. "硬件+软件"模式

"硬件+软件"模式是随着个人计算机普及而出现的一种商业模式，是指将硬件制造和软件开发有机结合，通过提供高质量的软件增加消费者对硬件使用的黏性，同时软件也成为商家产品的技术壁垒，消费者在更换硬件时会由于对软件的依赖而继续使用该系列产品。例如，某公司研制了一款电子阅读器，该电子阅读器仅支持该公司开发的电子书软件格式，而该电子书软件服务的价格是每月10元。这样，商家每卖出一台电子阅读器，就获得了每月10元的稳定收入。

4. 订阅模式

订阅模式是指商家通过消费者周期性的订货或办理会员来收费的商业模式。这样的商业模式能够使商家与消费者建立长期、稳定的联系，有助于商家形成稳定的营业收入。订阅模式在传统商业中通常适用于报纸、期刊、鲜奶等产品，现在被广泛应用于网站会员、App会员等场景。

一些商家对订阅模式进行了改良，通过"充值送赠品""预充享折扣"等方式，鼓励消费者一次性订购长期的服务，这样商家可以获得更多的现金流。

四、基于互联网的商业模式

互联网时代的商业模式普遍有用户规模大、业务扩张快等特点，身处互联网时代下，创业者应该拥抱时代，认识互联网商业模式。

1. 电子商务模式

电子商务模式是指利用信息技术使整个商务活动实现电子化，消费者在线上即可选购商品并付款，商品通过快递送到消费者指定的收货地点的商业模式。消费者足不出户就可以充分了解和对比感兴趣的商品，包括商品的外观、规格、参数、功能及价格等。在现实生活中买不到或很难买到的商品，在企业对用户（Business to Customer，B2C）电子商务平台中都可以找到并且还能获得更多的选择。

对商家而言，在市场上，其利用互联网能够突破时间与空间的限制，为全国甚至世界范围内的消费者提供服务，大大扩展了市场范围和销售渠道；在成本上，其能够减少批发商、零售商等传统供应链中的中间商环节，直面消费者，从而降低采购成本和销售成本；在发展上，其可以通过增加商品种类及网店页面来扩大店铺的经营规模，这与传统商业模式相比，减少了很多的人力资源和装修成本。

电子商务的盈利模式非常多样，包括商品销售收入、出租虚拟店铺收入、网络广告收益、会员费、交易佣金等。

2. "免费+广告费"模式

在互联网时代，用户本身也具有价值。一些网站和软件商家采用"免费＋广告费"的商业模式，即将自己的网站或软件免费开放给用户使用，吸引巨量的用户流量，然后在网站或软件的界面中设置广告位，以收取广告费。由于这些网站和软件商家自身具有巨大的流量，因此广告商通常很乐意投放广告，这样，商家就通过广告费实现了盈利。在这样的模式下，用户不用付费，商家获得了盈利，广告主获得了曝光，可以说是"三赢"。

3. "位置+生活服务"模式

使用了基于位置信息与行为偏好的大数据分析技术，很多软件商家实现了"位置＋生活服务"的商业模式。用户在授权软件收集其位置信息后，一旦打开软件并登录，软件就会自动进行定位，并将位置信息上传到数据库中，检索出附近的服务。经过大数据分析，软件就能够得到该用户的行为偏好信息，将用户的行为偏好信息与附近的服务信息进行比对，就能筛选出适合该用户的服务，从而进行精准推荐。

例如，人们想要寻找美食，但是对当地的情况不了解，就会使用美食推荐软件，上面会显示附近的餐饮商家、人均消费和评价等信息，人们就可以挑选自己中意的餐厅，在软件上直接预订座位，然后过去用餐即可。类似的软件还有提供打车服务的软件、提供住宿服务的软件、提供导航服务的软件等。

"位置＋生活服务"模式能够为用户推荐附近适合的服务提供商，为用户提供了方便，能够有效促成用户和服务提供商的交易，而软件商家能够从交易中抽取一定的佣金，实现盈利。

4. 社交电商模式

所谓社交电商模式，是指利用时下流行的微信、微博等社交媒体和用户进行社交互动来拉动商品销售的商业模式。社交属性使得这类商业模式拥有强烈的用户黏性，创业者可以通过依附平台广泛的用户基础，获得流量红利。目前，随着智能手机等移动终端的普及，在巨大的移动社交流量红利下，社交电商已进入飞速发展阶段，不少商家纷纷发力社交电商模式。主流的社交电商模式包括拼团社交电商模式、会员制社交电商模式、社区团购社交电商模式和内容社交电商模式。

（1）拼团社交电商模式。拼团社交电商的模式是指两人及以上的用户，以社交分享的方式进行组团，组团成功后可以享受更大的优惠。商家通过低价提升用户的参与积极性，让用户主动分享商品，提高商品的曝光率和销售量。

（2）会员制社交电商模式。会员制社交电商模式是指商家将用户发展为会员，会员拥有代理商品并发展新会员的权利的模式。

（3）社区团购社交电商模式。社区团购社交电商主要经营生鲜、居民日用品等，其模式通常是以杂货店老板、快递站点老板等担任"团长"，负责社群运营、订单收集、商品推广及货物分发等工作，社区居民加入社群后通过微信小程序或 App 下单，社区团购平台将商品统一配送至"团长"处，社区居民上门自取或由"团长"配送。

（4）内容社交电商模式。内容社交电商兼具内容电商和社交电商的特点，即商家通过社交渠道将内容呈现在用户面前，吸引用户购买。同时，商家也鼓励用户自己创作内容，如使用体验、购物心得等，并发布到社交媒体，使商品信息实现二次传播。

5. 新零售模式

对于新零售模式，目前常见的解释是，商家依托互联网，通过运用大数据、人工智能等先进技术，对商品的生产、流通与销售过程进行升级改造，进而重塑业态结构与生态圈，并对线上服务、线下体验及现代物流进行深度融合。

在传统零售模式下，消费者与商家之间没有更多的双向沟通，消费者也无法享受更多高质量、个性化的服务，这就造成了消费者即买即走，无法创造附加价值的情况。而新零售模式真正实现了以消费者为中心的经营理念。消费者—零售商—品牌商—生产与研发的顺序结构，形成了数据化、个性化、定制化的生产链。同时，供应链方面也进行了变革，减少了中间层级结构，增加了多级仓库，在提供高效服务的同时节省了成本。

> **案例阅读**
>
> #### 自营生鲜类商超——盒马鲜生
>
> 盒马鲜生是阿里巴巴重构线下超市的新零售业态，支持门店附近 5 公里范围内 1 小时送达。区别于传统零售，盒马实现了基于大数据，运用移动互联、智能物联网、自动化等技术及先进设备，实现人、货、场三者之间的最优化匹配。从供应链、仓储到配送，盒马都有自己的完整物流体系，是线上线下融合的深度体现。
>
> 盒马鲜生以实体店为核心，采用"线上电商＋线下门店"的经营模式。线上业务以盒马 App 为端口，主要提供餐饮外卖和生鲜配送服务。线上业务基于门店发货，并通过电子价签等新技术，保证线上与线下同品同价，同时通过门店自动化物流设备保证门店分拣效率，最终保证用户通过 App 下单后，商品快速送达用户手中。
>
> 在线下，盒马鲜生在超市内引入餐饮区，一方面方便用户就餐，延长用户在店内的停留时间，增强用户黏性。另一方面，餐饮的高毛利率也可改善盒马鲜生零售的盈利结构。此外，盒马鲜生还为生鲜产品配备了海鲜代加工服务，用户可以在店内享用最新鲜的美食，这有利于提升销售转化率。
>
> 支付方式上，用户到店消费时，盒马鲜生员工会指导用户安装盒马 App，注册成为盒马鲜生会员，并通过盒马 App 或支付宝等付款方式完成付款。这种付款方式可使盒马鲜生掌握线下消费数据，通过线下向线上引流，并可通过这些数据指导生产、改进销售。
>
> 在采购端，盒马鲜生以全球直采模式打造最优供应链体系，主打原产地直采和本地直采结合的方式。通过借助阿里巴巴集团的全球购资源，盒马鲜生与本地企业合作，打造全球性农产品基地，同时盒马鲜生会派出团队到产地进行品控质检、进行采购批发，甚至部分实现与天猫统一采购，

确保供应更新鲜的商品，这种直采模式省去了中间各级经销商环节，不仅降低了成本，减少了商品消耗，而且也保证了原料的质量。

在仓储配送方面，盒马鲜生采用了仓店一体化的模式。仓店一体化是指前置仓与商超的一体化，也就是说，仓库是门店，门店也是仓库，创新性地将门店超市区域与仓库相结合，以降低整体配送成本。在该模式下，以店为仓，拣货员直接在门店货架上拣货，然后交给配送员，实现产品即时配送。

独特的商业模式，使盒马成为新零售的代表。2022 年，针对没有盒马鲜生门店的区域和城市，盒马上线了"云超送全国"业务，主要为全国消费者提供只有盒马才有的优质商品，未来，盒马或将成为覆盖全国的新一代电商平台。

启示： 现在，线上线下双渠道销售已成为零售企业的必然选择，盒马鲜生新零售商业模式的成功，无疑为互联网时代的商超发展树立了一个典范。创业者若想创业，可以多了解互联网商业模式，从中获取符合时代特色的创业灵感。

五、商业模式的设计工具

在市场中，已经存在很多成熟且稳定的商业模式，但市场中的大企业有先发优势，仅仅复制其商业模式难以与之竞争；而且商业模式是建立在一定条件之上的，具备一定特殊性，照搬他人商业模式难免"水土不服"，难以为继。因此，创业者需要根据自身条件和对市场的认识，设计出具有比较优势的商业模式，这样才有可能创业成功。

在设计商业模式时，设计团队往往会遇到各种问题，难以有效开展讨论和设计。对此，创业者可以借助一些商业模式设计工具，例如商业模式画布。亚历山大·奥斯特瓦德与伊夫·皮尼厄在商业模式九大要素的基础上，提出了实用型商业模式的设计工具——商业模式画布，这个画布被各个行业的企业与创业者广泛应用。

微课视频

商业模式的设计工具

1. 商业模式画布的组成

商业模式画布是商业模式要素的可视化呈现，有助于创业者催生创意、减少猜测，合理解决问题。通过商业模式画布，创业者能看出商业模式各元素之间的作用与关系，以完善创业模式的搭建。透过商业模式画布，创业者应该充分认识和发挥自身商业模式的作用，以促进企业更好发展。商业模式画布如图 8-2 所示。

重要伙伴	关键业务	价值主张	客户关系	客户细分
	核心资源		渠道通路	
成本结构		收入来源		

图8-2　商业模式画布

商业模式画布由 9 个方格组成，每个方格都有非常多的可能和替代方案，创业者需要找到其中的最优方案。创业者可以将画布打印出来或在白板上画出来，和设计团队成员一起使用便利贴或马克笔共同描绘和讨论。

2. 商业模式画布的制作步骤

商业模式画布的制作流程分为以下 5 个步骤。

- 描绘消费者细分市场。开始设计商业模式时，先让参与者描绘企业所服务的消费者细分市场。参与者根据消费者细分群体的不同，将不同颜色的便利贴贴在画板上，每组消费者代表一个特定的群体，并描述其特定需求。

- 描述对价值主张的理解。让参与者描述对每个消费者细分群体所提供的价值主张的理解，参与者应当使用相同颜色的便利贴代表每个价值主张和对应的消费者细分群体。如果一个价值主张涉及两个差异很大的消费者细分群体，那么应当分别使用这两个消费者细分群体对应颜色的便利贴。

- 用便利贴完成各个模块任务。参与者使用便利贴将该企业商业模式中所有的剩余模块标识出来。同一个消费者细分群体使用同一颜色的便利贴。

- 评估商业模式的优劣势。映射出整个商业模式后，开始评估该商业模式的优劣势。将绿色（代表优势）和红色（代表劣势）的便利贴粘在商业模式中运行良好的模块和存在问题的模块旁边。

- 对现有商业模式进行改进。参与者可以在步骤 1 ～ 4 所产生的画布中对现有商业模式进行改进，也可以另外设计一个全新的商业模式。在理想情况下，参与者可以使用一个或几个商业模式画布来改进现有商业模式。

实践课堂

实训一　设计一个商业模式

在上一个项目的"实践课堂"中，同学们发现并评估了创业机会，现在请同学们按照以下步骤，围绕选定的创业机会设计一个商业模式。

1. 简要描述你所选定的创业机会

_____

_____

_____

_____

2. 价值主张是商业模式的重要一环，请根据创业机会，从客户"五色思维"角度出发，导出价值主张，填入表 8-4 中。

表 8-4　从客户"五色思维"导出价值主张

思维	需求特性	产品或服务的价值
生命思维		
批评思维		
设计思维		
经济思维		
美学思维		

3. 以价值主张为核心，开展头脑风暴，发散创意，构思商业模式中的其他要素，将所得列在下方空白处。要求数量越多越好。

客户细分：_____

_____

渠道通路：_____

_____

客户关系：_____

_____

收入来源：_____

_____

核心资源：_____

_____

关键业务：_____

_____

重要伙伴：_____

_____

成本结构：_____

_____

4. 整理所有想法，选择你认为最佳的想法，填入图 8-3 所示的商业模式画布中。

重要伙伴：	关键业务：	价值主张：	客户关系：	客户细分：
	核心资源：		渠道通路：	
成本结构：			收入来源：	

图8-3　商业模式画布

实训二　整合我的创业资源

商业模式的运作，需要资源的支持。根据"实训一"中设计的商业模式，整合所需的资源。

1. 根据商业模式，列出实施该创业项目所需的各类资源。

人力资源：_____

_____

社会资源：_____

_____

财务资源：_____

_____

物质资源：_____

_____

政策资源：_____

_____

技术资源：_____

_____

组织资源：_____

_____

2. 盘点自身现有的及可以调动的资源，看看还有哪些必需的资源无法满足。

_____

_____

_____

_____

3. 根据现有的资源缺口，想一想，如何获取该资源，或者能够通过什么方式替代或减少该资源的需求。（如找拥有该资源的人或组织合作）

_____

_____

_____

_____

创业家故事：邓意麒——用数智守护公共安全

2016 年，邓意麒在英国伦敦大学学院获得博士学位后，面对就业还是创业的重大选择，她很犹豫。这时，家乡长沙向邓意麒伸出了创业橄榄枝，全力提供扶持政策和创业环境，为她解决后顾之忧。"当天我们看了湘江新区的创业环境后，晚上我们就决定了要在这里创业。初生牛犊不怕虎，这里的创业氛围让我们产生了动力和激情。"回想起创业之初的决定，邓意麒用了"超快"两个字形容决定过程，"记得从查看场地、了解政策到决定落户，只花了 1 天时间"。

邓意麒

邓意麒组建了一个 6 人团队，开始了自己的创业征程。可决策虽快，创业初期的征途却布满荆棘，邓意麒与她的团队在这条未知而艰难的道路上，遭遇了前所未有的挑战。由于团队成员几乎出身于高校或科研机构，并不擅长市场运作。注册、财务、市场推广……看似常规的创业环节，却成了棘手的难题。此时，湘江新区伸出了援助之手，为他们提供无微不至的"保姆式"服务，不仅帮助其处理了"行政琐事"，还悉心指导他们如何更有效地获取政策支持，助力项目加速步入正轨。

2017 年初，苏科智能正式扬帆起航。苏科智能选择的一项应用场景是小样本物品超分图像结构化分析，这一技术将利用大数据与人工智能，提升公共安全领域的服务效能与保障水平。"我们打造的就是安检人员的'眼睛'，即通过大数据和人工智能来服务和保障城市运行。通过我们的系统对过检物品的'扫描'，识别出违禁品。"邓意麒这样描述自己的产品。

从 2016 年到 2024 年，历经耕耘，邓意麒带领技术团队突破了信息物理系统、物联网等领域的多项关键技术，开发了国内首个通用型物联网操作系统智能网服务平台，突破复杂环境下不可见光抗结构化分析、低功耗多能级光电图像快速识别等核心技术，构建了以"智能感知终端＋一体化协同指挥网格＋智能安全云"为产品体系的自主可控一体化协同智能安检解决方案，打造了以一体化、差异化和无感化为特色的城市轨道交通智慧安检新模式。2023 年，公司营收近 1 亿元，其自研产品及服务已在北京、上海、广州、成都、重庆、长沙、西安等城市轨道交通、民航、物流领域落地应用。

"我希望通过深耕专业技术，去扩大新区企业在不可见光专业细分领域的影响力；也希望通过行业的共振，吸引产业链上下游企业来到新区、扎根新区、服务新区。"邓意麒希望，苏科智能团队能够成为不可见光结构化分析领域国际市场上的"隐形冠军"，成为人工智能装备领域的领头羊。

项目九

创业规划与创业计划书拟定

学习目标 ↓

- 知识目标：了解创业规划和创业计划书的概念。
- 技能目标：掌握创业规划的方法和创业计划书的撰写。
- 素养目标：培养规划意识，能够细致、周全地考虑问题。

本章导图 ↓

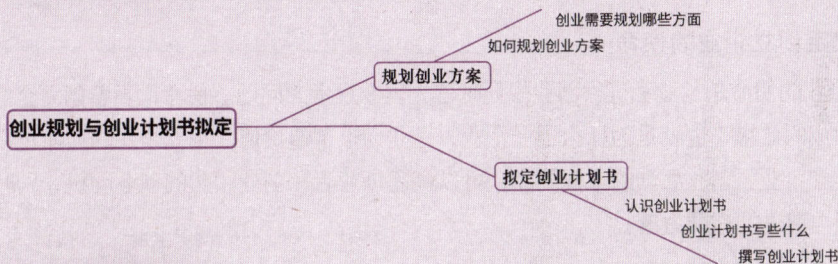

案例导入 ↓

2014 年，昌敬离开了百度，开始自主创业。在选择创业领域时，昌敬进行了充分的市场调研，他发现智能家居设备逐渐兴起，判断该市场大有可为，于是将创业方向选定为扫地机器人。当时市面上大多数扫地机器人产品都是采用碰撞、反弹模式，通过这种随机的行动路线清洁全屋，效率低下。昌敬的"石头科技"选择了让产品搭载激光雷达，结合自研的 SLAM 室内定位和导航算法，使产品可以主动规划清洁路线，效率和体验大幅提高。

创业之初，昌敬选择与小米合作，加入小米生态链。2016 年 9 月，石头科技推出旗下第一款产品"米家扫地机器人"，大获好评，走稳了创业的第一步。在与小米一直保持良好的合作关系同时，昌敬仍坚持打造自主品牌。2017 年 9 月，推出首款自有品牌产品"石头扫地机器人 S5 系列"，取得了成功。此外，昌敬判断，2016 年、2017 年海外扫地机器人市场将迎来爆发性的增长机会。于是石头科技果断决定进军海外市场。2017 年底，石头扫地机器人海外版发售。2024 年，石头科技在北欧市场销量第一、德国市场市占率第一、韩国市场销量第一……已经建立了完善的全球分销网络，并取得了显著的成果。

另外，2017 年，石头科技确立了挖掘长期核心竞争力的新目标，建立了四大研究院。2022 年 6 月，石头科技宣布自建工厂计划，实现了"研产销"一体。

析例启智 ↓

石头科技的发展历程，显示出创业者具有前瞻性和全局眼光对企业发展的作用，请同学们搜集相关资料，并思考：

（1）昌敬对自己的创业做了哪些规划？他在创业过程中做出了哪些关键的抉择？

（2）在创业中，创业者需要考虑哪些事项？

任务一 规划创业方案

石头科技的创始人昌敬无疑是一位出色的创业者，他在创业之初，对市场、产品、销售、未来发展都做出了深刻的思考，并且做出了合理的决策。大学生创业者在创业时，也应该对整个创业活动进行整体的策划。

在创业规划的过程中，创业者既要收集足够的信息，了解自己所处的创业环境，又要整合自己的创业资源，清楚自己的创业实力，同时还要结合内外因素做出重要决策，保证创业活动的顺利实施和开展。

微课视频

规划创业方案

一、创业需要规划哪些方面

创业规划是对整个创业活动进行的综合性、长远性、指导性的策划。一般来说，创业规划需要涵盖以下方面。

1. 确定创立企业的使命

创立企业的使命是创业者进行创业规划时首先需要思考的问题。使命代表着创立企业存在的意义和想要达成的效果，也就是为什么创立企业，企业为谁创造价值。创立企业的使命可以直接体现创业者对创立企业、创业活动的重视程度，可以阐述创业者和创业团队的创业动机，同时其也是激励创业者努力前进的精神力量。

2. 明确创立企业的目标

创立企业的目标实际就是对创立企业使命的具象化，包括总体战略目标、市场目标、盈利目标、创新目标和社会目标等多个方面。创业者在进行创业规划时，可以对这些创立企业的目标进行定量规划，也可以进行定性规划。明确了创立企业的目标，就明确了创立企业的发展方向。在明确创立企业的发展目标时，应该将创立企业的各种资源集中起来考虑，提高资源的利用效率，同时也提升创立企业的创业效率。此外，在规划创立企业的发展目标时，创业者需注意目标应该是具体的、可衡量的，以便之后将目标与最终达成的效果进行有效对比和客观评价，及时调整发展战略。

3. 选择产品或服务的市场

选择产品或服务的市场，则表示创业规划需明确具体的创业方向。创业者在选择产品或服务的市场时，需要对环境、行业、市场、产品等进行详细的调研和分析，选择有潜力、有空间、有竞争力的市场，以便自己获得更大的竞争优势。

4. 创立企业的组织规划

创立企业的组织规划是指创立企业的组织结构、职能描述、考评制度、任用标准等与企业经营管理相关的内容，组织规划直接决定着创立企业能否顺利运营。同时，有组织、有规划的企业也更容易发现和留住各种创业人才，带领创立企业快速发展扩张，实现最终的盈利。因此，创业者及其团队必须对创立企业的组织规划进行构思，选择适合自己当前发展状况的组织结构，并根据企业的不断发展而逐步进行调整和完善。

5. 创立企业的财务规划

从长远发展来看，创立企业应该对企业未来一段时间的整体财务状况进行规划，包括资产流动性规划、收益预测和资产负债预测等。资产流动性规划主要是考虑未来 3～5 年内，企业的现金流入、流出情况，企业的筹资安排和现金储备等；收益预测主要是考虑企业销售的收入、成本、净利润等；资产负债预测则主要是考虑在创立企业未来发展的关键节点上，资产与负债的情况。总的来说，要想做好财务规划，就应该做好资本需求预算、现金流量估计、资产负债率估计、资金回报率和盈亏平衡点等财务数据的分析，其中资本需求预算主要包括开发创业项目的费用、购买设备的费用、引进生产的费用、流动资金投入、资金使用计划、筹资渠道等。

二、如何规划创业方案

创业规划是创业者进行创业活动的计划和方针，是其创业取得成果的重要保障，要想制定有效的创业规划，创业者就需要在充分了解和掌握创业内外部环境因素的基础上进行综合性的分析，保证创业规划是立足于现实进行的长远考虑，是清晰、明确、能够转化为实际行动的，是适应当前发展环境的。因此，在制定创业规划时，创业者可首先对创业环境进行分析，根据分析选择相应战略，接着制定创业规划，并在积极推动实施后根据反馈不断调整完善规划。

1. 分析创业环境

分析创业环境是制定创业规划的基础。创业者可以使用 PESTEL 分析模型、波特五力模型、内外部综合因素分析法、SWOT 分析法等对创业企业的外部宏观环境、行业环境以及创业企业内部进行分析。

2. 选择创业战略

创业企业在不同的发展阶段，或处于不同的竞争环境中时，需要使用不同的战略，如资源战略、生存战略、市场战略等。资源战略是指对创业资源的开发利用，通过处理好各种资源之间的关系，维护各方的利益关系，保证产品和服务的品质；生存战略是指创业企业在竞争环境中做好自身定位，处理好自己与竞争者之间的关系，保证自己的生存空间，如进入竞争对手未涉及的细分市场，或避开与强大竞争对手的正面竞争，为其提供配套加工服务，从而形成密切稳定的合作关系等；市场战略则是指创业企业根据目标市场的特点，向目标市场提供产品或服务的战略。

3. 制定创业规划

做好创业环境的分析和创业战略的选择后，即可进行详细的创业规划。一般来说，创业规划应该以创业计划书这种书面形式呈现。

4. 实施与反馈

创业者在制定好创业规划后，需要对创业规划进行推进和实施，以保证创业项目顺利落地。如通过制定一系列策略体现创业规划的具体任务、实施的步骤、采取的措施以及大致的时间安排等，这有助于对创业规划的实施情况进行考核。此外，创业企业还需要建立起基本的组织机构来执行、监督创业规划的落实，为创业规划的实施创造有利的环境。在创业规划付诸行动后，创业者及其团队要对实施过程中的问题和成果等进行反馈，及时纠正偏差，调整方案。

任务二　拟定创业计划书

在创业那年，昌敬带着石头科技这一创业项目拜访了诸多投资人，在 2014 年 9 月获得了小米的投资，这才有了创业的起步资金。在寻求投资的过程中，昌敬通过一份详细的计划书向投资人说明自己的创业项目以及实施计划。大学生在创业时，也应该准备一份详细的创业计划书。创业计划书不仅是创业者融资的必备文件，也是展示自己决心和能力的重要工具。通过全面的项目计划书，创业者可以向自己、团队、合作伙伴和投资人展示自己的计划和目标，从而获得他们的支持和信任。

一、认识创业计划书

创业计划书又称商业计划书。创业学专家杰克·M.卡普兰和安东尼·C.沃伦在《创业学》一书中提出，创业计划书是一个沟通工具，它可以告诉其他人企业想要完成的目标是什么，企业实现目标的过程和方法是怎样的，同时其也是衡量实际和预期收益差距的基础，建议所有的创业者都应该撰写《创业计划书》。

创业计划书是创业者计划创立的业务的书面摘要，是对创业项目有关的所有事项进行全方位说明的一份书面文摘，它主要描述与拟创办企业相关的内、外部环境条件和要素特点。在创业计划书中，创业者可以梳理自己的人员、资金、物质等资源情况，拟定商业计划、经营思想、经营战略，也可以对商业前景进行展望。创业计划也是创业的行动向导和路线图，为业务的发展提供指示，为衡量业务进展情况提供标准，是创业企业市场营销、财务、生产、人力资源等职能计划的综合体现。

当大学生创业者选定了创业目标与项目，并在资金、人员等诸多方面已经做好准备之后，就需要撰写一份详细的创业计划书，其不仅能帮助大学生创业者清楚并坚定自己的创业目标、创业内容，还可作为说服他人合资、入股的工具。

创业计划书是商业模式的书面体现，是呈现创业构想的载体，也是展现创业者如何实现创业过程的一份资料。好的创业计划书，是企业未来创业行动的指南，同时也会为企业获得贷款、投资和融资等带来方便。

1. 帮助创业者自我评价，厘清思路

在创业融资之前，创业计划书首先应该是给创业者自己看的。办企业不是"过家家"，创业者应该以认真的态度对自己所有的资源、已知的市场情况和初步的竞争策略做尽可能详尽地分析，并提出一个初步的创业计划书，使自己心中有数。另外，创业计划书还能为创业资金准备和风险分析提供思路。

2. 帮助创业者明确方向，优化发展

大学生创业者可以通过制作创业计划书，确定创业方向。同时，创业计划书的写作是个漫长的、需要根据企业实际情况去不断调整和完善的过程，若大学生创业者能在该过程中认识到某一方面的不足，或者能更新经营思路，改变总目标下的分目标等，就有利于企业的良性发展。

3. 帮助创业者对外宣传，获得融资

创业计划书作为一项全方位的项目计划，能对即将展开的创业项目进行可行性分析，也可以向风险投资商、银行、客户和供应商说明拟建的企业及其经营方式，包括企业的产品、营销、市场及人员、

制度、管理等各个方面。因此，制作创业计划书在一定程度上也是一份拟建企业对外宣传的文件。实际上，向创业者索要创业计划书的组织数量一直在不断上升。越来越多由大学或社会团体主办的创业园和商业孵化机构都会要求候选企业提供创业计划书。有研究表明，拥有创业计划书的初创企业获得融资更容易。作为一种推销性文本资料，创业计划书有助于提高企业可信度，尤其是在由大学、教育部、团中央以及一些基金组织举办的创业大赛中获奖的创业计划书及其相关项目，更容易获得投资者的关注。

4．帮助创业者凝聚人心，有效管理

一份优质的创业计划书可以增强大学生创业者的自信，从而对经营更有把握。因为创业计划书全盘提供了企业现状和未来发展的方向，为企业提供了良好的效益评价体系和管理监控指标。尽管市场经常发生变化，创业计划也需要根据市场变化适当调整，但是撰写创业计划书的过程仍然非常有用，它能使团队成员团结一心，为了共同的创业目标而努力；同时，大学生创业者在撰写创业计划书的过程中还能发现团队中可能存在的问题，可以通过对创业计划书这样一个重要方案的论证过程，使团队成员更加团结、配合更加默契，使普通成员和创业者保持统一的行动方向。因此，创业计划书的撰写过程和创业计划书本身同样有价值，是使创业目标变成现实的重要途径，是使普通员工理解企业目标、完成企业计划的重要措施。

二、创业计划书写些什么

创业计划书是非常严肃的书面材料，有着严格的语言规范、完整的内容和合理的结构，对较少接触这类材料的大学生创业者而言，编制创业计划书有一定难度，因此大学生创业者首先要了解创业计划书的基本结构以及各部分要写的具体内容。

1．封面

封面是项目计划书的第一页，也是合伙人、投资者等最先看到的页面。一般来说，项目计划书的封面设计要给人以美感，好的封面会使阅读者对项目计划书产生良好的第一印象。同时，封面中也要对项目计划书的基本信息进行展示，包括项目名称、团队、主要联系方式等。如果创业者已经成立企业或已经研发出主要产品，也可以将企业 Logo 和主要产品展示在封面中。

2．目录

当项目计划书的篇幅较长、内容较多时，就需要在正文之前展示项目计划书的目录。一方面可以方便阅读者快速定位和翻阅自己想了解的内容，另一方面可以系统展示整个项目计划书的内容和结构。

3．计划摘要

计划摘要是商业计划书内容的精华，往往在制作商业计划书的最后阶段才完成，却是投资者最先看到的部分之一。计划摘要涵盖商业计划书的要点，要求一目了然，以便投资者能在最短的时间内评审项目并作出判断。

一般而言，计划摘要包括项目亮点概述、产品或服务概述、行业前景介绍、竞争对手分析、团队介绍、财务分析和融资说明等内容。

（1）项目亮点概述：采用最具说服力的语言来解释为什么该项目是一个商机，通常直接描述解

决某个重大问题的方案或产品。

（2）产品或服务概述：清晰地描述消费者当前面临的或未来将会面临的某个重大的问题，并说明该项目将怎样解决这个问题。

（3）行业前景介绍：用科学、客观的语言来简要描述市场规模与增长趋势，以及美好前景。行业前景介绍要有调查、有结论、有数据，避免使用空洞、宽泛的语句。

（4）竞争对手分析：主要描述该项目的竞争优势和核心竞争力，以及当面对竞争对手时创业团队预先设计的各种解决方案；此外，对于如何保持该项目的核心竞争力也应该进行简短描述。

（5）团队介绍：用简洁的语言来展示创业者和核心管理团队的背景及成就，突出团队的专业性和潜力。

（6）财务分析：一般使用表格（如现金流量表、资产负债表、利润表）来将未来 1 到 3 年的核心财务指标预测值展现给投资者。

（7）融资说明：陈述该项目期望的融资金额、主要用途以及使用计划等。例如，融资 100 万元，出让 10% 的股权，用于购买新设备。

以上只是一个基本的模板，大学生创业者还需要根据自身实际情况来决定计划摘要应包含的内容以及各个部分内容的详略。

4. 企业描述

企业描述一般是对创业团队拟成立企业的总体情况的说明，也可以阐述创业背景和企业发展的立足点，以及企业理念、企业的经营思路和企业的战略目标等。

5. 产品或服务

投资人最关心的问题之一就是创业项目的产品（服务）是否具有新颖性、先进性、独特性和竞争优势，以及该产品（服务）能否解决以及能够在多大程度上解决现实生活中的问题。创业计划书中的产品（服务）介绍应提供所有与企业产品（服务）有关的细节，以及企业的所有调查内容，表 9-1 所示为产品介绍的大致内容。

表 9-1　产品介绍的大致内容

项目	具体内容
产品的概念、性能及特性	例如，产品的名称、类型、规格、材质、大小、属性、功能等，如果产品的制造、设计、工艺等具有创新性，也须介绍相关的创新、创意等
产品的研究和开发	例如，物料需求计划、产品制作、技术设备、新产品投产计划、技术提升和设备更新要求、质量控制和质量改进计划等
产品的目标人群	例如，目标人群的特点、类型、行为偏好、需求、痛点等
产品的竞争力	例如，产品的优势与劣势、与竞争产品的对比等
产品的成本与售价	例如，产品的制造成本、销售成本、其他成本等，以及产品定价
产品的市场前景	例如，预测产品的市场规模、销售额等
产品的品牌与专利	例如，产品品牌名称、Logo、产品获得的专利等

注意，产品（服务）介绍要用词准确、通俗易懂，尽可能少用专业术语，使即使不是专业人员

的投资人也能看明白。最好再附上产品原型、照片或其他介绍内容,以提高内容的表现性。如果产品、服务或商业创意有可能获得专利,也应该在产品介绍中展示出来,并提出专利申请,以获得临时的专利保护;如果没有可获专利之处,应该解释将要采取何种构建进入壁垒的措施,以避免自己的创意被模仿、复制;如果短期内无法构建进入壁垒,也要在此处做出合理解释,坦言企业可能面临的风险及应对措施。

6. 竞争分析

创业项目的竞争优势直接决定着该项目未来的发展情况,以及该项目的投资收益等,因此竞争分析也是投资人非常关注的问题之一。创业项目由于类型不同,其竞争优势往往也会体现在不同的方面。例如,技术产品类的创业项目需要具备技术、生产等方面的优势,服务类产品的创业项目则需具备服务质量、售后质量等方面的优势。总的来说,不管什么类型的创业项目,一般都需要对其行业、市场等进行分析,明确创业项目的总体优势。

（1）行业分析

行业分析即对创业项目所属行业进行分析。在进行行业分析时,应该正确评估所属行业的基本特点、竞争状况以及未来的发展趋势等内容,清楚地预测和说明该行业的发展趋势、总体规模、竞争情况等。

（2）市场分析

市场分析即在行业分析的基础上,对未来的市场规模、市场潜力、产品销量等进行预测和分析。在进行市场分析时,应重点对市场现状、竞争厂商、目标消费者和目标市场、本产品的市场地位、市场细分和特征等情况进行预测和分析。此外,可以重点分析目标消费者的具体需求和主要竞争产品的优势及劣势。

7. 项目开发

项目开发即整个创业项目的研发、生产和营销计划,在创业计划书中阐述项目开发的相关进度和计划,一方面可以让投资人更加了解创业项目当前的进展情况,另一方面也可以帮助创业者分析创业项目开发过程中自己还缺乏哪些资源,以便做出后续计划和安排。

（1）研发计划

大多数产品或服务遵循从产品理念、产品成型、初步生产到全面生产发展的逻辑路径,创业计划书中也应解释推动产品或服务从一个阶段过渡到另一个阶段需要遵循的过程。如果企业处于非常早期的阶段,且对产品或服务只有一个想法,则应当仔细解释产品的原型将如何制造;如果产品或服务已跨过了原型阶段,就需要对其可行性测试进行描述;如果产品或服务已经存在,那么最好能够提供产品或服务的图片,还要将企业目前距产品或服务批量生产和销售的时间予以说明。

（2）生产计划

如果是制造企业,则创业计划书中还需要编制生产计划。生产计划是关于企业生产运作总体方面的计划,是企业在计划期应达到的产品品种、质量、产量和产值等生产任务的计划和对产品生产进度的安排,一般根据营销计划中预计的销量安排,同时考虑期初和期末的存货状况。生产计划制定完成后,往往还需要根据生产计划来安排物料的采购计划,同时估算产品或服务的生产成本,以及生产和采购过程中可能发生的现金支出,为后期编制现金预算提供帮助。此外,创业计划书中还可以根据总体战略,以及对消费者需求的预测和技术发展状况,对未来的产品与服务规划做出安排。

（3）营销计划

营销计划的重点在于介绍有助于企业销售产品或服务的营销策略。撰写这一部分内容时，创业者可以清楚地说明营销的总体策略，包括定位策略、与竞争者差异等信息，然后结合定价策略、销售过程和促销组合、渠道策略等说明如何开展总体营销策略。

① 总体营销策略。营销策略是指为销售企业的产品或服务所采用的总体方法，它能为营销的相关活动奠定基础。每一个企业在制订营销计划、开展销售活动时都会受到资源的限制，所以，有一个总体的营销指导思想和操作方法，会使企业在使用资源上更有目的性和连贯性。该部分要对企业的定位策略和与竞争者的差异予以说明，通过对比企业与竞争对手的处境，突出企业提供的产品或服务的特性。一般来说，列举两三个差异即可，关键是所列举的差异要突出、易记且易识别。

② 定价策略。在撰写定价策略时，需要对企业产品或服务的定价方法及其原因进行解释，并说明定价面向的人群、定价的优势等。

③ 销售过程和促销组合。销售过程是企业识别潜在消费者和完成销售所经历的过程，企业的销售过程尽管不尽相同，但一般来说会包含以下步骤：寻找销售机会、接触消费者、实现销售机会、进行销售演示、与消费者进行沟通、完成销售、客户关系管理。促销组合是企业所采用的用来支持销售和提升总体品牌形象的具体策略。企业可以采用的促销方式有广告、公共关系和其他促销活动等。公共关系不仅可以促进产品销售，还可以增加企业的信誉度，为很多初创企业所青睐，新闻发布、媒体报道、博客、微信等也是常用的建立公共关系的方式和渠道。企业还可以通过提供免费样品、试用体验等促销方式来开展销售活动。

④ 渠道策略。渠道包含企业的产品或服务从生产企业到消费者手中所经历的所有活动。企业在创业计划书中必须清楚地展示由谁来负责销售以及采用的具体渠道，如采用直接销售方式，还是通过分销商、批发商销售，是通过同行联合，还是使用其他渠道等。如果企业计划采用自己的销售团队，还需说明如何训练销售团队、销售人员的工作安排以及薪金待遇等。对于初始销售人员的数量，以及随企业发展销售人员数量的变化等进行说明，可以体现大学生创业者对于营销计划的全面考虑。一般来说，通过咨询行业专家、研究行业杂志和行业报告等可以帮助企业确定需要的销售人员数量。

8. 创业团队

创业团队是投资人、合伙人评价创业项目价值的重要指标。创业团队的素质越高，整体协作性及能力越强，团队的愿景、目标越统一，创业项目的可实施性就越高。因此在创业计划书中，必须对创业团队进行介绍。如果创业团队已经初步成立新创企业，则需要对企业管理团队、企业结构等进行介绍。

（1）管理团队

新创企业的管理团队一般由创业者或者创业者和几个关键的管理人员组成，计划书中最好能用一种让人容易形成具体形象的方式将其表现出来。这部分内容包括管理团队的人事安排、股权及其分配等。

①人事安排。从企业的创始人开始，简要介绍管理团队每个成员的履历，包括姓名、岗位头衔、岗位职务和责任、以前的工作和相关经历、以前的业绩、教育背景等。履历的描述应尽可能简洁，可以说明人事安排的理由，以及其将为新企业做的独特贡献。如果创业团队曾经在一起工作过，则更容易受到投资者的青睐。

②股权及其分配。企业的股权结构及其分配计划也是必要的内容之一，通过列表的方式展开会给人以清晰、简洁的印象。此处可以使用表格罗列，一目了然，表 9-2 是一种常见的描述股权结构及其分配的表格。

表 9-2　股权结构及其分配表

姓名	投资额	股权份额	投票权

小贴士

　　股权是股东对公司的所有权，它代表了股东在公司中的权益，包括资产收益、参与重大决策和选择管理者等权利。通常投票权与股权份额是等同的，但是，在实践中，创业团队可以选择"同股不同权"，即通过协议约定，部分股东放弃部分投票权或者增加投票权，这能够让公司创始人或关键管理人员在股权稀释的情况下，仍能保持对公司的控制。

（2）企业结构

　　企业结构部分主要是说明企业当前是如何组织的，以及企业不断发展时将会如何组织。企业结构是涉及企业内部相互作用和影响的细节问题，也是大学生创业者必须认真对待以使企业平稳运行的关键问题。企业结构图是对企业内部权利、义务进行分配的常用工具，常见的有中央集权制、分权制、直线式以及矩阵式等等。图 9-1 所示为矩阵式（左）和中央集权制（右）企业组织结构示例。

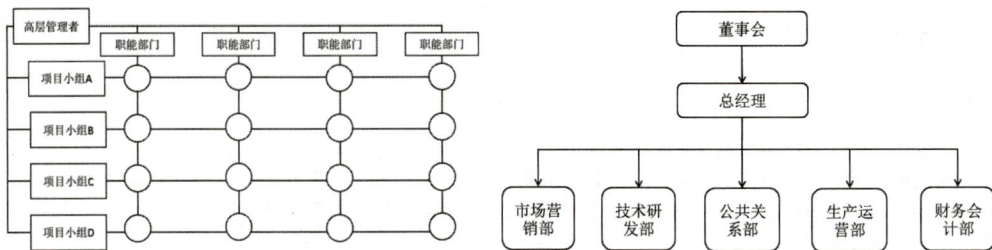

图9-1　企业结构图

9. 财务分析

　　创业计划书的财务分析包括资源需求分析、融资计划、预计财务报表及投资回报等内容。

（1）资源需求分析

　　创业需要投入人、财、物等方面的不同资源。其中人的资源主要体现在创业团队中。财力资源主要指现金资源。物质资源一般表现为企业资产，物质资源按照表现形式可分为有形资产和无形资产，按照流动性可以分为流动资产和非流动资产。流动资产是在一年或者一个营业周期中可以变现的资产，如原材料、库存商品等；流动资产以外的有形资产或无形资产均属于非流动资产，如机器设备、商标权、专利权等。购置物质资源需要支付资金，因此本质上，在物质资源上的投入也会影响企业的融资计划。

创业者在做创业计划书中的资源需求分析时，通过编制固定资产表可以对非流动资产支出进行预估，再结合对企业日常营运所需的流动资金的需求判断，可以计算现阶段创业所需的资金数额。如果企业需要购买专利或商标等无形资产，也要在这里估计出需要的资金支出。

（2）融资计划

根据上面资源需求的分析，结合管理团队的构成及分工，企业能够计算出总的资金需求，这时大学生创业者需要编制资金明细表，以对资金的来源和运用情况进行系统分析。资金明细表的格式如表9-3所示。

表9-3　资金明细表

资金运用	资金来源
开办费用： 　　注册登记费 　　工资 　　办公用品 　　差旅费 　　租金 　　…… 小计 流动资产： 　　原材料 　　库存商品 　　…… 小计 非流动资产： 　　固定资产 　　其中：机器设备 　　房屋建筑物 　　无形资产 　　…… 小计 合计	负债： 　　短期借款 　　长期借款 小计 所有者权益： 　　管理团队投资 　　风险投资 　　天使投资 小计 合计 需要的融资额

注：表中的长、短期借款是指同银行基本洽谈完成后可以取得的借款；资金运用合计减去资金来源合计的差额为"需要的融资额"，是尚需要创业团队继续争取的外部融资额。

（3）预计财务报表及投资回报

一般来说，创业计划书中的财务报表和投资回报部分，是投资人、合伙人等最关注的部分之一，因为无论什么项目，最终能否获得投资与该项目能否实现盈利有着直接的关系。预计财务报表包括预计利润表、预计资产负债表和预计现金流量表等内容，计算并提供有关的投资回报指标可以增强创业计划书对投资者的吸引力，帮助企业更容易地获得资金。

① 关键假设。由于创业计划书中所编制的是预计报表，而非企业真实的财务状况，因此，大学生创业者需要在编制预计报表之前给出编制报表的基本假设，如对未来经济形势的判断，对销售变化趋势的分析，预计销售量、单价、销售成本的估算方法，假定的企业信用政策、利润分配方案，

固定资产折旧计提和无形资产摊销的方法，存货发出计价方法等。

② 预计利润表。利润表是反映企业一定时期经营成果的报表，其编制依据是"收入 - 费用 = 利润"。预计利润表中的"收入"来源于营销策略中对销售收入的估计；费用则是指企业生产经营过程中的各项损耗，例如营业成本、财务费用、销售费用、管理费用等。"营业成本"来源于生产计划中对于成本的估算，以及假设的存货发出计价方法；"财务费用"来源于融资计划中负债资金的筹集金额及其利率；"销售费用"来源于营销策划中对营销费用的估算；管理费用来源于费用预算。表 9-4 所示为预计利润表简表。

表 9-4 预计利润表（简表）

编制单位：_____ 编制时间：_____ 单位：万元

项目	本期金额	上期金额
一、营业收入		
减：营业成本		
税金及附加		
销售费用		
管理费用		
财务费用		
资产减值损失		
加：公允价值变动收益		
投资收益		
二、营业利润		
加：营业外收入		
减：营业外支出		
三、利润总额		
减：所得税费用		
四、净利润		

在企业实现盈亏平衡之前，预计利润表应该按月进行编制；实现盈亏平衡之后的利润表前两年可以按季度编制，两年后可以按年度编制。一般来说，大学生创业者需要编制未来 3 ~ 5 年的预计利润表。

③ 预计资产负债。资产负债表是反映企业某一特定日期财务状况的静态会计报表，能够反映企业所拥有或控制的经济资源的数额及其构成情况、企业所负担的债务数额及构成情况、企业的所有者在企业享有的经济利益数额及构成情况，以及企业的营运状况和企业需要外部融资的数额等，对预估企业所需资金有很大的参考价值。资产负债表的制作依据是"资产 = 负债 + 所有者权益（股东权益）"，反映了企业资产有多少，在企业资产中，流动资产、非流动资产各有多少，在流动资产中，货币资金、应收账款、存货各有多少；企业的负债有多少，其中流动负债、非流动负债各有多少；

企业所有者权益有多少，在所有者权益中，实收资本、资本公积、盈余公积、未分配利润各有多少。

针对新创企业而言，创业计划书中资产负债表的数字基本来源于对经营状况的分析和预测，其简表的格式如表9-5所示。

表9-5　预计资产负债表（简表）

编制单位：＿＿＿＿＿＿＿　　　　编制时间：＿＿＿＿＿＿＿　　　　单位：万元

资产	期末余额	期初余额	负债和股东权益	期末余额	年初余额
流动资产：			流动负债：		
货币资金			短期借款		
交易性金融资产			应付账款		
应收票据			应付票据		
应收账款			应付职工薪酬		
其他应收款			应交税费		
存货			其他应付款		
合同资产			流动负债合计		
持有待售资产			非流动负债：		
其他流动资产			长期借款		
流动资产合计			应付债券		
非流动资产：			租赁负债		
在建工程			长期应付款		
长期应收款			其他非流动负债		
使用权资产			非流动负债合计		
投资性房地产			所有者权益：		
长期待摊费用			实收资本（股本）		
无形资产			资本公积		
开发支出			盈余公积		
其他非流动资产			未分配利润		
非流动资产合计			所有者权益合计		
资产总计			负债及所有者权益总计		

④ 预计现金流量表。企业不一定会因为亏损而破产，却极有可能因现金断流而倒闭。编制预计现金流量表能够帮助创业者更好地控制现金流量。现金流量表是反映企业一定期间现金及其等价物增减变动情况的报表。与前两张财务报表一样，由于新创企业大多无既往销售业绩可供参照，大学生创业者可以结合前两张报表的数据预测和估算现金流量，编制现金流量表。现金流量表简表如

表9-6所示。

表9-6　现金流量表（简表）

企业名称：_____　　　　　　单位：万元

项目	第一年	第二年	第三年
一、经营活动产生的现金流量			
净利润			
加：折旧和摊销			
财务费用			
存货减少			
经营性应收项目减少			
经营性应付项目增加			
经营活动产生的现金流量			
二、投资活动产生的现金流量			
购建固定资产、无形资产和其他资产支付的现金			
投资支付的现金			
支付其他与投资活动有关的现金			
投资活动产生的现金流量净额			
三、筹资活动产生的现金流量			
吸收投资收到的现金			
取得借款收到的现金			
收到其他与筹资活动有关的现金			
筹资活动现金流入小计			
偿还债务支付的现金			
分配股利、利润或偿还利息支付的现金			
支付其他与筹资活动有关的现金			
筹资活动现金流出小计			
筹资活动产生的现金流量净额			
四、现金及现金等价物净增加额			
加：期初现金及现金等价物金额			
五、期末现金及现金等价物金额			

⑤ 投资回报。一般来说，创业计划书的财务分析部分，还要提供投资回报的相关资料，如企业的盈亏平衡点、投资回收期、投资报酬率、销售利润率、销售净利率、净现值等指标。作为投资者判断其资金安全性的依据，投资者还希望看到企业资产负债状况的资料，所以，资产负债率等指标也可以一起提供。对以上指标计算的讲解超出了本书范畴，读者可以参考《会计学》和《财务管理》等教材自行学习。

10. 风险分析

创业是高风险行为，创业的风险是无法完全避免的。为了体现创业计划书的客观、真实性，增加投资人的信任感，创业者需对创业计划的风险进行描述，如实向投资人分析创业项目可能面临的各种风险，同时阐明为降低或防范风险所采取的各种措施。

创业风险主要包括竞争风险、市场风险、管理风险、技术风险及法律风险等，创业者应该根据自己的创业项目类型和情况，阐明这些风险中哪些是可以控制的，哪些是不可控制的，哪些是需要极力避免的，哪些是致命的或不可管理的。创业过程中的风险有大有小，创业者在撰写风险分析的内容时，应尽可能客观、真实地阐述，不能因为风险发生的可能性小而对其忽略不计，更不能为了增加获得投资的机会而刻意隐瞒风险。

在预测了创业项目可能遇到的风险后，创业者可以从以下角度来阐述自己的风险管理策略。

- 企业还有什么样的附加机会？
- 在最好和最坏的情形下，未来3年的经营表现预测如何？
- 在现有资本基础上如何进行扩展？

11. 退出策略

在创业初期，投资人的风险投资虽然可以为创业项目提供资金，但对创业企业来说，这并不是永久行为。为了增强投资人的投资意愿，创业者在争取投资人的风险投资时，还要为其考虑合适的退出机制，即在创业计划书中明确风险资金的退出策略，这样才能尽可能打消投资人的顾虑，促使其决定为企业投资。

退出机制的制订一般应根据企业的实际运营情况而定，如并购退出、股权转让、创业团队回购、员工持股、清算退出、出售业务、与其他企业合并、IPO等都可作为退出机制的一种形式。IPO是指一家企业首次将股份向公众出售，通过这种方式筹集资金。企业完成IPO后，其股票在证券交易所挂牌交易，允许公众投资者自由买卖，也就是通常所说的"上市"。上市之后，股权可以通过股市自由交易，投资人即可方便地出售自己持有的股份，收回资金。

> 🔔 **小贴士**
>
> 需要强调的是，虽然形成创业计划书的文件是明确的，但是，随着大学生创业者掌握了更多关于所从事产业的情况，从潜在消费者处获得了更多反馈，或者外部环境条件发生改变，创业计划书也要随之进行调整。一般来说，在企业的商业模式和目标市场完全明确之前，多数创业计划书会被反复修改。

案例阅读

"每日生鲜"创业计划书（简略版）

本创业项目致力于打造一条沟通消费者、中间商、线下生鲜商店、企业客户的完整的农产品销售链，为消费者提供新鲜、健康、实惠的农产品。目前，本项目有优秀的团队，有前期的投入并形成了一定的规模，急需资金的支持，用以保证并巩固整个销售链的顺利运作，同时提升效率。

项目介绍：本项目并不生产生鲜农产品，也不储存生鲜农产品，只对原产地的生鲜农产品进行销售，让消费者可以用非常实惠的价格购买到高品质的生鲜农产品；项目团队对全国高品质的生鲜农产品原产地进行了考察和对接，确保了产品的源头质量；同时，本项目已经获得储运服务等方面的支持，可以保证在物流运输过程中，产品的品相、口感等不会受到影响。

项目优势：互联网化、轻资产运营、产品供应端有保障，产品需求端有把握。

运作模式：对初级的生鲜农产品供应端的资源进行整合和优化，利用互联网新零售技术提高生鲜农产品的销售效率。

项目进展：已对接部分产品供应端和产品需求端；已获得物流服务支持；已拥有与项目产品相关的、2万+"粉丝"的微信公众号、视频号账号；已完成线上零售商城的开发……

产品优势分析：有操作和推广都十分方便的新零售商城小程序，有一定规模的私域流量，目前可以利用已有优势迅速建立线上社群等，培养各地的"分销商"；产品的质量、品类、数量等有保障。

产品劣势分析：尚没有形成较完善的销售链，仍然采用传统零售的思维，规模较小。

营销策略：为了保证生鲜农产品的线上销售，项目团队开发了线上新零售商城，上线了直播社区团购系统，可以在全国各地培养分销"团长"，进行农产品的推广和销售；同时，项目团队也与××城市的部分生鲜商店形成了合作关系，开发了合作分摊模式，保证了各种生鲜农产品的推广和销售。

项目团队：×× 技术 从事互联网行业技术岗位多年，有丰富的互联网产品开发和维护经验。

×× 运营 从事互联网行业运营岗位多年，有丰富的线上、线下营销经验。

×× 设计 从事平面设计多年，设计能力突出，曾负责××的页面设计。

×× 文案 从事新媒体运营多年，曾负责××的微博、微信公众号、社群等运营工作。

融资计划：融资方式—股权融资；融资金额—200万～1000万元；融资用途—主要用于产品维护，以及线上线下的推广引流。

财务分析：……

产品展示：……

启示：本案例中的创业项目已经经历了一段时间的运营，且各方面都已初见成效，因此该创业计划书的结构与常规创业计划书的结构稍有差别，但其撰写重点仍然是突出项目优势和项目价值，以获取投资人的关注与投资。

三、撰写创业计划书

创业计划书是一份规范的文件，大学生创业者要想写出一份内容翔实、条理清晰、令人信服的创业计划书，应该了解并掌握撰写创业计划书的一些技巧。

1. 以运作模式为核心

创业计划书虽然是基于创业的产品和服务而撰写的，但真正吸引投资人关注的却是整个创业项目、创业企业的运作模式。因此创业者既要描述包括产品的研发、产品的独特性、产品的生产成本和售价等在内的基本信息，让投资人感受到产品或服务的优势，也要完整地呈现良好、成熟的企业运作模式，增加投资人对创业项目的信心。

2. 清晰的结构和布局

清晰的结构和布局可以使投资人快速找到他们关注的内容，增加他们的兴趣。由于不同的阅读对象对商业项目的关注点有所不同，因此创业者在撰写创业计划书时不能生硬套用固定模板，而应该根据不同的阅读对象对结构和布局进行调整，突出重点。

3. 借助专业人士的帮助

在完成创业计划书的草稿之后，创业者可以聘请专业的咨询师对创业计划书进行完善。专业的咨询师具有丰富的与投资人和银行打交道的经验，对创业计划的内容、重点等有更深刻的认识，能够从专业角度来完善创业计划书。

4. 注重页面效果和细节

在撰写创业计划书时，不要使用过于花哨的字体，如艺术字、斜体字等，避免给人留下不够严肃、正式的印象。另外，在创业计划书的细节处理上，要多花一些心思。例如，在创业计划书的封面和每一页的页眉或页脚都加上设计精美的企业 Logo，这样可以体现出创业者的用心。

> 🔔 **小贴士**
>
> 在大多数情况下，创业者会选择使用 Word 等文字编辑与排版工具撰写创业计划书。诚然，文档形式的创业计划书往往内容翔实丰富，便于创业者全面、细致地对创业计划进行阐述。但为了使用方便，创业者还需制作一版 PPT 形式的创业计划书，通过 PPT 中样式丰富的图片、形状、动画、多媒体等对象，增强创业计划书的排版效果、展现效果，同时便于创业者清楚地讲述创业项目。例如，在创业比赛、路演等场景中，创业者就需要使用 PPT 形式的创业计划书。

实践课堂

实训一　撰写创业计划书

　　在上一个项目的"实践课堂"中，同学们已经自主设计了一个商业模式，请根据该商业模式，撰写一份创业计划书。

　　1. 请根据你设计的商业模式，简要罗列出创业计划书的大纲，并完成计划摘要，将其填写在下方。

项目亮点概述：_____

_____

产品或服务概述：_____

_____

行业前景介绍：_____

_____

竞争对手分析：_____

_____

财务分析：_____

_____

融资说明：_____

_____

其他需要说明的事项：_____

_____

　　2. 请将你的计划摘要分享给同学，说服他们加入你的计划，和你组成团队，并约定股份分配与投票权等事项。然后写下你们的团队介绍，填入表 9-7 中。如果你无法吸纳团队成员，也可以放弃自己的计划，加入他人的团队。

表 9-7　团队介绍

姓名	职务	负责的工作	股权份额	投票权

　　3. 和你的团队成员一起，完成创业计划书。（对于财务分析，如果没有条件进行详细分析，可以略写）

实训二　创业计划书分享与分析

完成创业计划书的撰写后，创业者还需要向他人演示创业计划书的内容，将创业者的创业想法推介出去，吸引投资者投资。

1. 准备

（1）准备多媒体教室，连接计算机，准备白板、马克笔等工具。

（2）每小组派小组组长抽签，按抽取顺序从低到高依次参与分享比赛。

2. 分享

按抽取顺序，每小组依次到讲台上分享创业计划书（总时间不超过20分钟），要求每位小组成员都必须发言，完成后填写以下信息。

（1）你在小组中担任的角色：＿＿＿＿＿＿＿＿＿＿＿＿＿＿＿＿＿＿＿＿＿

（2）你在小组中负责的工作：＿＿＿＿＿＿＿＿＿＿＿＿＿＿＿＿＿＿＿＿＿

＿＿＿＿＿＿＿＿＿＿＿＿＿＿＿＿＿＿＿＿＿＿＿＿＿＿＿＿＿＿＿＿＿＿＿

（3）你在比赛中发言的主要内容：＿＿＿＿＿＿＿＿＿＿＿＿＿＿＿＿＿＿＿

＿＿＿＿＿＿＿＿＿＿＿＿＿＿＿＿＿＿＿＿＿＿＿＿＿＿＿＿＿＿＿＿＿＿＿

＿＿＿＿＿＿＿＿＿＿＿＿＿＿＿＿＿＿＿＿＿＿＿＿＿＿＿＿＿＿＿＿＿＿＿

＿＿＿＿＿＿＿＿＿＿＿＿＿＿＿＿＿＿＿＿＿＿＿＿＿＿＿＿＿＿＿＿＿＿＿

3. 比赛评比。每小组按表9-8所示的评分表对其他小组的分享进行打分，评出本次比赛的第一名。

表9-8　评分表

被评小组：	成员：		总分：100分
评分表			
评分项	具体要求	分值	打分
（1）项目可行性分析	①是否能够精确地描述产品或服务的市场投资潜力、定位策略；②项目是否具备实施的可行性；③市场接受程度的调查资料是否完备	10	
（2）产品或服务的创新性	①是否能够明确表述产品或服务的市场接受程度；②产品或服务的技术是否领先；③产品或服务是否能够适应市场需求，实现产业化	10	
（3）市场机会及竞争	①是否能够明确阐述产品或服务的市场容量与趋势、市场竞争状况、市场变化趋势及潜力；②是否能够描述细分目标市场及消费者需求；③是否能够准确地估计市场份额和销售额	20	
（4）营销策略	①是否能够准确地描述市场进入策略和市场开发策略；②是否能够构建合理的营销渠道，以及与营销渠道相适应的、富于吸引力的促销方式	25	

续表

被评小组：	成员：		总分：100分	
评分表				
评分项	具体要求		分值	打分
（5）财务分析	①是否能够正确编制各类财务报表； ②财务分析是否清晰明了； ③财务分析是否能与创业计划一起配合实施		15	
（6）团队管理	①是否能够合理地进行营销、财务、行政、生产、技术团队的分工； ②是否能够明确公司的组织结构，以及团队各成员的角色分配； ③是否能够指出公司的股份划分情况，并阐述具体的实施战略		5	
（7）风险分析与对策	①是否能够针对市场现状客观分析项目所面临的各种风险； ②是否能够对市场风险做出应对策略		5	
（8）内容与语言表述	①创业计划书是否按要求的各项内容撰写； ②创业计划书是否思路清晰； ③创业计划书的语言表述是否通俗易懂、简洁明了		10	
		最终得分：		
		评分小组： _____		
分值及评分标准：优秀：90～100分；良好：80～89分；一般：70～79分；尚可、过关：60～69分；不过关或不符合：低于60分				

4. 赛后感想。每位同学撰写参加比赛的感想，写一写自己对创业计划书有了哪些新的认识。

_____

_____

_____

创业家故事：高圣哲的AI巡检创业路

2024年7月，圣瞳科技工业巡检大模型（以下简称"圣瞳智巡"），经过工业和信息化部工业文化发展中心数字科技中心的严格评估，荣获首批"AI产业创新场景应用案例"。自圣瞳智巡投入市场以来，已经取得了显著的商业成功。该产品不仅在电力、煤矿、化工等场景落地，而且成功为国家电网、南方电网、华能集团、中煤集团、华电集团等10余家集团公司提供技术服务，实现超过100个现场的项目交付。同年度，圣瞳科技获评陕西省"专精特新"中小企业。

而圣瞳智巡的创始人，则是西安青年高圣哲。2017年，在美国学习并生活了7年的高圣哲回到了西安。得益于之前在美国硅谷的工作和创业经验，当时的高圣哲对计算机视觉技术的未来充满信心，他说："我在创业之初选择计算机视觉技术这个领域，是因为这与我在硅谷从事的人工智能相关的工业应用方向一致。"于是，在西安高新区创业园瞪羚谷创业社区租下8个工位的高圣哲正式成立了西安圣瞳科技有限公司。

2018年，高圣哲参加了西安第二届海归创业大

圣瞳智巡创始人高圣哲

赛，"初赛时，我的商业计划书很粗糙，几乎全是文字。进入决赛后，主办方专门请来北京、上海、广州一线的老师对我们进行了两天两夜的培训，培训内容特别细致，包括怎么写计划书、讲解顺序甚至还有台风礼仪等"。高圣哲说，经过培训，大家的表现都上了一个档次。在这次比赛中，高圣哲获得第6名的成绩，这次比赛的好成绩，让他对创业更有信心。

公司刚开始以技术输出为主，这对于美国密歇根州立大学电子工程专业毕业的高圣哲及其技术团队来说犹如顺水行舟，但人工智能行业瞬息万变，2019年，人工智能开源模型成为一种趋势，高圣哲觉得是时候做出改变了。在分析了应用市场之后，基于公司原本的计算机视觉技术基础，高圣哲选择做工业场景下的智能巡检。简单来说，就是用大数据+机器来代替人眼做检查和判断，传统的巡检方式存在着烦琐、耗时、人力资源浪费等问题，而AI巡检能有效减轻工业现场巡检人员的负担，在保障人员安全的同时提高工作效率。

随着大模型技术的兴起，高圣哲意识到，这是时代给予的巨大的机遇，圣瞳科技以30亿+参数、千万级自然数据为输入，联合西安电子科技大学人工智能学院、西安雁塔人工智能创新发展中心，共同打造了面向工业巡检领域的视觉大模型"圣瞳智巡"，该项目基于多模态大模型，打造训推一体的AI产品矩阵，依托训练平台、推理平台、巡检平台和巡检设备的结合，减少了工业企业训练AI模型的研发成本，降低了AI落地应用的门槛，大幅简化了部署应用难度，推动了AI在工业巡检领域的应用普及，满足了工业场景中人员安全、设备状态、作业流程、现场环境等多项巡检需求。

项目十

新企业的创办与管理

学习目标 ↓

- 知识目标：了解企业的组织形式以及企业管理。
- 技能目标：掌握企业选址、企业注册以及企业管理的方法。
- 素养目标：强化决策能力，能综合考虑各方面因素，按照自己的目标选择可行的方案。

本章导图 ↓

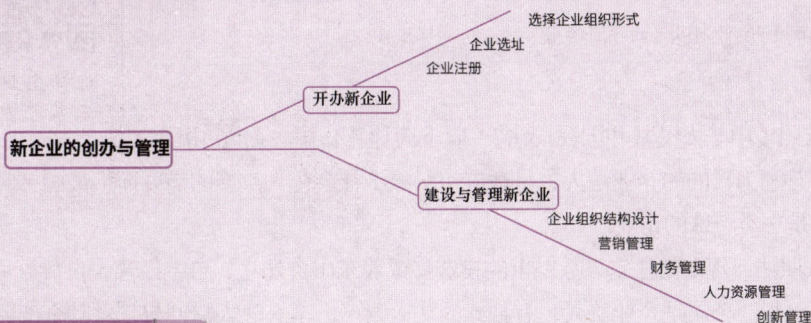

案例导入 ↓

　　2024 年 6 月，毕业于上海某大学的翁锶颢与两名同学在东明路街道创办了公司，工位就在汇明心街区发展中心。他们能顺利开办公司得益于东明路街道为帮助高校毕业生和慢就业青年群体实现轻量微创业和就业所开展的"新生"计划。

　　初次创业者往往缺乏商业思维和市场经验，于是，东明路街道会组织经验丰富的创业导师开展职业指导活动，帮助创业者梳理思路、明确方向。"同济大学的刘悦来教授是我职业上的领路人，大一暑期，我参与了东明路街道的项目，跟着刘教授一起规划居民区的共建项目，我们先从社区花园入手，然后我了解到社区治理，并且从中发掘自己的创业方向。"翁锶颢回忆道。"我是学生，没有足够的社会经验，在与甲方沟通时，难免有一些偏差和错漏，当时是汇明心团队给予了我们一些专业的指导，包括如何与甲方沟通、有哪些弥补措施，帮我们做兜底的工作。"

　　现在，翁锶颢等人创办的上海漫城记低碳科技有限公司运营着充满活力的街区共建空间，将景观设计专业带入社区商业和社区治理，为街道商户及居民提供学习、交流、展览、工作的多元化平台。

析例启智 ↓

　　翁锶颢等三名大学生一毕业就成立公司开始创业，这得益于东明路街道对"家门口小生意"的扶持。请搜集资料并思考：

　　（1）创业是不是一定得开办公司？注册公司需要履行哪些手续？

　　（2）创业者在创办公司后，应该如何开展业务？

任务一　开办新企业

创办企业往往被认为是正式创业的标志。翁锶颢等人创办了上海漫城记低碳科技有限公司，并以公司为主体开展业务。通过成立新企业，创业者能够将创意和想法转化为实际的经济活动，实现创业的目标和价值。因此，成立新企业是创业过程中至关重要的一步。

一、选择企业组织形式

企业是指依法设立的、以营利为目的、从事商品的生产经营和服务活动的独立核算的经济组织。成立一家企业，首先要选择合适的企业组织形式，创业者需仔细权衡，根据自己的业务需求和发展规划，选择合适的企业组织形式，帮助企业高效运转，降低风险，确保其稳健发展。

按照财产的组织形式和所承担的法律责任不同，现代企业的组织形式通常划分为公司制企业和非公司制企业。

> 知识驿站
>
> 选择企业组织形式需考量的因素

1. 公司

公司是依照《中华人民共和国公司法》（以下简称《公司法》）在中国境内设立的以营利为目的的企业法人，是适应市场经济社会化大生产的需要而形成的一种企业组织形式，即公司是一类特殊的企业。

公司是按照法律规定由法定人数以上的投资者或股东出资建立、自主经营、自负盈亏、具有法人资格的经济组织。公司是企业法人，有独立的法人财产，享有法人财产权，以其全部财产对公司的债务承担责任。根据《公司法》的规定，公司包括有限责任公司和股份有限公司。

（1）有限责任公司

有限责任公司是指按照法律规定登记注册，由一个以上五十个以下股东出资设立，每个股东以其所认缴的出资额为限对公司承担有限责任，公司以其全部资产对其债务承担责任的经济组织。有限责任公司是我国主要的公司形式之一，其设立程序相对比较简单，内部机构设置十分灵活，公司资产负债表也无须公开，但由于有限责任公司不能公开上市发行股票，因此公司吸收资金的能力及经营规模通常不如股份有限公司。相对来说，有限责任公司这种公司形式更适合中小型非股份制公司，也是创业公司的主要类型。

> 🔔 小贴士
>
> 一人有限责任公司是有限公司中的特例，可简称"一人公司""独资公司"或"独股公司"，是指只有一个自然人股东或者一个法人股东的有限责任公司。一人有限责任公司的股东不能证明公司财产独立于股东自己的财产的，应当对公司债务承担连带责任。

（2）股份有限公司

股份有限公司是指公司资本划分为股份所组成的公司，公司全部资本分为等额的股份，股东以其所认缴的股份为限对公司承担责任，公司以其全部财产对公司的债务承担责任。上市的股份有限公司通过向社会公众广泛发行股票来筹集资本，因此其股东分布具有广泛性，股份的转让和交易也具有公开性、自由性。此外，上市的股份有限公司的经营状况必须向社会公开，使社会公众了解公司的经营状况。

2. 非公司企业

不设立公司的企业形式主要包括个体工商户、个人独资企业、合伙企业。这些非公司企业都不具备法人资格，不能独立承担民事责任。

（1）个体工商户

个体工商户是指在法律允许的范围内，依法经核准登记，从事工商业经营的自然人或家庭，是结构最简单的企业形式。个体工商业主为一个人或一个家庭。这类组织只需要业主有相应的经营资金和经营场所，然后到管理部门办理登记手续即可开业。

个体工商户个人经营的，以个人全部财产承担民事责任；家庭经营的，以家庭全部财产承担民事责任。

（2）个人独资企业

个人独资企业是指依照《中华人民共和国个人独资企业法》在中国境内设立，由一个自然人投资，财产为投资人个人所有，投资人以其个人财产对企业债务承担无限责任的经营实体。个人独资企业投资人对本企业的财产依法享有所有权，其有关权利可以依法进行转让或继承。

（3）合伙企业

合伙企业是指自然人、法人和其他组织依照《中华人民共和国合伙企业法》在中国境内设立的普通合伙企业和有限合伙企业。普通合伙企业由普通合伙人组成，合伙人对合伙企业债务承担无限连带责任。有限合伙企业由普通合伙人和有限合伙人组成，普通合伙人对合伙企业债务承担无限连带责任，有限合伙人以其认缴的出资额为限对合伙企业债务承担责任。合伙企业中的各合伙人共同出资经营，共享收益，共担风险。

小贴士

法人是相对自然人而言的，《中华人民共和国民法典》第五十七条规定："法人是具有民事权利能力和民事行为能力，依法独立享有民事权利和承担民事义务的组织。"第七十六条规定："以取得利润并分配给股东等出资人为目的成立的法人，为营利法人。营利法人包括有限责任公司、股份有限公司和其他企业法人等。"具备法人资格的企业，具有自己的独立财产，能够以自己的名义独立参与民事活动。

3. 各企业组织形式的特点

根据自身的创业情况，创业者可以选择相对适合自己的企业组织形式。个人独资企业、合伙企业、公司制企业这3种企业组织形式的法律依据、法律地位、法律基础、责任形式、投资者要求均不相同，各种企业组织形式的比较如表10-1所示。

表10-1　各种企业组织形式的比较

企业组织形式	个人独资企业	合伙企业	公司制企业
法律依据	《中华人民共和国个人独资企业法》	《中华人民共和国合伙企业法》	《中华人民共和国公司法》

企业组织形式	个人独资企业	合伙企业	公司制企业
法律地位	非法人经营主体	非法人营利性组织	企业法人
法律基础	无协议	合伙协议	公司章程
责任形式	无限责任	普通合伙人承担无限连带责任； 特殊的普通合伙人因故意或者重大过失造成的合伙企业债务按照约定承担赔偿责任； 有限合伙人承担有限责任	有限责任公司股东以其认缴的出资额为限对公司承担有限责任； 股份有限公司股东以其认购的股份为限对公司承担有限责任
投资者要求	有完全民事行为能力的自然人；法律、行政法规禁止从事营利性活动的人除外	自然人、法人和其他组织；法律、行政法规禁止从事营利性活动的人除外	有限责任公司：无特别要求，法人、自然人皆可；法律、行政法规禁止从事营利性活动的人除外；境内自然人不能与外商及港、澳、台的居民、企业设立合资公司 股份有限公司：发起人须半数以上在中国境内有住所；法律、行政法规禁止从事营利性活动的人不能作为发起人
成立日期	营业执照签发日期		

> 📢 **小贴士**
>
> 对于一些特殊的行业，按我国法律规定只能采取特定的形式，如律师事务所不能采用公司制形式；而银行、保险等金融行业则必须采用公司制形式。对于法律有强制性规定的行业，大学生创业者只能按照法律的要求执行，若法律没有强制要求，大学生创业者可以自行决定。

二、企业选址

企业一经创办，开始生产和运营，就会产生房租、水电费、物业管理费等成本。如果是制造类企业，在生产经营过程中还会产生生产、物流等其他成本。而企业选址将直接对这些成本产生影响，简言之，企业选址会直接决定企业生产运营的成本。企业选址不当，则企业管理、生产等方面的成本会增加，企业的盈利空间就会受到挤压。可见，企业选址对企业实现经营目标和经营战略意义重大，甚至直接影响企业的成败。大学生创业者在进行企业选址时，要结合企业的性质及自身的资金等情况，选择一个相对更优的企业地址。

1. 新企业选址的原则

新企业的地理位置影响着企业的经营发展，应遵循一定的原则。

（1）匹配行业定位。企业的定位不同，针对的消费群体就不同，企业应根据自己的目标消费群体考虑地理位置。如针对年轻人的企业，应考虑商业楼盘聚集的地方，这样才能吸引更多年轻的人才；针对老年人的企业，应考虑街道社区等便民场所。

（2）依据经营内容。企业销售的产品不同，对企业的地址选择也不同，如经营餐饮、副食、日化等的企业应考虑人流量较大的地方，如居民区、社区附近等；经营家具、电器等的企业应考虑交通便利的商业区。

（3）遵循价值链环节。企业所处的价值链环节不同，应考虑的地理位置也不同。如企业总部、研发中心选址时应考虑政府的政务水平、政策导向等因素；制造型企业选址时应考虑劳动力、能源等成本因素；营销和售后服务企业选址时应考虑消费者的消费水平、市场潜力和行业竞争等因素。

2. 新企业选址的要点

新企业选址需要考虑以下几个要点。

（1）方便性。企业的地理位置是否方便，影响着企业员工、消费者、合作伙伴是否能够快速、便捷地到达。

（2）安全性。任何人都希望在一个安全的环境中工作、消费或享受服务，企业选址应考虑到治安、事故等情况，选择稳定、安全的位置，避免员工人身安全受到威胁。

（3）竞争性。创办企业本身就是充满竞争的行为，只有在充满竞争的地方才能更快地获取到同行的经营状况和行业的发展情况，从而快速地在经营发展过程中调整运营策略。因此，企业选址还要考虑竞争性，根据企业的实际情况选择一个竞争适中的位置，不宜选择没有竞争或竞争过于激烈的地方。

（4）舒适度。企业所在位置的外部环境应给人舒适的感觉，企业内部的装修应美观大方，整体给人一种舒适感。

（5）人流量。人流量影响着企业的客源，一般来说，人流量越大，市场需求越旺盛，客源越稳定，因此很多企业选择人流量较大的社区作为创业地址。

（6）租赁价格。不同地方的租赁价格不同，一般商业集中区域的租赁价格较高，偏远的老城区或新开发地区租赁价格会低一些。创业者应根据企业的定位和自身综合实力考虑。

案例阅读

高新技术产业重点企业选址分析

近年来，在各地政府政策指引和招商引资的带动下，人工智能、集成电路、新型显示、新能源车、新能源电池等相关产业链企业纷纷在各地落户，建设生产基地，开启了以高新技术产业为主导的新经济模式的征程。

在人工智能行业，科大讯飞人工智能产业基地、百度人工智能基础数据产业基地落户重庆，优必选人工智能教育创新总部、智行者华中区域总部项目、楚航科技华中区域总部项目落户武汉，航天科工集团国家工业云制造创新中心、博恩思人工智能外科创新工场落户成都。

在集成电路行业，芯原股份临港研发中心、中芯国际12英寸晶圆代工生产线、地平线车载AI芯片全球研发总部与智能汽车中央计算平台全球总部落户上海，京隆科技高阶芯片测试项目、旗芯微半导体高端车规控制器芯片项目落户苏州。

在新型显示行业，京川光电盖板及模组总成项目落户山西长治，东旭集团OLED载板玻璃生产项目落户四川开江，友达光电 LTPS 显示面板二期项目在江苏昆山开工，芯映光电 Mini／Micro LED 新型显示器件产业化项目落户湖北鄂州。

在新能源车行业，元动新能源电动重卡及三电系统项目签约河北秦皇岛，比亚迪新能源汽车高端核心零部件项目落户安徽合肥。理想汽车绿色智能工厂、小米汽车整车工厂落户北京。

在新能源电池行业，比亚迪新能源动力电池项目落户江西抚州，欣旺达动力储能电池项目落户山东枣庄，东阳光低碳高端电池铝箔项目落户湖北宜都，冠宇锂离子动力电池项目落户浙江百步。

这些高新技术产业的重点企业在项目、工厂的选址上，有政府推动、牵引的作用，也从企业发展的角度考虑。企业和城市发展之间的动能转化是相辅相成的，选择一个有利的地址，企业就相当于获得了一项长期发展的投资。

启示：为什么有些企业选择在一线城市落户，有些企业选择在非一线城市落户，这是出于企业自身情况作出的考量，企业选址并没有一定之规，需要大学生创业者根据自身情况和备选位置双向考虑，适合自己的就是最好的。

三、企业注册

企业注册是创业者正式推进和实施创业活动的第一步，创业者在做好相关创业准备后，确定自己所要创办的企业类型和企业地址，即可准备材料，完成企业注册。

通常来说，企业注册是在创业者开设企业时，依照法定的条件和程序，为组建公司并取得法人资格采取的一系列行为。企业注册流程主要包括企业名称核准、企业注册登记等环节。此外，为了保证企业的合法运营，创业者往往还需要刻制印章、开立银行账户、办理税务登记、办理社会保险。

1. 企业名称核准

为了规范企业名称登记管理，保护企业的合法权益，维护社会经济秩序，优化营商环境，《企业名称登记管理规定》对新企业名称的登记管理进行了详细规定。企业注册登记时，必须先进行名称核准，以确保新企业名称没有违反国家相关规定，没有与其他企业名称重复，且符合企业登记注册的要求。

《企业名称登记管理规定》明确表示，企业只能登记一个企业名称，企业名称受法律保护。企业名称由行政区划名称、字号、行业或者经营特点、组织形式组成。

（1）跨省、自治区、直辖市经营的企业，其名称可以不含行政区划名称；跨行业综合经营的企业，其名称可以不含行业或者经营特点。

（2）企业名称中的行政区划名称应当是企业所在地县级以上的地方行政区划名称。市辖区名称在企业名称中使用时应当同时冠以其所属的设区的市的行政区划名称。开发区、垦区等区域名称在企业名称中使用时应当与行政区划名称连用，不得单独使用。

（3）企业名称中的字号应当由两个以上汉字组成。县级以上地方行政区划名称、行业或者经营特点不得作为字号，另有含义的除外。

（4）企业名称中的行业或者经营特点应当根据企业的主营业务和国民经济行业分类标准标明。国民经济行业分类标准中没有规定的，可以参照行业习惯或者专业文献等表述。

（5）企业应当根据其组织结构或者责任形式，依法在企业名称中标明组织形式。例如，依照《公司法》设立的有限责任公司必须在公司名称中标明有限责任公司或者有限公司字样；依照《公司法》设立的股份有限公司，必须在公司名称中标明股份有限公司或者股份公司字样；个人独资企业的名称应当与其责任形式及从事的行业相符合；合伙企业名称中应标明普通合伙字样；特殊普通合伙企业名称中应标明特殊普通合伙字样；有限合伙企业名称中应标明有限合伙字样。

《企业名称登记管理规定》指明企业名称不得有下列情形。

- 损害国家尊严或者利益。
- 损害社会公共利益或者妨碍社会公共秩序。
- 使用或者变相使用政党、党政军机关、群团组织名称及其简称、特定称谓和部队番号。
- 使用外国国家（地区）、国际组织名称及其通用简称、特定称谓。
- 含有淫秽、色情、赌博、迷信、恐怖、暴力的内容。
- 含有民族、种族、宗教、性别歧视的内容。
- 违背公序良俗或者可能有其他不良影响。
- 可能使公众受骗或者产生误解。
- 法律、行政法规以及国家规定禁止的其他情形。

2. 企业注册登记

企业注册登记是设立新企业的法定程序，完成公司设立登记后，申请人才能获得从事市场经营活动的资格。创业者可以到各级市场监督管理局及其相应的网络平台完成公司设立登记。不同的地区、不同的企业组织形式，企业注册登记的流程和所需材料有差异，下面以在江西省企业登记网络服务平台进行公司设立登记为例，其步骤如下。

（1）登录系统。使用浏览器登录江西省企业登记网络服务平台。企业开办业务只需通过"个人用户登录"办理。

（2）信息填报。完成注册并成功登录后，按要求填报信息，完成后提交，其中刻制公章、发票申领、企业参保和银行开户等事项，可以自行选择是否一一填报。

（3）材料提交。登记机关初审通过后，可选择进行电子签名，或选择打印材料后到窗口提交。

（4）执照领取。审核通过后，可以选择通过窗口领取执照，也可选择邮件送达，还可选择领取电子营业执照。

3. 刻制印章

企业所用的印章具有法律效力，其刻制、补办、挂失等都有专门的规范。新创企业申请刻制相应的印章，须持营业执照复印件、法定代表人和经办人身份证复印件各一份，以及由企业出具的刻章证明、法定代表人授权委托书到公安局指定的机构进行刻章。企业常用的、具有法律效力的印章包括公司公章、法人章、合同专用章、财务专用章、发票专用章等。

（1）企业公章。企业公章代表着企业的最高效力。不管对内、对外，它都代表了公司法人的意志，使用公章可以代表企业对外签订合同、收发信函、开具公司证明。

（2）法人章。法人章就是公司法人的个人用章，它对外具备一定的法律效力，可以用于签订合同、出示委托书文件等。

（3）合同专用章。合同专用章是企业对外签订合同时使用的印章，相关合同的签订在公司经营签约范围内必须盖上合同专用章才能生效，因此它代表着企业需承受由此产生的权利和义务。一般企业公章可以代表合同专用章使用。

（4）财务专用章。其用途比较专业化，一般用于办理单位会计核算和银行结算业务。

（5）发票专用章。发票专用章就是企业在经营活动中购买或开具发票时需加盖的印章。当然，在缺少发票专用章时，可以用财务专用章代替，反之不可行。

🔔 小贴士

目前，我国已经普及电子营业执照和电子印章。电子营业执照，顾名思义，是传统纸质营业执照的电子化形式。它不仅具备了纸质营业执照的所有法律效力，而且在使用上更加便捷。有了它可以随时随地通过互联网进行企业信息查询、变更、年检等业务，这无疑大大方便了企业的日常管理。

电子印章是指通过数字技术制作的、用于电子文件上的印章图像，它同样具有法律效力。电子印章的使用，使得企业无须再使用传统的物理印章，从而避免了印章遗失或滥用的风险。

4. 开立银行账户

企业经营涉及资金往来，需要通过银行进行资金周转和结算，因此创业者需要为新创企业开立银行账户。

（1）银行账户的种类

按照我国现行的现金管理和结算制度，每个企业都必须在银行开立存款结算账户（即结算户），用来办理存款、取款和转账结算。银行存款结算账户分为以下4种。

- 基本存款账户。基本存款账户是企业的主要存款账户，主要用于办理日常转账结算和现金收付，以及存款单位的工资、奖金等现金的支取。该账户的开立需报当地人民银行审批并核发开户许可证，开户许可证正本由存款单位留存，副本交开户行留存。一个企业只能在一家商业银行的一个营业机构开立一个基本存款账户。

- 一般存款账户。一般存款账户是企业在基本存款账户开户银行以外的银行开立的账户。该账户只能办理转账结算和现金的缴存，不能办理现金的支取业务。

- 临时存款账户。临时存款账户是外来临时机构或个体工商户因临时开展经营活动需要开立的账户。该账户可办理转账结算以及符合国家现金管理规定的现金业务。

- 专用存款账户。专用存款账户是企业因基本建设、更新改造或办理信托、政策性房地产开发、信用卡等特定用途开立的账户。该账户支取现金时必须报当地人民银行审批。

（2）银行结算账户开立与使用

基本存款账户是存款人因办理日常转账结算和现金收付需要开立的银行结算账户，是一般存款账户、专用存款账户、临时存款账户开立的前提。根据《人民币银行结算账户管理办法》，存款人申请开立基本存款账户，应向银行出具下列证明文件。

- 企业法人，应出具企业法人营业执照正本；非法人企业，应出具企业营业执照正本。
- 法定代表人或单位负责人有效身份证件。
- 法定代表人或单位负责人授权他人办理的，还应出具法定代表人或单位负责人的授权书及其身份证件，以及被授权人的有效身份证件。

（3）银行结算账户变更与撤销

根据《人民币银行结算账户管理办法》，银行结算账户的变更与撤销需要遵循以下规定。

- 存款人更改名称，但不改变开户银行及账号的，应于5个工作日内向开户银行提出银行结算账户的变更申请，并出具有关部门的证明文件。
- 单位的法定代表人或主要负责人、住址以及其他开户资料发生变更时，应于5个工作日内书面通知开户银行并提供有关证明。
- 需要撤销（存款人因开户资格或其他原因终止银行结算账户使用）银行结算账户的，存款人应向开户银行提出撤销银行结算账户的申请。
- 存款人撤销银行结算账户，必须与开户银行核对银行结算账户存款余额，交回各种重要空白票据及结算凭证和开户登记证，银行核对无误后方可办理销户手续。存款人未按规定交回各种重要空白票据及结算凭证的，应出具有关证明，造成损失的，由其自行承担。
- 银行对一年未发生收付活动且未欠开户银行债务的单位银行结算账户，应通知单位自发出通知之日起30日内办理销户手续，逾期视同自愿销户，未划转款项列入久悬未取专户管理。

5. 办理税务登记

目前我国实行"多证合一、一照一码"登记模式，新创企业领取由市场监督管理部门核发加载法人和其他组织统一社会信用代码的营业执照后，无须办理税务登记证，但需根据自身不同情况依法申请办理信息确认、发票票种核定、增值税一般纳税人登记、增值税专用发票最高开票限额审批、增值税税控系统专用设备初始发行（含税务UKey发放）、发票领用等6个涉税事项。

需要特别注意的是，新创企业在办完首次涉税业务后，在之后的经营中要特别注意按时、按期、持续申报税费，以免因延误纳税而给企业的正常经营带来不利的影响。各项税收的缴纳时间不同，增值税、消费税的纳税期限分别为1日、3日、5日、10日、15日、1个月或者1个季度；企业所得税按年计算，分月或分季预缴。企业应在月份或季度终了后10日内申报并预缴税款，年度终了后45日内申报，5个月内汇算清缴。此外，创业者也可拨打12366纳税服务热线或登录国家税务总局12366纳税服务平台进行咨询。

6. 办理社会保险

新企业注册成功后，创业者还必须办理社会保险。《中华人民共和国社会保险法》（以下简称《社会保险法》）规定，用人单位应当自成立之日起三十日内凭营业执照、登记证书或者单位印章，向当地社会保险经办机构申请办理社会保险登记。社会保险经办机构应当自收到申请之日起十五日内予以审核，发给社会保险登记证件。用人单位应当自用工之日起三十日内为其职工向社会保险经办机构申请办理社会保险登记。未办理社会保险登记的，由社会保险经办机构核定其应当缴纳的社会保险费。

此外，《社会保险法》还对企业需缴纳的基本养老保险、基本医疗保险、工伤保险、失业保险、生育保险等做了如下规定。

- 职工应当参加基本养老保险，由用人单位和职工共同缴纳基本养老保险费。用人单位应当按照国家规定的本单位职工工资总额的比例缴纳基本养老保险费，记入基本养老保险统筹基金。

- 职工应当参加职工基本医疗保险，由用人单位和职工按照国家规定共同缴纳基本医疗保险费。

- 职工应当参加工伤保险，由用人单位缴纳工伤保险费，职工不缴纳工伤保险费。用人单位应当按本单位职工工资总额，根据社会保险经办机构确定的费率缴纳工伤保险费。

- 职工应当参加失业保险，由用人单位和职工按照国家规定共同缴纳失业保险费。用人单位应当及时为失业人员出具终止或者解除劳动关系的证明，并将失业人员的名单自终止或者解除劳动关系之日起十五日内告知社会保险经办机构。

- 职工应当参加生育保险，由用人单位按照国家规定缴纳生育保险费，职工不缴纳生育保险费。

案例阅读

企业开办越来越方便

党和政府高度重视商事制度改革，努力加快打造市场化、法治化、国际化营商环境，充分释放社会创业创新潜力、激发企业活力。

《国务院办公厅关于深化商事制度改革进一步为企业松绑减负激发企业活力的通知》（国办发〔2020〕29号）指出，要全面推广企业开办"一网通办"，做到企业开办全程网上办理；依托"一网通办"平台，推行企业登记、公章刻制、申领发票和税控设备、员工参保登记、住房公积金企业缴存登记线上"一表填报"申请办理。具备条件的地方实现办齐的材料线下"一个窗口"一次领取，或者通过寄递、自助打印等实现不见面办理。

2021年4月，国家市场监督管理总局等六部门联合印发了《关于进一步加大改革力度 不断提升企业开办服务水平的通知》，支持各地不断提高企业开办服务水平。其中提出推进企业开办标准化规范化、推动企业开办要素电子化，并进一步提高企业开办服务整体性。北京市搭建"e窗通"服务平台，实现了企业开办环节全部事项在"e窗通"平台一站办理，实现网上一次申报、统一受理、统一反馈、一天免费办结。在上海，借助"一窗通"网上服务平台，创业者开办企业可以"一表申请"所有事项，"一窗领取"全部凭证，开办企业仅需一个环节、一天时间，不需要任何费用。

2024年，《国务院关于进一步优化政务服务提升行政效能推动"高效办成一件事"的指导意见》（国发〔2024〕3号）指出，"实现办事方式多元化、办事流程最优化、办事材料最简化、办事成本最小化，最大限度利企便民，激发经济社会发展内生动力"。《全国一体化政务服务平台一网通办基本要求》国家标准于2024年10月1日起实施。该标准的实施将更好推动各地区各部门政务服务平台对接联通、融合共通，助推更多领域、更大范围实现政务服务"高效办成一件事"，大幅提升政务服务标准化、规范化、便利化水平。

启示：近年来，党和政府通过一系列政策措施，持续推进企业开办便利化，展现出了对企业发展的坚定支持和对优化营商环境的不懈追求。未来，随着相关政策的不断完善和技术应用的深入推广，开办企业等政务服务将会更加便捷。

任务二　建设与管理新企业

新创企业在建立后，要组织生产、开展销售、研发攻关……这种种的事项，都离不开管理。翁锶颢也是在职业指导活动的帮助下，才得以走上正轨。可见，企业离不开管理，大学生创业者必须掌握企业管理知识和技能。

一、企业组织结构设计

企业的经营和管理都围绕着组织结构开展。创业者需要根据新企业的规模、经营的项目、业务关系等因素来设计企业的组织结构。经典的组织结构有金字塔型组织结构和扁平化组织结构两种。

1. 金字塔型组织结构

金字塔型是一种经典的企业组织结构形式，是指在组织规模已定的情况下，通过比较狭窄的管理幅度和较多的管理层次设计而使得职能严格划分、层级严格确定的组织结构形态。这种组织结构具有多个管理层级，从高层管理者到基层员工，每一层都有明确的上下级关系，决策由上至下传达，管理层次分明，责任明确。但是，由于其信息传递需要通过多个层级，可能导致企业效率低下、决策僵化等问题，如图 10-1 所示。

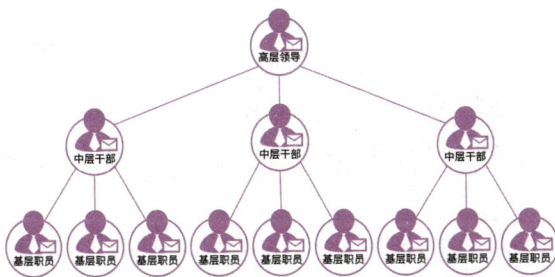

图10-1　金字塔型组织结构示意图

2. 扁平化组织结构

扁平化组织结构是指管理层次少而管理幅度大的一种组织结构形态。扁平化组织结构鼓励横向协作而非垂直指挥，有利于打破部门壁垒，减少中间环节，使信息流通更便捷，促进不同专业背景的人员共同解决问题，因此更易于根据市场需求调整策略和服务。但是，其缺乏明确的等级制度，可能导致责任不清。此外，当企业规模扩大、成员数量变多后，管理难度会大大增加，如图 10-2 所示。

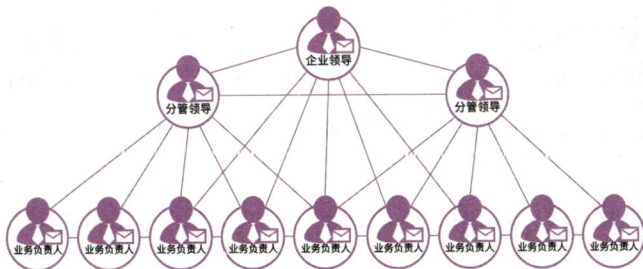

图10-2　扁平化组织结构示意图

二、营销管理

新企业营销是企业通过创造，提供产品或服务，并同其他组织或个人交换产品和价值，以满足其需要的一种社会的、管理的过程。企业的产品需要依靠营销出售，从而换回现金，投入再生产或实现利润。因此，营销管理是企业管理中非常重要的一个工作环节。新创企业的营销管理主要集中在产品策略、产品定价和产品促销上。

1. 产品策略

产品策略是企业通过在目标市场中为目标消费者提供其所需的产品而达到营销目的的一种营销策略。大学生创业者在制定产品策略时，需要对与产品有关的品种、规格、式样、质量、包装、特色、商标、品牌及各种服务措施等可控因素进行组合和运用。

- 产品组合策略。产品组合是指企业生产或销售的全部产品线（一个产品大类，指产品类别中具有密切关系的一组产品）、产品项目（同一产品线内各种不同品种、规格、质量、形式、颜色和价格的产品）的组合。产品组合策略则是针对多种产品制定的扩大、缩减、延伸等适应市场需要的策略。

- 产品生命周期策略。产品的生命周期是从进入市场开始，直到最终被淘汰退出市场的整个过程，分为导入期、成长期、成熟期和衰退期。在各个时期，企业应根据产品的特点实施正确的营销策略。

2. 产品定价

定价对营销有决定性影响，定价过高，则产品容易滞销；定价过低，则企业所获利润减少。如何制定既能吸引消费者，又能保证企业盈利水平的产品价格呢？大学生创业者可以通过以下方法来实现。

- 折扣定价。折扣定价是指企业对基本价格做出一定让步，直接或间接降低产品或服务的价格，其目的是利用较低的价格吸引消费者，让该消费者有一种得利的感觉。折扣定价的典型方式有价格折扣、数量折扣和价格折让等。

- 高价策略。高价策略是指利用消费者求购心切的心理，将产品或服务定成高价，先声夺人占领市场，以迅速增加销售量和获利。例如，一些商品会在新品上市时定一个较高的首发价，这样既能标榜产品的档次，也能利用产品的相对稀缺性获得更大的溢价空间。

- 心理定价。心理定价指利用消费者对数字的不同联想而进行定价，具体分为尾数定价、小数定价、整数定价和"吉利"数定价等。

- 差别定价。差别定价是指给不同的消费者以具有差异性的价格，利用消费者的比较心理，吸引"自以为得利"的消费者。

- 招徕定价。招徕定价是指将某种产品或服务的价格定得较低，利用部分消费者求廉的心理进行引流，吸引消费者二次消费其他正常价格的产品。如超市推出早市特价蔬菜，特价蔬菜本身并不能赚钱，但是可以吸引大量客流，消费者如果购买其他正常价格的商品，就会贡献利润。

- 组合定价。组合定价是指对同一个系列的产品，先为一个产品的销售定低价，再以相对高价或者正常价格售卖"互补"产品。其目的是通过低价产品带销其他产品，从而获得利润。

- 关联定价。关联定价是指企业对其关联企业的消费者实行优惠价，吸引消费者在该企业消费后到关联企业消费，双方企业互惠互利。

- 结果定价。结果定价是指企业有时可以根据产品或者服务的使用结果或者服务效果进行定价，以吸引消费者放心地购买。

3. 产品促销

为了促进产品销售，尽快将产品换为现金，企业需要进行产品促销。对新创企业而言，有效的产品促销方式主要包括人员推销、广告促销、销售促进和公共关系促销4种。

- 人员推销。人员推销是推销员通过口头宣传来说服消费者，实现产品销售的一种直接促销方式。人员推销的主要实施者是推销员，推销员可以通过各种沟通技巧和推销手段吸引消费者，打消消费者的消费顾虑，促成消费者的消费行为，也可以通过优质的服务给消费者留下好的印象，树立良好的企业形象。
- 广告促销。广告促销是企业通过各种广告媒体向消费者传递消费信息，进而促进产品销售的一种促销方式。这是一种企业单方面向消费者传递信息的促销方式，常用的广告媒体有电视、报纸、招牌、路牌、宣传单、包装、广播、网络、新媒体平台等。对于企业来说，可根据所开展的促销类型的不同而选择不同的广告媒体。
- 销售促进。销售促进是一种通过短期利益刺激消费者需求的、辅助性的、临时性的促销方式，其常见的表现形式有优惠券、降价、奖券、赠品等。销售促进的优势是方式多样，见效较快，能够通过直接的利益刺激消费者立马产生消费行为，但其效果的维持时间较短。为了保证其效果，在采用该方式时，企业应结合促销目标、销售对象、信息传播途径、促销时间等，考虑具体的销售促进方式，在实际操作中，也可以与广告促销搭配使用。
- 公共关系促销。公共关系促销指企业通过公共关系活动向公众传递企业的信息，建立与公众的友好关系，从而以其知名度、美誉度等带动产品销售的一种间接促销方式。公共关系促销的可信度较高，传播力较强，在树立企业形象、打造企业口碑等方面效果显著，此外，企业也可以通过公共关系促销间接带动产品的销售，甚至能借此开拓新的市场。

三、财务管理

如果说资金是企业的血液，那么财务管理就是企业的心脏。财务管理实时监测企业的资金和资产，能为企业决策提供依据，有效作用于企业的融资、生产、销售、投资等事务。因此，大学生创业者需要重视财务管理，做好财务管理。

1. 财务管理的含义

财务管理工作是企业的基础性管理工作，一切跟"钱"有关的事项都离不开财务管理。现代管理学将财务管理概括为在一定的整体目标下，关于资产的购置、资本的融通和经营中现金流量及利润分配的管理。财务管理的目标包括实现企业产值最大化、利润最大化、股东回报最大化和企业价值最大化。

2. 筹资管理

筹资是企业由于自身需要，通过筹资渠道和资本市场，运用筹资方式筹集所需资金的财务行为，即企业向外界获取财务资源的行为。企业除了向银行贷款、寻求股权投资，还可以采用以下方式融资。

- 票据贴现融资。在交易中，企业除了收到现金，还会收到一些承兑汇票，这些票据需要到期才能取现。企业在急需资金时，将这些票据转让给银行或其他金融机构，银行或其他金融机构会按照票面金额扣除一定的利息（即贴现息），然后将剩余款项支付给企业，以此方式为企业提供短期融资。
- 商业信用融资。商业信用融资是指企业之间在买卖商品时，以商品形式提供的借贷活动，即交易双方依靠延期付款或延期交货的形式形成借贷关系来筹措资金的融资方式，如购买货物未付款而形成的对供货方的欠账（先货后款）、销售货物先收款而形成的对客户的欠货（先款后货）等，均属商业信用融资。
- 融资租赁。融资租赁是指出租人根据承租人对租赁物件的特定要求和对供货人的选择，出资向供货人购买租赁物件，并租给承租人使用，承租人则分期向出租人支付租金，在租赁期内租赁物件的所有权属于出租人，承租人拥有租赁物件的使用权。融资租赁是目前国际上最为普遍、最基本的非银行金融形式。依靠融资租赁，需要添置设备的企业只需付少量资金就能使用所需设备进行生产，这相当于为企业提供了一笔中长期贷款。

3. 投资管理

投资是指企业投入资金，期望在未来可预见的时期内获取收益或实现资本增值的一种经济行为。建设厂房、购买设备、引进专利等都是投资，可以说企业的投资管理就是对"花钱"的管理。新创企业通常实力较弱、商业关系不广泛、资金有限，因此在投资上更需小心谨慎。大学生创业者在进行投资管理时，要充分考虑自身的现金流量及拟投资项目的预期收益、风险、投资回报周期等因素，以达成较好的投资效果。

4. 资产管理

企业筹资取得的资金一旦被投放或使用，就会形成企业资产。企业财务管理应该对企业所有能以货币计量的经济资源（包括各种财产、债权和其他权利）进行妥善管理。资产管理又分为流动资产管理、应收账款管理、存货管理、固定资产管理和无形资产管理。

- 流动资产管理。货币资金属于流动资金，流动资金比例过高，会降低投资收益；流动资金比例过低，则不足以应对经营风险与财务风险。因此企业要根据生产经营的需要确定流动资产的持有量。
- 应收账款管理。应收账款指企业以"先货后款"的方式销售了产品，还未收回的款项，本质是企业对客户的债权。"先货后款"在一定程度上能够增加销售或营业量，并减少产品库存和资金占用，但也会使企业面临坏账风险。新创企业应该根据买方信用决定其赊账的金额和时限，并做好应收账款的监督，及时处理拖欠的账款。
- 存货管理。存货是指企业在日常生产经营过程中为生产耗用或销售而储备的物资，企业储备存货有利于企业生产的顺利进行。但同时存货的增加势必会占用更多的资金，产生更多的管理费用，使生产成本增加，不利于提高企业的获利能力。因此企业要合理确定存货的数量，尽量提高存货的使用效率和效益。
- 固定资产管理。固定资产多是产品生产所必备的厂房、设备等，具有周转时间较长、变现能力差、资产数量相对稳定等特点，企业可制定固定资产管理制度，按计划对固定资产进行评估、维护、修理、更换。

- 无形资产管理。无形资产是一切与企业生产经营有关，能够为企业带来经济效益，不具有实物形态的资产，如专利权、商标权、著作权、土地使用权、非专利技术、特许权等。企业应该提高无形资产的利用效果，加强对无形资产的维护。

四、人力资源管理

企业是人组成的，人是企业最根本的要素，也是创造产品价值的主体，因此人力资源管理是新创企业管理的重中之重。人力资源管理就是以人力资源（一个社会具有智力劳动能力和体力劳动能力的人的总和）为管理对象的管理，通常指企业通过各种政策、制度和管理实践，以吸引、保留、激励和开发员工，调动员工工作积极性，充分发挥员工潜能，进而促进组织目标实现的管理活动。它是对人力资源的取得（选）、开发（育）、保持（留）和利用（用）等方面进行的有效计划、组织、指挥和控制。以下是企业人力资源管理中的主要工作。

1. 人力资源规划

企业应根据企业的长期发展战略及业务扩展计划，制定详尽的人力资源需求预测与规划，确保每个发展阶段都有充足且合适的人才储备。企业应分析当前人力资源构成，识别技能差距，提前规划人才培养路径，包括内部晋升机制、外部招聘渠道等，确保人才梯队建设符合企业发展节奏。企业应监测并优化人力资源成本结构，确保每一笔投入都能带来最大化的产出效益。

2. 招聘与选拔

企业应根据企业战略目标和业务发展需求，定期审查各部门的工作量及职责变化，与部门负责人深入沟通，明确所需填补职位的具体要求，以此为基础制订年度或季度的招聘计划。

企业应制作有吸引力的招聘信息，在选定的招聘平台上发布职位公告，吸引更多优质人才关注。企业应筛选简历，设计并组织面试，对进入最终轮次的候选人进行全面的背景调查，确定拟录用名单后，及时向候选人发出正式的录用通知书，并提前准备好办公设备、工位安排、工作手册等必要物资。

3. 员工培训与发展

企业应构建完善的绩效管理体系，设立明确、可量化的工作目标，并定期对员工表现进行评估，及时给予反馈指导，帮助员工了解自身优势与不足。企业应针对不同层级员工设计个性化的职业发展路径，提供多样化的学习资源，如在线课程、线下研讨会、导师辅导等，支持员工持续提升职业技能和个人素养。

4. 薪酬福利管理

企业应设计具有市场竞争力的薪酬架构，管理全面的福利项目，除了法定的社会保险和住房公积金，还应考虑额外的商业保险、健康体检、带薪休假、节日礼品等多种形式的福利待遇。企业应定期开展薪酬满意度调查，收集员工对现有薪酬福利的看法，据此适时调整优化方案，提高整体员工忠诚度和归属感。

5. 员工关系与沟通

企业应建立健全的员工投诉处理机制，积极处理员工投诉和纠纷，维护良好的员工关系。企业应组织丰富多彩的企业文化活动，如年度庆典、部门团建、兴趣小组等，增强团队凝聚力和员工之间的友谊。

6. 人力资源信息系统管理

企业应维护和管理人力资源信息系统，确保数据准确性和安全性；利用数据分析工具，提供人力资源报告和数据分析，支持决策制定；优化人力资源流程，提高人力资源管理的效率。

五、创新管理

企业创新是企业着眼于市场潜在的盈利机会或技术的潜在商业价值，为了获取效益，对生产要素和生产条件进行新的组合，以提升生产经营体系的效率，从而推出新的产品、新的生产（工艺）方法，开辟新的市场，获得新的原材料或半成品供给来源或建立企业新的组织等一系列活动的综合过程。企业创新是企业发展与扩张的关键，主要包括制度创新、管理创新、产品创新等内容。

1. 制度创新

制度创新是指企业内部通过改革现有的规章制度、治理结构、激励机制等，以适应外部环境变化并促进内部效率提升的过程。它不仅包括正式规则（如政策法规）的改变，也涵盖了非正式规则（如企业文化、价值观）的演进。例如，企业可以建立灵活的股权激励制度，为关键岗位和技术骨干提供股票期权或其他形式的长期激励措施，使其利益与公司长远发展紧密相连，增强归属感。

制度创新有助于企业营造积极向上的企业文化，增强员工归属感和责任感；同时能够提高企业的灵活性和响应速度，更好地应对复杂多变的市场环境。

2. 管理创新

管理创新是指企业在资源配置、业务流程、组织架构等方面引入新的理念、方法和技术，从而提升整体运营效率和服务质量的过程。它强调的是管理模式的革新，旨在打破传统思维定式，探索更高效的工作方式。管理创新深入剖析现行管理系统的优劣势，找出影响效率的关键因素，并选择适合自身发展的管理工具和技术，从而对现有管理方法进行优化。例如，企业应用先进的信息技术系统，实现数据集成和自动化处理，支持精细化管理和科学决策。

管理创新可以显著降低运营成本，缩短决策周期，提高客户满意度；同时也为企业培养了一支具备现代管理意识的专业队伍，为企业长期发展奠定坚实基础。

3. 产品创新

产品创新是指企业通过研发新技术、改进现有产品特性或开发全新品类，以满足消费者日益多样化的需求，进而获取市场竞争优势的过程。产品创新既可以是利用最新的科技成果，开发具有独特功能或性能优势的产品；也可以是深入研究用户行为习惯和偏好，从外观设计、使用便捷性和售后服务等多个维度提升产品价值；还可以是结合不同领域的技术和资源优势，创造出全新的产品类别或应用场景。此外，它不仅限于物理产品的更新换代，还包括服务模式的创新及用户体验的升级。

产品创新直接关系企业的市场份额和盈利能力，是企业维持竞争优势的核心要素之一。成功的创新不仅能为企业带来短期销售额的增长，更能塑造长久的品牌忠诚度，助力企业在激烈的市场竞争中脱颖而出。

实践课堂

实训一　构想我的企业

在上一个项目的"实践课堂"中，同学们已经完成了组队，并且撰写了创业计划书，请继续保持组队形式，完成创业构想。

1. 不同的企业组织形式在经营者责任、税率等方面有差异，请查询相关信息并进行团队讨论，确定组织形式。同学们可以参考表 10-2 所示的选择企业组织形式表进行辅助决策。

表 10-2　选择企业组织形式表

分析项目		分析结论
基本信息	商业模式	
	企业概况	
	企业所属行业	
	企业主要产品	
	目标消费者	
创业者风险承受能力分析		
企业税务考虑		
企业未来融资需求分析		
企业经营期限分析		
确定的企业组织形式		

2. 请小组成员在网络上搜索相关信息，为构想中的企业选择一个地址。之后，请同学们讨论，各自阐明预定地址的优劣势，并最终决定一个确定的地址。同学们可以参考表 10-3 所示的"新创企业选址分析表"进行辅助决策。

表 10-3　新创企业选址分析表

项目	备选地址 1	备选地址 2	备选地址 3
详细地址			
方便性			

续表

项目	备选地址 1	备选地址 2	备选地址 3
安全性			
竞争性			
舒适度			
人流量			
租赁价格			
总评			

3. 请构思一个企业名称，并说明选择该企业名称的理由。在起名后，请打开"国家市场监督管理总局"网站，使用其"企业名称开放查询"功能，查询该名称是否重复（见图10-3）。如果出现重复，请换一个名称。

企业名称：_____

名称的含义：_____

_____

_____

图10-3 企业名称查询

4. 请同学们结合企业的自身条件、业务需要和市场环境，为企业构想一个组织结构，将组织结构示意图画在下面的空白处。

5. 请同学们根据既定的商业模式，确定企业需要招聘的人员和岗位，将其填入表 10-4 中。

表 10-4　招聘计划

招聘岗位	拟聘用人数	岗位职责	任职要求	薪资待遇

实训二　企业管理能力测试

创业者是否具备管理企业的能力是决定企业是否能够发展壮大的关键，通过测试题测试，大学生可以评估自己是否具备企业管理的能力。请同学们按照自身实际情况回答。

1. 问答测试

本测试共 15 道题，仔细阅读后，请回答"是"或"不是"。

（1）你会在制订计划前先做准备工作。

（2）你习惯在行动之前制订计划。

（3）你经常出于效率的考虑而更改计划。

（4）你认为实现目标是解决问题的途径。

（5）你会提前一天规划第二天要做的事情。

（6）你对与事务有关的信息都较为严肃。

（7）你经常记录自己的行为习惯。

（8）你能严格制约自己的行为。

（9）你经常收集他人的各种反馈。

（10）无论做什么事情，你都能有目的地行动。

（11）出现问题时，你经常思考对策，并付诸行动扫除障碍。

（12）你对工作的成果非常敏感。

（13）当日事当日毕，今天的事情你绝不拖延到明天。

（14）你每天都会检查自己当天的行动效率。

（15）你会严格检查预定目标和实际成绩的差距。

2. 选择测试

本测试共 10 道题，仔细阅读后，选择其中一个选项。

（1）你喜欢思考，并且问题越多，越能激发你的思维。

  A. 总是   B. 常常   C. 很少   D. 从未

（2）你不喜欢用一成不变的方式来解决问题。

  A. 总是   B. 常常   C. 很少   D. 从未

（3）你鼓励团队成员开诚布公、积极讨论，说出不同的意见。

  A. 总是   B. 常常   C. 很少   D. 从未

（4）你常通过阅读来丰富知识，扩充经验。

  A. 总是   B. 常常   C. 很少   D. 从未

（5）你比较欣赏具有想法和创新的人。

  A. 总是   B. 常常   C. 很少   D. 从未

（6）你会提出自己的疑惑，且不担心因此显得自己无知。

  A. 总是   B. 常常   C. 很少   D. 从未

（7）你在达成决策之前，会先通过各种观点来探讨问题。

  A. 总是   B. 常常   C. 很少   D. 从未

（8）你身边总是有见解独到的人。

    A. 总是   B. 常常   C. 很少   D. 从未

（9）你能制定别人认为"创新"的决策。

    A. 总是   B. 常常   C. 很少   D. 从未

（10）你会通过各种方式寻求解决问题的方法和途径。

    A. 总是   B. 常常   C. 很少   D. 从未

3. 测试分析

对"问答测试"中的各道题目，表示"是"的计2分，表示"不是"的计0分。对"选择测试"中的各道题目，表示"总是"的计3分；表示"常常"的计2分；表示"很少"的计1分；表示"从未"的计0分。做完后计算总分，不同分数对应的结果如下。

（1）20分及以下：你的管理能力很差，并不适合从事管理方面的工作。

（2）21～30分：你的管理能力较差，这可能与你言行自由、不拘约束有关。

（3）31～40分：你的管理能力一般，对专业方面的事务性管理尚可，管理方法常受情绪干扰是最大的遗憾。

（4）41～50分：你的管理能力较强，能稳重、扎实地做好工作，很少出现意外或有损组织发展的失误。

（5）50分以上：你的管理能力很强，擅长有计划地工作和学习，尤其适合管理大型组织。

创业家故事：95后"新农人"王博文以茶创业

王博文是土生土长的桐城人，自小就生长在桐城小花核心产区龙眠山上的杨头村。由于从小耳濡目染，王博文立志要回乡当茶农，他大学报考安徽农业大学，毕业后又进入茶树生物学与资源利用国家重点实验室研学一年。

王博文

2019年，王博文决定返乡发展，就职于桐城市杨头有机茶专业合作社，参与茶叶的种植、加工、销售事宜。他先后在完善有机茶园基础设施、优化创新加工工艺、建立农业产业化联合体、打造地方茶文化、参展参评推广品牌、组织培训茶叶技能技术、招纳返乡入乡人才创业就业、构建线下线上全渠道营销模式等方面做出大量工作。

2020年，作为互联网时代成长起来的青年，王博文充分发挥自身优势，积极协助配合各平台及地方政府举行的直播助农活动。在"探徽茶""遇见美好安庆"等多项直播活动中，都能看到他活跃的身影，他让村民的茶叶找到了好销路，卖出了好价钱。

这一年，王博文决定创办桐城市云上杨头有机茶业有限公司，通过"农户＋合作社＋公司"的农业产业化联合体模式，串联产前、产中和产后各环节，对杨头村茶产业进行综合利用开发。随即，王博文组建了一支年轻团队，并建立线上线下一体化营销模式，将品牌推广和产品销售有机结合。

2023年茶季，不同于往年，他将茶季延长至6月，在生产完绿茶后，接着生产白茶和红茶，拉长茶产业链；2023年下半年，他积极与桐城市供销合作社对接共建，联合成立了桐城市杨头供销合作社有限公司，并担任总经理一职。

因生产的茶叶色翠汤清、兰香甜韵，合作社荣获中茶杯一等奖、国饮杯一等奖、安徽十大品牌名茶、长三角名茶评比"香气单项金奖"等荣誉。同时合作社荣获"安庆市农业产业化优秀龙头企业""省级示范合作社""中国茶叶十大专业合作社""国家农民合作社示范社"等称号。

截至2024年，王博文通过"农户＋合作社＋公司"的农业产业化联合体模式，参与经营茶叶2 000余亩，提供就业岗位20余个，带动农民工返乡就业；雇佣农民季节工和长期工超100人，直接带动农户110余户，户均年增收超过6 000元；间接辐射带动农户1 300余户，每户每年增收2 000余元。

作为一名"有理想、敢担当、能吃苦、肯奋斗"的新农人，未来，王博文想把杨头村的农户和茶厂都整合起来，抱团发展，农户和合作社按照统一标准，种植茶叶、加工茶叶，公司负责市场推广，从茶园到茶产品全链条发力，让杨头村的优质茶叶走向全国市场，让"老茶乡"飘出"新茶香"。

项目十一

创新创业大赛政策与案例分享

学习目标 ↓

- 知识目标：了解中国国际大学生创新大赛、中国青年创青春大赛和"挑战杯"竞赛。
- 技能目标：熟悉中国国际大学生创新大赛和中国青年创青春大赛的项目与赛制。
- 素养目标：能够分析优秀案例，并将其成功经验灵活运用于自己的创新创业项目中。

本章导图 ↓

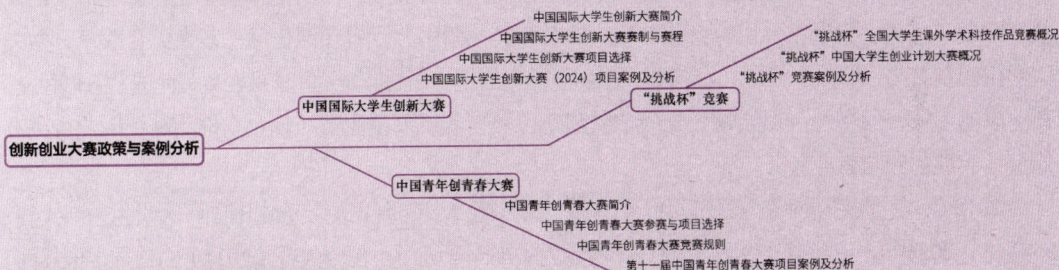

案例导入 ↓

2021 年，正值大二的魏诗坤在一场讲座的启发下，萌生了创新创业的念头。万荣香菇生产规模大，然而出菇后的香菇菌棒却存在外层保水膜与内部菌糠粘连的问题，在人们都在苦思如何分离保水膜时，魏诗坤凭借敏锐的洞察力反其道而行之，她联想到学院姚建民老师做的全生物降解地膜，灵感乍现，认为可以将全生物降解材料应用于香菇生产过程，为解决这一难题开辟新的道路。魏诗坤的项目针对山西省万荣县废弃菌棒带来的白色污染问题提供了一种创新解决方案。项目经过小规模试点试验，成效显著。

2022 年 10 月，魏诗坤参加了第八届山西省"互联网+"大学生创新创业大赛。尽管初出茅庐，但她凭借着扎实的基础和对创新的独到见解，一举夺得了银奖。但她没有满足于已有的成就，而是继续深耕，不断挑战自我，又夺得了第十届"创青春"山西青年创新创业大赛决赛银奖，第九届山西省"互联网+"大学生创新创业大赛金奖，更在 2023 年中国国际大学生创新大赛中荣获铜奖。在此之后，她积极参与各类学术交流和项目孵化，与老师、同学们一起探讨创新的无限可能，又斩获多项大奖，将新时代大学生创新向上的主旋律贯穿自己的大学生活。

析例启智 ↓

魏诗坤的创新创业历程与各类创新创业比赛紧密相连，请搜集资料并思考：
（1）魏诗坤参加了哪些创新创业比赛，我国还有哪些类似的比赛？
（2）参加创新创业比赛，对大学生创新创业而言有何意义或有何帮助？

任务一　中国国际大学生创新大赛

《国务院关于进一步做好新形势下就业创业工作的意见》（国发〔2015〕23号）作为关于大学生创新创业工作的指导性文件，明确提出"支持举办创业训练营、创业创新大赛、创新成果和创业项目展示推介等活动，搭建创业者交流平台"。根据文件精神，各地、各高校纷纷响应号召，积极参与组织、举办各类大学生创新创业大赛，并鼓励广大大学生踊跃参与。魏诗坤参加的"互联网+"大学生创新创业大赛现在已经改名为"中国国际大学生创新大赛"，是一项非常重要的创新创业大赛。

一、中国国际大学生创新大赛简介

中国国际大学生创新大赛（原中国国际"互联网+"大学生创新创业大赛）是我国深化创新创业教育改革的重要载体和关键平台，已成长为覆盖全国所有高校、面向全体大学生、影响最大的高校"双创"盛会。大赛主要由教育部与政府、各高校共同主办，旨在深化高等教育综合改革，激发大学生的创造力，培养造就"大众创业、万众创新"的主力军；推动赛事成果转化，促进"互联网+"新业态的形成，服务经济提质增效升级；以创新引领创业，以创业带动就业，推动高校毕业生更高质量地实现创业与就业。

2015年，首届中国国际"互联网+"大学生创新创业大赛（现已更名为中国国际大学生创新大赛）举办，至2024年，已举办了9届。图11-1所示为中国国际大学生创新大赛（2024）的官方宣传界面。

图11-1　中国国际大学生创新大赛（2024）官方宣传界面

中国国际大学生创新大赛（2024）以"我敢闯、我会创"为主题，以"更中国、更国际、更教育、更全面、更创新、更协同"为总体目标，落实立德树人根本任务，传承和弘扬红色基因，聚焦"五育"融合创新创业教育实践，开启创新创业教育改革新征程，激发青年学生创新创造热情，打造共建共享、融通中外的国际创新盛会，让青春在全面建设社会主义现代化国家的火热实践中绽放绚丽之花。大赛的主要任务是以赛促教，探索人才培养新途径；以赛促学，培养创新创业生力军；以赛促创，搭建产教融合新平台。

中国国际大学生创新大赛（2024）的内容由三部分构成，分别为主体赛事、"青年红色筑梦之旅"活动和同期活动。

1. 主体赛事

主体赛事包括高教主赛道、"青年红色筑梦之旅"赛道、职教赛道、产业命题赛道和萌芽赛道。

（1）高教主赛道。参赛项目类型为新工科类项目、新医科类项目、新农科类项目、新文科类项目、"人工智能+"项目。根据参赛申报人所处学习阶段，本赛道分为本科生组和研究生组，根据项目发展阶段，本科生组和研究生组均内设创意组、创业组。

（2）"青年红色筑梦之旅"赛道。参加"青年红色筑梦之旅"活动的项目，符合大赛参赛要求的，可自主选择参加"青年红色筑梦之旅"赛道。项目需在推进农业农村、城乡社区经济社会发展等方面具有创新性、实效性和可持续性。根据项目性质和特点，本赛道分为公益组、创意组、创业组。

（3）职教赛道。参赛项目类型为创新类（以技术、工艺或商业模式创新为核心优势）、商业类（以商业运营潜力或实效为核心优势）和工匠类（以体现敬业、精益、专注、创新为内涵的工匠精神为核心优势）。本赛道分为创意组与创业组。

（4）产业命题赛道。参赛项目类型为产教协同创新组和区域特色产业组。本赛道针对企业开放创新需求，面向产业代表性企业、行业龙头企业、专精特新企业等征集命题。企业命题应聚焦国家"十四五"规划战略性新兴产业方向，倡导新技术、新产品、新业态、新模式。围绕新工科、新医科、新农科、新文科对应的产业和行业领域，基于企业发展真实需求进行申报。

（5）萌芽赛道。本赛道的参赛对象为普通高级中学在校学生，目标任务是引导中学生开展科技创新、发明创造、社会实践等创新性实践活动，培养其探索性、创新性思维品质，树立科学的人才观、成才观、教育观。

2. "青年红色筑梦之旅"活动

中国国际大学生创新大赛（2024）继续在更大范围、更高层次、更有温度、更深程度上开展"青年红色筑梦之旅"活动。"青年红色筑梦之旅"活动要求各省级教育行政部门聚焦科技创新、乡村振兴、城市社区治理、城乡融合发展，结合地方需求，制定本地2024年"青年红色筑梦之旅"活动方案。

3. 同期活动

同期活动，即大赛优秀项目资源对接会、大学生创新成果展、世界大学生创新论坛、世界大学生创新指数框架体系发布会等系列活动。

二、中国国际大学生创新大赛赛制与赛程

中国国际大学生创新大赛的赛制和赛程安排如下。

1. 比赛赛制

中国国际大学生创新大赛（2024）的赛制如下。

（1）大赛主要采用校级初赛、省级复赛、总决赛三级赛制（不包括萌芽赛道以及国际参赛项目）。校级初赛由各院校负责组织，省级复赛由各地负责组织，总决赛由各地按照大赛组委会确定的配额择优遴选推荐项目。大赛组委会将综合考虑各地报名团队数（含邀请国际参赛项目数）、参赛院校数、往年获奖项目情况和创新教育工作情况等因素分配总决赛名额。

（2）大赛共产生4 250个项目入围总决赛（港澳台地区参赛名额单列），其中高教主赛道2 300个（国内项目1 800个、国际项目500个）、"青年红色筑梦之旅"赛道650个、职教赛道650个、产业命题赛道450个、萌芽赛道200个。

（3）高教主赛道每所高校入选总决赛项目不超过5个，"青年红色筑梦之旅"赛道每所院校入选总决赛项目不超过3个，职教赛道每所院校入选总决赛项目不超过3个，产业命题赛道每道命题每所院校入选项目不超过3个，萌芽赛道每所学校入选总决赛项目不超过2个。

2. 赛程安排

中国国际大学生创新大赛一般在 5～10 月举行，其赛程安排如下。

（1）参赛报名

参赛团队登录全国大学生创业服务网进行报名，在"资料下载"板块可下载学生操作手册指导报名参赛。通过微信公众号（名称为"全国大学生创业服务网"或"中国国际大学生创新大赛"）可以进行赛事咨询。

报名系统开放时间为 2024 年 5 月 15 日，报名截止时间由各地根据复赛安排自行决定，但不得晚于 8 月 1 日。国际参赛项目通过全球青年创新领袖共同体促进会官网进行报名。

（2）初赛复赛

各地各学校登录全国大学生创业服务网进行大赛管理和信息查看。省级管理用户使用大赛组委会统一分配的账号进行登录，校级账号由各省级管理用户进行管理。初赛复赛的比赛环节、评审方式等由各校、各地自行决定。各地应在 8 月 31 日前完成省级复赛，并完成入围总决赛的项目遴选工作（推荐项目应有名次排序，供总决赛参考）。国际参赛项目的遴选推荐工作另行安排。

（3）总决赛

入围总决赛的项目将通过评审，择优进入总决赛现场比赛，决出各类奖项。大赛设金奖、银奖、铜奖，另设省市组织奖、高校集体奖及若干单项奖。大赛组委会通过全国大学生创业服务网、国家大学生就业服务平台为参赛团队提供项目展示、创业指导、人才招聘、资源对接等服务，各项目团队可登录上述网站查看相关信息，各地各校可充分利用网站资源，为参赛团队做好服务。

三、中国国际大学生创新大赛项目选择

不同赛道具体的参赛项目要求各不相同，大学生应根据项目实际情况选择符合要求的项目类型。以高教主赛道为例，中国国际大学生创新大赛（2024）规定的高教主赛道参赛项目类型如表 11-1 所示。

表 11-1　高教主赛道参赛项目类型介绍

参赛项目类型	参赛项目
新工科类项目	大数据、云计算、人工智能、区块链、虚拟现实、智能制造、网络空间安全、机器人工程、工业自动化、新材料等领域，符合新工科建设理念和要求的项目
新医科类项目	现代医疗技术、智能医疗设备、新药研发、健康康养、食药保健、智能医学、生物技术、生物材料等领域，符合新医科建设理念和要求的项目
新农科类项目	现代种业、智慧农业、智能农机装备、农业大数据、食品营养、休闲农业、森林康养、生态修复、农业碳汇等领域，符合新农科建设理念和要求的项目
新文科类项目	文化教育、数字经济、金融科技、财经、法务、融媒体、翻译、旅游休闲、动漫、文创设计与开发、电子商务、物流、体育、非物质文化遗产保护、社会工作、家政服务、养老服务等领域，符合新文科建设理念和要求的项目
"人工智能+"项目	聚焦于人工智能深度融合经济社会各领域发展、赋能千行百业智能化转型升级，符合"人工智能+"发展理念和要求的项目

参赛项目团队应认真了解和把握新质生产力的内涵及要求，结合以上分类及项目实际情况，合理选择参赛项目类别，根据"四新""人工智能+"建设内涵和产业发展方向选择相应类型。

四、中国国际大学生创新大赛（2024）项目案例及分析

中国国际大学生创新大赛（2024）涌现出了一批优秀的项目，其中不少项目有极高的含金量和参考价值，大学生可以主动了解这些项目，加深对创新创业活动的理解和领悟。

1. 哪吒——全球首个"海空一体"跨域航行器平台

（1）项目简介

在中国国际大学生创新大赛（2024）中，上海交通大学海洋学院的"哪吒——全球首个'海空一体'跨域航行器平台"项目一路过关斩将，从全球153个国家和地区的5 406所学校的514万个项目中脱颖而出，拔得头筹。

"哪吒"海空跨域无人航行器是一种能够在空中、水面和水下连续穿越航行的新型高机动运载平台，可被海上移动平台携载，实现无依托飞行式布放与回收，灵活搭载各类探测传感器及通信模块，具有空中飞行控制、定位，指定海域水面降落，自主下潜上浮，水下潜航和飞行返航等功能。

上海交通大学海洋学院自2013年学院前身海洋研究院成立起，就一直致力于海洋科学与技术交叉融合发展。2016年，曾铮副研究员加入连琏教授带领的海洋技术团队。在一次和研究海洋与大气的学者交流时，团队敏锐地捕捉到台风和飓风研究领域对水上500米、水下50米的气象和水文数据的迫切需求，而当时国际上尚无专门收集这类数据的设备。于是，团队开展研究，致力打造一种可以穿越航行于空中、水面和水下的高机动性跨介质运载平台。

然而，这一设想的实现并不轻松。理想与现实之间的差距使得团队面临前所未有的技术挑战。比如，飞行器的特点需要"轻"，海洋中的潜水器则需要"稳"。如何让飞、潜的需求在一个平台上和谐共存？如何确保航行器在水、空两种介质中都能高效稳定地航行？从2016年开始，团队重点突破应用于跨域航行器功能融合多目标设计优化的方法，开展了"总体结构—水动—气动"协同设计、多旋翼飞行与潜航推进系统融合、小型轻量化浮力调节、出入水感知和跨介质稳定控制等关键技术攻关。

"我们之所以将这种新概念的海空两栖航行器命名为'哪吒'，是因为国产电影《哪吒》中有句话让我们深深共鸣——人心中的成见是一座大山，我们要勇于打破这种是非成见。"曾铮说，"在人们的传统印象中，空气和水是两种截然不同的介质，航行器是不可能在两者间同时飞行的。'哪吒'就是要打破这种成见，实现在空气和水里的自由穿越。"

"哪吒"团队深知技术的迭代更新是推动创新的关键。2017年，承载着团队最初梦想的"哪吒"1型诞生，实现了水上500米，水下50米的探索能力。其后，一批又一批满怀激情与梦想的研究生接力参加这个项目，迭代研发出"哪吒"2型、3型、4型，以及"哪吒"海箭、"哪吒"F等一系列子型号。图11-2所示即为"哪吒"海箭。

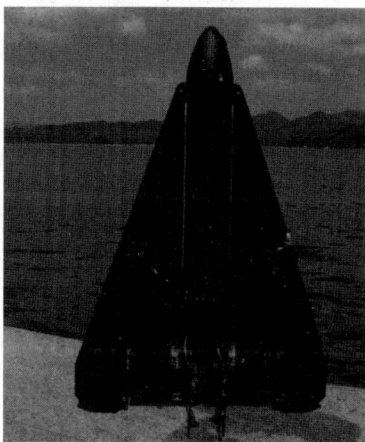

图11-2　"哪吒"海箭

2020 年成功研制的"哪吒 III"海空跨域航行器首次将水下滑翔机与无人机进行了功能融合设计，创新性地实现垂直起降与悬停、水平飞行与水下滑翔多模式海空两域航行，具备 50 米级水下航行、5kg 负载能力及良好的空中运动与跨介质能力，是当时国内外公开发布的跨域航行器中下潜深度最大、负载能力最强、水下运动范围最广的一款海空跨域航行器。

2022 年研制成功的"哪吒 IV"首次将自治式水下航行器与无人机进行了功能融合设计，实现"垂直起降＋飞行＋水下自治航行"，拥有更强的机动性能。其已完成全球首例公开报道的真实海洋环境下自主飞行与水下潜航及海空跨域航行全流程试验，实现 3 级海况下反复海空穿越，并在海试中率先突破了百米潜深，引领跨域航行器进入百米级时代。

2023 年最新研制成功的"哪吒 F"，采用曲柄滑杆式的机臂自主折叠技术，使得航行器在水面与空中呈现四旋翼构型，在执行水下任务时机臂折叠呈流线浮标外形。该设计保持航行器的轻量化（<2kg）和便携性（直径仅 120mm）的同时减小了旋翼式两栖航行器在水下运动产生的阻尼，在执行相同任务时该结构能帮助航行器节省 69% 的能量消耗。

"哪吒"系列新颖独特的"上天入海，飞潜合一"与跨介质连续观测能力，在海洋探测、海洋工程建设、海洋资源开发保障和国防建设领域有巨大市场前景，为海空环境要素联合观测、水下目标探测识别、跨介质通信中继及海事应急搜救等重要应用领域提供革新性帮助。未来团队将继续创新，保持技术优势，并努力拓宽跨域航行器的应用场景，将技术优势转化为应用优势。

（2）项目分析

"哪吒——全球首个'海空一体'跨域航行器平台"项目之所以能在中国国际大学生创新大赛（2024）中拔得头筹，其成功并非偶然。

- 创新设计理念。"哪吒"团队从海洋科学和技术交叉融合的角度出发，针对台风和飓风研究对特定气象和水文数据的需求，创造性地提出了一个能够同时在空中、水面和水下运行的高机动性跨介质运载平台的概念。这一设计打破了传统上把空气和水作为不同介质的认知限制，实现了"上天入海"的大胆设想。

- 产品具备性能优势。面对飞行器需要"轻"而潜水器需要"稳"的矛盾需求，"哪吒"团队经过八年的不懈努力，成功研发了承压耐蚀高速电机、小型轻量化浮力调节系统、海空跨介质航行的非线性稳定控制器等一系列关键核心技术，并首创"冲浪算法"巧妙地解决了在真实海洋环境中风浪流干扰下航行器稳定跨域出水的难题。由于技术领先，"哪吒"系列航行器具有巨大的性能优势，是全球范围内海空跨域航行器最高载重和最大潜深的保持者。

- 应用前景广阔。"哪吒"项目通过创新设计与迭代开发，开发了多个型号的海空两栖无人航行器，其各具优势，如"哪吒 IV"，可负载 7 公斤；"哪吒"海箭设计飞行高度达 3 000 米，飞行时速达 200 千米。各类产品适应各种环境、胜任多种工作，包括海空环境要素联合观测、水下目标探测识别、跨介质通信中继及海事应急搜救等。其应用广泛，市场前景广阔。

2. 曦曙科技——零碳太阳能跨季储热开创者

（1）项目简介

在 2024 年中国国际大学生创新大赛中，曦曙科技——零碳太阳能跨季储热开创者项目（以下简称"曦曙"）表现出色，获得了季军。这个项目由中国地质大学（北京）的团队提出，旨在通过创新的太阳能跨季储热技术，实现零碳排放的供暖解决方案。该项目由曦曙（北京）新能源科技有限公司运作。

太阳能跨季储热技术是一种能量储存技术，旨在收集和储存夏季充足的热能，在冬季或能源供应短缺的时候利用这些储存的热能进行供暖或其他用途。这种技术能够提高能源利用效率、降低用能成本、减少对传统能源的依赖，并减少温室气体排放。

国内目前以抽水蓄能、化学电池、空气压缩为主的储能系统无法同时兼顾其对时间、空间、经济性上的要求。且储能业务多为储电、小型居民储热，缺乏面向热能需求大的太阳能区域供热市场的供热解决方案。太阳能供热作为一种经济高效的零碳清洁采暖技术，必将成为市场的主力军，太阳能采暖市场规模预计高达万亿元级。国家政策对太阳能采暖供热的大力支持，是促进我国太阳能产业迅速发展的保证。

曦曙掌握大容积水池跨季节蓄热技术、高效光热转化技术、零碳社区能源系统设计优化技术，能够实现全球范围内唯一百万吨级跨季蓄热单体建设。改良后的新型集热器面板，集热效率提高40%，蓄热回收率高达90%，整套跨季蓄热系统造价低、体量大、蓄热快、热损小，蓄热技术世界领先。曦曙还掌握了太阳能区域供热系统、冷热联供系统、三联供系统等核心技术。跨季储热系统实现多场景、全方位集成。

纵向对比国内外不同的储热形式，曦曙通过同时运用显热储热技术和跨季储热技术，以造价低、体量大、效率高的成熟技术优势全面超越其他储热方式；横向对比其他清洁能源供热技术，曦曙的太阳能区域跨季储热集中供热方式，能量利用率达90%～95%，突破清洁能源供热效率低下的现状，实现零碳太阳能跨季储热。

曦曙致力于建立强大的销售和分销网络，以满足不同地区和不同类型的客户需求。2024年6月，曦曙科技正式对外宣布，将在内蒙古自治区鄂尔多斯市杭锦旗独贵塔拉镇承建世界最大单体40万立方米零碳太阳能跨季储热项目。该项目由国家能源集团投资，总金额1.9亿元，蓄热体量40GWh，建成后将在未来40年的每年冬天，为独贵塔拉镇30万平方米居民区提供"绿色暖气"。该项目以太阳能为主要能源，通过自研跨季热能储存和供暖技术，实现对太阳能的大规模、集中式捕捉和热能转化，真正做到夏热冬用，光热转化、储存效率达93%，可以大规模为当地居民提供持续、稳定的清洁供暖。与传统燃煤或天然气供暖方式相比，曦曙科技零碳太阳能储热系统供暖过程无须化石燃料，可真正做到绿色、低碳、可持续。

在未来，跨季储热技术有望在能源转型、建筑和房地产、工业和农业及区域能源系统集成等领域发挥重要作用。

（2）项目分析

曦曙科技——零碳太阳能跨季储热开创者项目能够在2024年中国国际大学生创新大赛中荣获季军，得益于其在技术上的突破、对市场需求的精准把握及对环境和经济双重效益的显著贡献。

- 具备较强的技术优势。曦曙团队应用全球领先的百万吨级大容积水池跨季节蓄热技术，改良后的新型集热器面板提高了40%的集热效率，蓄热回收率高达90%，这使得整套系统较同类产品具有造价更低、体量更大、蓄热更快且热损更小的优势，有利于产品在市场竞争中占据优势。

- 市场需求匹配度高。曦曙团队意识到，当前国内储能市场主要集中在抽水蓄能、化学电池和空气压缩等形式上，对大规模、长时间跨度的热能储存解决方案尚存空白。据估计，太阳能采暖市场规模可达万亿元级别。曦曙项目填补了这一市场空缺，提供了一种经济高效的零碳清洁采暖选择，显示出巨大的商业潜力。

- 环境与经济效益并重。曦曙科技的跨季储热项目通过利用夏季过剩的太阳能，在冬季或需要时释放出来用于供暖或其他用途，实现了夏热冬用的理念。项目响应国家战略，未来有机会在能源转型、建筑和房地产、工业和农业及区域能源系统集成等领域发挥作用，达到零碳排放，降低人们对化石资源的依赖，真正做到为绿色低碳产业转型增添新动能，助力国家能源转型。

任务二　中国青年创青春大赛

中国青年创青春大赛（原"创青春"中国青年创新创业大赛）是我国创办时间最长、影响范围最广的青年创新创业赛事之一，自2014年以来，已累计吸引超过50万个创业项目、超过200万名创业青年参与，为有志青年展示创新创业风采提供了广阔舞台，并促进众多有志青年成就创业梦想，带动他们在创新创业实践中展现才华、服务社会、奉献国家。

一、中国青年创青春大赛简介

2014年以来，在商务部、国家卫生健康委员会、国家税务总局等单位的大力支持下，中国青年创青春大赛已成功举办至十一届。活动为青年创业者提供创业辅导、展示交流、资本对接、骨干培训等支持，打造团组织、青年创业者、社会创服机构共创、共享、共赢的青年创新创业嘉年华。图11-3所示为2024年第十一届中国青年创青春大赛的宣传界面。

图11-3　第十一届中国青年创青春大赛官方宣传界面

第十一届中国青年创青春大赛以"青春为中国式现代化挺膺担当"为主题，围绕科技创新、乡村振兴、数字经济、社会企业等领域分别举办创新创业赛事和交流活动。

二、中国青年创青春大赛参赛与项目选择

符合第十一届中国青年创青春大赛参赛要求的团队，可获得参赛资格，进而根据自身实际情况申报项目。

1. 参赛要求

中国青年创青春大赛主要在参赛人员和参赛项目方面有所要求。

- 参赛人员。年龄在40周岁（含）以下的中国公民；参赛项目须由团队申报，总人数不多于5人。
- 参赛项目要求。符合国家法律法规和国家产业政策；不得侵犯他人知识产权；具有良好的经济效益、社会效益，经营规范，社会信誉良好；具有较大投资价值的独特产品、技术或商业模式。

2. 组别设置

根据参赛项目所处的创业阶段及创办年限（以在市场监督管理部门登记注册的时间为准）不同，分别划分为创新组、初创组、成长组。创办年限划分以 2024 年 5 月 31 日为基准。

- 创新组指在 2024 年 5 月 31 日（含）前未进行登记注册，尚处于商业计划书阶段的创业项目。
- 初创组指登记注册时间不超过 2 年的创业项目。
- 成长组指登记注册时间在 2 年至 5 年之间的创业项目。

3. 参赛项目选择

第十一届中国青年创青春大赛围绕科技创新、乡村振兴、数字经济、社会企业等领域举办创新创业赛事，不同专项赛的参赛项目各有侧重，大学生应根据团队及项目的实际情况选择合适的项目类型。

- 科技创新专项：重点关注"十四五"规划明确鼓励发展的重点方向，尤其是人工智能、量子信息、集成电路、生命健康、脑科学、生物制造、空天科技、深地深海等领域具有前瞻性、战略性的项目。
- 乡村振兴专项：重点关注粮食增产提质、种业振兴、先进种植养殖技术、农产品加工及流通、农业社会化服务、农村电商、乡村休闲旅游等领域相关产业，尤其是在巩固拓展脱贫攻坚成果、助力乡村振兴等方面模式成熟的项目。
- 数字经济专项：重点关注互联网、大数据、云计算、区块链技术、元宇宙等领域推动数字经济和实体经济深度融合、运用数字经济手段改造发展传统行业的项目。
- 社会企业专项：重点关注以协助解决社会问题、改善社会治理、服务特定群体或社区利益为宗旨和首要目标，以创新商业模式、市场化运作为主要手段，所得部分盈利按照其社会目标再投入自身业务、所在社区或公益事业，且社会目标持续稳定的项目。

三、中国青年创青春大赛竞赛规则

大学生参加第十一届中国青年创青春大赛，需遵守赛事报名规则、评审规则和奖励规则。

1. 赛事报名规则

参赛项目须在报名时间内登录"创青春"网站注册并提交相关资料，报名截止后填报信息不可修改。

（1）已在市场监督管理部门登记注册的参赛项目，须提交营业执照等相关文件，项目成长过程或生产流程相关介绍，项目发展构想及阶段性成果等资料。涉及国家限制行业和领域的，须有相关资质证明。第一申报人须为登记主体法定代表人，且持有该主体股份。（个体工商户第一申报人应为经营者，个人独资企业第一申报人应为投资人，合伙企业第一申报人应为执行事务合伙人。）

（2）未在市场监督管理部门登记注册的参赛项目，须提交商业计划书，计划书对市场调研、创业构想、项目发展等有详细介绍；可同时出具省级以上行业主管部门颁发的专利、奖项、技术等级等证书或证明。第一申报人须为产品开发、项目设计主要负责人。

2. 评审规则

评审专家将从产品服务、市场前景、财务运营、团队素质、社会效益和同行业竞争优势 6 个方面对参赛项目进行评审，如表 11-2 所示。

表 11–2　第十一届中国青年创青春大赛评审标准

评审项目	主要考察指标
产品服务	项目定位、产品功能、目标用户、商业模式等的准确性、可行性、创新性
市场前景	产业背景、市场需求、竞争策略、发展前景等的前瞻性、成长性、发展性
财务运营	融资情况、盈利模式、财务管理、风险规避等的稳定性、合理性、持续性
团队素质	人员构成、资历背景、能力素质、团队合作等的完整性、互补性、协同性
社会效益	获奖情况、创业带动就业、带动群众劳动致富、支持社会公益等的针对性、公益性、导向性
同行业竞争优势	质量成本、技术创新、市场品牌、客户渠道、运营管理等的独特性、优势性、壁垒性

3. 奖励规则

各专项赛分别设置金奖、银奖、铜奖及优秀奖。获奖项目将获得全国组织委员会颁发的证书，并可获得各主办单位给予的相关优惠政策。

四、第十一届中国青年创青春大赛项目案例及分析

第十一届中国青年创青春大赛中诞生了诸多优秀项目，大学生可了解其中的优秀项目，学习互联网时代的创新思维模式，为自己成功创业积累经验。

1. 探囊取"芯"——高效耐高温长寿命金刚石取芯钻

（1）项目简介

"探囊取'芯'——高效耐高温长寿命金刚石取芯钻"项目是由漳州职业技术学院智能制造学院吴海勇教授带领的团队研发的一项创新成果。该项目在第十一届中国青年创青春大赛（科技创新专项）中脱颖而出，赢得了创新组金奖。

金刚石取芯是一种使用带有金刚石刀头的钻具进行钻孔并从中取出岩芯样本的技术。这种技术广泛应用于地质勘探、建筑施工、矿业开采等多个领域，以获取地下岩石或混凝土结构内部的信息，其核心工具是金刚石取芯钻头。

"探囊取'芯'"团队潜心研发，直面行业技术瓶颈，以解决复杂地质环境下的勘探难题为己任。团队推出的多款高效耐高温长寿命金刚石取芯钻，犹如地质勘探领域的"利剑"，突破无水干钻技术瓶颈，有力推动了我国地质勘探技术的革新升级。目前，项目成果已获知识产权数十项，并因其高性能、智能化等特点，受到了《人民日报》《福建日报》等官方媒体广泛报道。

① 产品。

"探囊取'芯'"项目所提供的产品是采用高效耐高温长寿命金刚石取芯钻材料，相比普通产品具有以下主要优势。

- 高效取芯。该产品采用先进材料和设计，提供优异的取芯效率和速度，有效提高施工效率。
- 耐高温特性。该产品能够在高温环境下保持稳定性和性能，适用于各种工程施工需求。
- 长寿命使用。该产品使用优质金刚石材料，产品寿命长，能够持续提供稳定的性能和取芯

效果。

② 用户

"探囊取'芯'"项目的目标用户主要包括以下领域的工程施工企业和个人。

- 公路、桥梁和地铁建设。"探囊取'芯'"项目为公路、桥梁和地铁建设领域提供高效的取芯解决方案,满足其工程施工的需求。
- 隧道和工民建领域。通过提供耐高温长寿命的取芯钻工具,"探囊取'芯'"项目支持隧道和工民建等领域的施工工作。
- 采矿行业。"探囊取'芯'"项目为采矿企业提供高效耐高温的取芯工具,帮助其进行矿石勘探和开采作业。

③ 盈利模式

"探囊取'芯'"项目的盈利模式主要包括以下方面。

- 产品销售。产品销售渠道分为自主销售和代理销售,通过线下门店和网络平台等多渠道销售产品,团队将高效耐高温长寿命金刚石取芯钻推广到全国各地和国际市场。
- 合作伙伴关系。团队与战略合作伙伴建立长期合作关系,共同开发市场,推广产品,实现互利共赢。

通过不断改进和创新,"探囊取'芯'"团队致力于成为金刚石取芯钻行业的榜样,推动行业向更高水平发展。团队相信,其产品服务将为用户带来更高效、更稳定的体验,同时为合作伙伴和企业带来可持续的商业机会和发展空间。

(2)项目赏析

探囊取"芯"——高效耐高温长寿命金刚石取芯钻项目荣获金奖,归功于团队在产品、目标用户和商业模式上的卓越表现。

- 产品性能突出。探囊取"芯"项目团队刻苦攻坚,其研制的高效耐高温长寿命金刚石取芯钻采用先进材料和设计,取芯效率和速度优异,能够在高温环境下保持稳定性和性能,适用于各种工程施工需求,产品寿命长,性能优势突出,较同类产品具有市场竞争优势。
- 目标用户定位精准。探囊取"芯"项目将目标用户定为公路、桥梁和地铁建设,隧道和工民建领域,采矿行业。对这些用户来说,高效、稳定且能够适应各种恶劣环境的取芯工具至关重要,探囊取"芯"项目团队聚焦用户痛点,精准定位目标用户,为产品的成功销售奠定了良好的基础。
- 商业模式成熟。探囊取"芯"项目团队在销售上采取自主销售和代理销售并进的策略,同时与战略合作伙伴建立长期合作关系,共同开发市场,推广产品,实现互利共赢,其商业模式成熟,盈利模式明确,可靠性强,有助于将产品推广到各地市场。

2. 背包快检——开启动物疫病快速筛查新纪元

(1)项目简介

华中农业大学"背包快检——开启动物疫病快速筛查新纪元"项目获得了第十一届中国青年创青春大赛(数字经济专项)创新组金奖。

该项目致力于解决动物疾病检测传统模式耗时长、操作繁、成本高的问题,团队通过创新滴瓶设计、优化聚合酶、引入定制化试剂盒,采用极低载量病原微生物的超灵敏定量 PCR 检测体系、滴瓶 PCR 反应装备、软硬件结合的一体化平台,推出了一种基于荧光定量 PCR 技术的小型化动疫检测仪器，提供畜禽检疫的"背包"方案。产品打破了 3～7 天疫病检测模式，实现三分钟掌握操作流程，60 分钟内出检测报告。产品目前涵盖了 205 项动物疫病，检测效率提高 98% 以上，检测成本降低 50% 以上。产品便捷、快速、高效的优势，可有效帮助养殖户减少因动物疫病造成的经济损失，助力养殖行业高质量发展，为乡村振兴贡献科技力量。

该项目团队由工学院学生姜雨珊担任队长，成员来自工学院、动物科学技术学院、动物医学院、经济管理学院等学院。

负责人姜雨珊表示："作为农业大学的学子，我深知动物疫病给我国带来的惨重损失，怀着青春梦想，背包快检团队致力于铸就检疫钢铁长城，用背包快检突破行业痛点。未来我们将继续深入研究，把'背包快检'拓展至水产、植物甚至人类疾病领域，为守护全球同一健康贡献'背包'力量！"

（2）项目赏析

华中农业大学"背包快检——开启动物疫病快速筛查新纪元"项目在第十一届中国青年创青春大赛（数字经济专项）中荣获创新组金奖，得益于其在团队构建、技术创新、用户需求解决和社会价值创造方面的卓越表现。

- 团队结构合理。"背包快检"项目的成员涵盖了工学院、动物科学技术学院、动物医学院和经济管理学院等多个专业背景的学生，他们在指导教师的支持下共同完成了这项创新成果。整个团队结构合理、目标一致、分工明确。这种多学科交叉融合的创新方式和团队组合促进了知识和技术的交流与碰撞，为项目的持续创新和发展奠定了坚实的基础。
- 应用优势显著。"背包快检"项目通过引入定制化试剂盒、优化聚合酶及采用超灵敏定量 PCR 检测体系等先进技术，开发了一种小型化的动疫检测仪器。这一仪器具有便捷性和易用性，不仅效率远超传统检测方式，还有效降低了检测成本。这使得使用者能够实现快速筛查，并广泛应用于偏远地区或资源有限的地方，应用优势显著，市场竞争力强。
- 社会价值突出。"背包快检"项目的实施和普及有助于减少因动物疫病造成的经济损失，助力养殖行业高质量发展，为乡村振兴贡献科技力量。

任务三　"挑战杯"竞赛

"挑战杯"是由共青团中央、中国科协、教育部和全国学联主办的全国性的大学生课外学术实践竞赛，是国内目前备受大学生关注的、非常热门的全国性竞赛之一。

"挑战杯"竞赛共有两个并列项目，分别是"挑战杯"全国大学生课外学术科技作品竞赛（简称"大挑"）和"挑战杯"中国大学生创业计划竞赛（简称"小挑"）。这两个项目的全国竞赛交叉轮流开展，每个项目每两年举办一届。

一、"挑战杯"全国大学生课外学术科技作品竞赛概况

"挑战杯"全国大学生课外学术科技作品竞赛自 1989 年首次举办以来，始终坚持"崇尚科学、追求真知、勤奋学习、锐意创新、迎接挑战"的宗旨。

1. 第十八届"挑战杯"全国大学生课外学术科技作品竞赛

2023 年，由贵州大学承办的第十八届"挑战杯"竞赛，搭建了"1+1+2"的赛事整体架构，包

括主体赛、"揭榜挂帅"专项赛、红色专项活动和"黑科技"展示活动，共吸引全国 2 000 多所高校、40 余万件作品、250 多万名学生参赛，赛事的引导力、影响力、公信力空前提升，参赛高校数和学生数均创历史新高。

第十八届"挑战杯"全国大学生课外学术科技作品竞赛参赛项目选择、参赛要求、评审要点和赛程安排如表 11-3 所示。

表 11-3　第十八届"挑战杯"全国大学生课外学术科技作品竞赛

参赛项目选择		参赛要求	评审要点	赛程安排
主体赛	自然科学类学术论文	限本专科生；可分为机械与控制、信息技术、数理、生命科学、能源化工 5 个方向	侧重考核基础学科学术探索的前沿性和学术性	1. 2～4 月：校级竞赛 2. 5～6 月：省级竞赛 3. 10～11 月：国家级竞赛
	哲学社会科学类社会调查报告	支持围绕发展成就、文明文化、美丽中国、民生福祉、中国之治等 5 个组别形成社会调查报告	侧重考核与经济社会发展热点难点问题的结合程度和前瞻意义	
	科技发明制作	分为 A、B 两类。A 类指科技含量较高、制作投入较大的作品；B 类指投入较少，且为生产技术或者社会生活带来便利的小发明、小制作等	侧重考核作品的应用价值和转化前景	
揭榜挂帅专项赛	包含 21 个前沿性、应用性和可较选性较强的选题	聚焦科技发展前沿和关键核心技术，聚焦哲学社会科学领域的重大课题和现实问题，由政府、企业、科研机构等单位发榜命题，学生团队揭榜答题。同一作品不得同时参加主体赛事自然科学类学术论文、哲学社会科学类调查报告、科技发明制作作品评比	侧重考量作品的契合度和完成度，项目方案的创新性、科学性、可行性，项目团队协作情况等	1. 征榜（12 月）：广泛征集选题（数量不限），组委会综合专家意见，进行严格评估，择优确定比赛榜单 2. 发榜（1 月）：公布竞赛榜单，面向全国高校学生广发"英雄帖" 3. 竞榜（1～6 月）：各参赛团队选择榜单中的题目开展科研攻关 4. 评榜（7～8 月）：组委会和出题方共同开展初评和复评 5. 夺榜（8～10 月）：选题晋级团队完善作品，准备争夺"擂主"
展示活动	"红色专项"活动	广泛组织发动学生开展理论学习、实践活动、交流分享，鼓励每个团支部完成上好一堂红色课、组建一支实践团、形成一件好作品、开展一次交流营 4 个活动	各省份在奖励学生作品时，可不局限于调研报告和短视频算一件作品的要求，可针对两者分别予以奖励	1. 2～8 月中旬：学校组织发动阶段 2. 8 月下旬～9 月上旬：省级展示推荐阶段 3. 9 月中旬～10 月：全国展示交流阶段
	"黑科技"展示活动	作品应是针对前沿领域、或具有高精尖色彩、或会改变人们生产生活方式的，对现有科技成果具有一定颠覆性、超越性的，让人感觉出乎意料的，具有前瞻性、创新性、应用性（或应用前景）的实物或者技术。	诚信第一，作品必须具有完全知识产权；赛事评审包括网络评审环节，作品要能通过视频或者图文形式体现出来，并以此提交参赛	1. 2 月：发布"英雄帖" 2. 6 月：开始申报作品 3. 7～8 月：评审环节 4. 9 月：优秀作品线上展览 5. 10 月：终审决赛，将在全国赛现场择优展示部分作品，并公布所有优秀作品"级别名号"

2. "揭榜挂帅"专项赛

"揭榜挂帅"专项赛坚持向中央部委、地方政府、行业协会、科研机构、企事业单位等公开征集榜单，架设政企校产学研深度融合的桥梁；坚持聚焦"卡脖子"技术，解决实际问题，构筑大学生投身关键核心技术攻坚战的阵地；坚持不唯地域、不唯学校、一视同仁、唯才是用，拓展大学生公平展示才华的舞台；坚持团队合作、协同创新、敢于亮剑、攻坚克难，搭建培养磨砺大学生科技自立自强精神的擂台。

考虑到"挑战杯"科技竞赛中的"揭榜挂帅"专项赛举办效果好、受到师生和发榜单位的欢迎，所以自2024年起每年都在"挑战杯"科技竞赛的赛事框架下举办"揭榜挂帅"专项赛，但"挑战杯"科技竞赛中的主体赛和其他专项赛仍然是每两年举办一次。

第十八届"挑战杯"全国大学生课外学术科技作品竞赛"揭榜挂帅"专项赛以"你来挑，我来战"为主题，秉承"以国家重大需求为导向、以竞争协同机制为手段、以解决实际问题为目标"的思路，聚焦"卡脖子"技术，瞄准社会重大课题及现实问题，以"政企发榜、竞争揭榜、开榜签约"的方式，通过"征榜—发榜—竞榜—评榜—夺榜"，由政府、企业等单位提需求出题，组委会面向高校广发"英雄帖"，学生团队打擂揭榜。

第十九届"挑战杯"竞赛2024年度"揭榜挂帅"专项赛前期，组委会面向中央部委、地方政府、行业协会、科研机构、企事业单位等广泛征集选题，经资格审查、专家评审，最后遴选出56个前沿性、应用性和可赛性较强的选题。大学生可以根据选题方向，了解科技前沿阵地，结合所学专业，完善自己的项目。

二、"挑战杯"中国大学生创业计划竞赛概况

"挑战杯"中国大学生创业计划竞赛是目前国内极具导向性、示范性和权威代表性的全国创业竞赛活动。该赛事借助风险投资运作模式，要求参赛者组成学科交叉、优势互补的竞赛团队，就一项具有市场前景的技术产品或服务，以获得风险资本的投资为目的，完成一份完整的创业计划书。至2024年，已举办了十四届"挑战杯"中国大学生创业计划竞赛。

1. 大赛简介

清华大学于1999年承办首届"挑战杯"中国大学生创业计划竞赛，孕育了"视美乐""易得方舟"等一批高科技公司。2000年，由上海交通大学承办第二届"挑战杯"中国大学生创业计划竞赛，此后每两年举办一届。

大力实施"科教兴国"战略，努力培养广大青年的创新、创业意识，造就一代符合未来挑战要求的高素质人才，已经成为实现中华民族伟大复兴的时代要求。作为学生科技活动的新载体，"挑战杯"中国大学生创业计划竞赛在培养复合型、创新型人才，促进高校产学研结合，推动国内风险投资体系建立方面发挥越来越积极的作用。

2. 参赛要求

第十四届"挑战杯"中国大学生创业大赛的参赛要求如下。

（1）参赛对象为在举办竞赛决赛的当年6月1日以前正式注册的全日制非成人教育的各类普通高等学校在校专科生、本科生、硕士研究生（不含在职研究生）。博士研究生仅可作为项目团队成员参赛（不作项目负责人），且人数不超过团队成员数量的30%。

（2）参赛项目应有较高立意，积极践行社会主义核心价值观。应符合国家相关法律法规规定、政策导向。应为参赛团队真实项目，不得侵犯他人知识产权。

（3）已获往届"挑战杯"中国大学生创业计划竞赛、"创青春"全国大学生创业大赛、"挑战杯——彩虹人生"全国职业学校创新创效创业大赛全国金奖（特等奖）、银奖（一等奖）的项目，不可重复报名。

（4）以学校为单位统一申报，以项目团队形式参赛，每个团队人数原则上不超过15人，每个项目指导教师原则上不超过5人。每人（每个团队）限报1个项目；每个参赛项目只可选择参加一个组别，不得兼报。对于跨校组队参赛的项目，各成员须事先协商明确项目的申报单位，报市赛组委会确认备案。市级决赛报名截止后，只可进行人员删减，不可进行人员顺序调整及人员添加。

3．大赛项目选择

第十四届"挑战杯"中国大学生创业计划竞赛立足贯彻"创新、协调、绿色、开放、共享"五大发展理念，拟设科技创新和未来产业、乡村振兴和农业农村现代化、生态文明建设和绿色低碳发展、文化创意和区域交流合作、社会治理和公共服务等5个组别。大学生需要根据自身实际情况，结合时代热点选择项目。

（1）科技创新和未来产业：围绕创新驱动发展战略，推动数字经济健康发展，在量子技术、元宇宙、智能制造、信息技术、大数据、人工智能、生命科学、新材料、军民融合等领域，结合实践观察设计项目。

（2）乡村振兴和农业农村现代化：围绕乡村振兴战略，在农林牧渔、电子商务、乡村旅游等领域，结合实践观察设计项目。

（3）生态文明建设和绿色低碳发展：围绕绿色低碳发展和碳达峰碳中和目标，在绿色低碳产业、绿色消费、环境治理、可持续资源开发、生态环保、清洁能源应用等领域，结合实践观察设计项目。

（4）文化创意和区域交流合作：突出共融、共享，紧密围绕"一带一路"和京津冀、长三角、粤港澳大湾区以及成渝地区双城经济圈、长江经济带和黄河流域等区域合作，或在工业设计、动漫广告、体育竞技和国际文化传播、对外交流培训、对外经贸等领域，结合实践观察设计项目。

（5）社会治理和公共服务：围绕国家治理体系和治理能力现代化建设，在政务服务、消费生活、公共卫生与医疗服务、金融与财经法务、教育培训、交通物流、人力资源、城乡融合等领域，结合实践观察设计项目。

4．评审要点

以下是第十四届"挑战杯"中国大学生创业计划竞赛的评价要点。

（1）社会价值：项目结合社会实践、社会观察，履行社会责任的做法与成效。项目在科技创新、扶贫助困、社会民生、生态环保、交流合作等方面的社会贡献度。项目未来在持续吸纳、带动就业的能力等。

（2）实践过程：项目通过深入社会、行业、实验场所、实训基地，开展调查研究、试点运营、试验论证，获得实践成果。项目成果对了解社会现状、掌握第一手资料、解决社会问题等具有参考价值。

（3）创新意义：项目在科学技术、社会服务形式、商业模式、管理运营、应用场景等方面的创新程度。创新成果对赋能传统产业、解决社会问题，助力形成新产业、新业态、新模式有积极意义。

（4）发展前景：项目在商业模式、营销策略、财务管理、发展战略等方面设计完整、合理、可行。项目目标定位、市场分析清晰、有前瞻性。项目盈利能力推导过程合理，能够实现可持续发展、前景乐观。

（5）团队协作：团队成员了解社会现状、关注社会民生，具备一定解决社会问题的能力和水平。团队成员的专业背景、创业意识、创业素质、价值观念与项目需求相匹配。团队组织架构与分工合理，凝聚力、执行力、整体竞争力强。

三、"挑战杯"竞赛案例及分析

以下分别选取第十八届"挑战杯"全国大学生课外学术科技作品竞赛主体赛和第十四届"挑战杯"中国大学生创业计划竞赛的获奖案例进行介绍。

1. 塑造未来——首创生物质纤维素全降解新型复合材料

（1）项目简介

在第十八届"挑战杯"全国大学生课外学术科技作品竞赛主体赛中，湖南化工职业技术学院的科技发明制作项目"塑造未来——首创生物质纤维素全降解新型复合材料"从一众名校项目中突围，获得全国特等奖的佳绩。

在快速发展的现代社会中，污染已成为全球性的环境问题。湖南化工职业技术学院制药与生物工程学院的学生在农村调研过程中发现了两个主要的社会问题：一是农村地区普遍存在难以降解的白色塑料垃圾；二是农民焚烧稻草和秸秆造成的环境污染。这两个问题不仅影响了农村地区的生态环境，也对人类健康构成了潜在威胁。而市场上已有的可降解塑料又存在产能不足、价格过高、降解不彻底等问题。

基于此，湖南化工职业技术学院塑造未来团队决定研发一种可以替代传统塑料的新型材料，这种材料不仅要易于降解，还能够利用农业废弃物作为原料，从而实现环保和资源再利用的双重目标。

"塑造未来——首创生物质纤维素全降解新型复合材料"项目旨在通过科技手段，将稻草、秸秆等农业废弃物转化为可降解的塑料原料，开发出一种新型的生物质全降解复合材料。这种材料在特定条件下（如太阳光照射或特殊菌群处理）能够按预期时间降解，从而有效减少白色污染，促进生态平衡。

该项目的创新之处在于以下3点。

- 原材料创新：利用稻草、秸秆等广泛存在的农业废弃物作为原材料，实现了资源的循环利用。
- 全降解技术：通过特殊工艺处理，材料能够在自然环境中完全降解，解决了传统塑料难以降解的问题。
- 性能优越：开发出的新型的生物质全降解复合材料在保持一定机械强度的同时，还具备良好的生物相容性和可加工性，可广泛应用于包装、农业地膜等领域。

该项目已申请多个相关专利，为技术成果的保护和转化奠定坚实基础，同时吸引了多家企业的关注，不少企业有合作的意向，显示出良好的市场前景。

（2）项目分析

"塑造未来——首创生物质纤维素全降解新型复合材料"项目从农村调研中发现实际问题，提出将农业废弃物转化为可降解材料的创新思路，在第十八届"挑战杯"全国大学生课外学术科技作品竞赛中获得全国特等奖，其成功得益于以下因素。

- 致力于解决社会与环境问题。"塑造未来"项目直面当前全球性的环境污染挑战，特别是针对农村地区难以降解的白色塑料垃圾及焚烧稻草和秸秆造成的污染问题。通过开发一种可以替代传统塑料的新型全降解复合材料，团队不仅找到了解决这些具体环境问题的方法，还为减少白色污染、促进生态平衡提供了创新思路。
- 原材料与技术的双重创新。"塑造未来"项目团队选择了广泛存在于农业废弃物中的稻草和秸秆作为原材料，这不仅解决了资源浪费的问题，还将废弃物质转化为有价值的工业原料，实现了循环经济的理念。通过引入特定条件下的完全降解机制，确保了这种新材料能够在自然环境中彻底分解，对环境友好。
- 市场潜力显著。"塑造未来"项目所开发的新材料不仅具有良好的机械强度，而且表现出优异的生物相容性和加工性能，使其能够满足包装、农业地膜等多个领域的需求，具有巨大的应用潜力，发展前景广阔。
- 注重知识产权保护。"塑造未来"项目团队为了保障技术创新成果，积极申请了多项专利，为后续的技术转化奠定了坚实的基础。此外，该项目已经吸引了多家企业的关注，企业有意向与团队合作，显示出该项目广阔的商业应用前景。

2. 毫厘灵探——超微型高机动机器人领跑者

（1）项目简介

北京航空航天大学"毫厘灵探——超微型高机动机器人领跑者"项目获得第十四届"挑战杯"中国大学生创业计划竞赛国赛科技创新和未来产业组金奖。

海面与海下的特种环境侦查、海上平台管道的排查与除锈等军民领域均对超微型机器人平台有着迫切需求。研发体积微小、动力灵活、控制精准的超微型高机动机器人平台，是攻关该领域"卡脖子"技术的有效路径。

"毫厘灵探——超微型高机动机器人领跑者"项目提出了系列利用MEMS技术加工制作的超微型高机动机器人平台：其动力系统是以团队首创的MEMS三维电感为核心的超微型直线电机；将树蛙脚掌结构用于足部，大幅提升运动能力；运动系统具有多模态与模块化组合的优点，易实现未来不同需求。机器人体积小于5mm×5mm×5mm，速度接近48倍体长每秒、4倍自重负载、20°爬坡、40%体高越障、260°/s转向角速度，各项性能达国际领先水平。

此外，其衍生产品包括可攀附墙体灵活机动的微型吸附式机器人、可完成亚厘米级管道探测的微型管道机器人。系列产品在机械装备检测等领域已初步取得成功应用，在精密仪器检测等领域应用前景广阔，已获得国防院所应用前景认证，与三家龙头企业达成初步合作意向。

（2）项目分析

北京航空航天大学的"毫厘灵探——超微型高机动机器人领跑者"项目在第十四届"挑战杯"中国大学生创业计划竞赛国赛中荣获科技创新和未来产业组金奖，其成功得益于以下因素。

- 技术领先性确保了项目的竞争优势。"毫厘灵探"项目凭借团队首创的MEMS三维电感为核心的超微型直线电机等核心技术，使得其产品——机器人具有卓越的性能：速度接近48倍体长每秒、4倍自重负载能力、20°爬坡能力、40%体高越障能力和高达260°/s的转向角速度。这些性能指标均达到了国际领先水平，使得"毫厘灵探"在同类产品中脱颖而出，建立了显著的技术壁垒。

- 广泛的应用场景可以持续推动市场需求。"毫厘灵探"项目团队瞄准了市场对微型机器人的广泛需求，其产品设计具有多模态与模块化组合的特性，不仅性能强大，而且具有多种衍生机器人，因此能够胜任多项任务，应用场景广泛。其已经初步应用于机械装备检测领域，并取得了成功案例。随着技术的发展，这类超微型机器人有望进一步拓展到精密仪器检测、特种环境侦查、环境监测等众多应用场景，具有广阔的市场前景。

- 政策支持与产业协同助力项目的商业化进程。国家对高科技自主研发的支持力度持续增强，"毫厘灵探"项目凭借其创新性和实用性与三家行业龙头企业达成了初步合作意向。这意味着项目不仅可以获得政策上的扶持，如资金补助和技术指导，还可以借助合作伙伴的优势资源加速产品市场化进程。此外，通过产业链上下游的合作联动，项目有望构建一个完整的生态系统，从而更好地满足市场需求并实现可持续发展。

实践课堂

实训一　分析创新创业大赛获奖项目

我国每年都会举办各类创新创业赛事，这些赛事涉及各个层次、各个行业，请同学们按照以下步骤完成实训。

1. 请同学们通过互联网，搜索创新创业大赛及获奖项目的信息。选择某一具体项目，浏览其详细信息、比赛时的视频等，将其基本信息列出。

项目名称：＿＿＿＿＿＿＿＿＿＿＿＿＿＿＿＿＿＿＿＿＿＿＿＿＿＿＿＿＿＿＿＿＿＿

参与的比赛名称及所获奖项：＿＿＿＿＿＿＿＿＿＿＿＿＿＿＿＿＿＿＿＿＿＿＿＿

团队成员与介绍：＿＿＿＿＿＿＿＿＿＿＿＿＿＿＿＿＿＿＿＿＿＿＿＿＿＿＿＿＿

项目简介：＿＿＿＿＿＿＿＿＿＿＿＿＿＿＿＿＿＿＿＿＿＿＿＿＿＿＿＿＿＿＿＿

＿＿＿＿＿＿＿＿＿＿＿＿＿＿＿＿＿＿＿＿＿＿＿＿＿＿＿＿＿＿＿＿＿＿＿＿＿＿

＿＿＿＿＿＿＿＿＿＿＿＿＿＿＿＿＿＿＿＿＿＿＿＿＿＿＿＿＿＿＿＿＿＿＿＿＿＿

＿＿＿＿＿＿＿＿＿＿＿＿＿＿＿＿＿＿＿＿＿＿＿＿＿＿＿＿＿＿＿＿＿＿＿＿＿＿

2. 请同学们对该项目进行分析，主要包括以下几方面。

该项目的价值（效益）：＿＿＿＿＿＿＿＿＿＿＿＿＿＿＿＿＿＿＿＿＿＿＿＿＿＿

＿＿＿＿＿＿＿＿＿＿＿＿＿＿＿＿＿＿＿＿＿＿＿＿＿＿＿＿＿＿＿＿＿＿＿＿＿＿

＿＿＿＿＿＿＿＿＿＿＿＿＿＿＿＿＿＿＿＿＿＿＿＿＿＿＿＿＿＿＿＿＿＿＿＿＿＿

该项目的商业可行性：＿＿＿＿＿＿＿＿＿＿＿＿＿＿＿＿＿＿＿＿＿＿＿＿＿＿＿

＿＿＿＿＿＿＿＿＿＿＿＿＿＿＿＿＿＿＿＿＿＿＿＿＿＿＿＿＿＿＿＿＿＿＿＿＿＿

＿＿＿＿＿＿＿＿＿＿＿＿＿＿＿＿＿＿＿＿＿＿＿＿＿＿＿＿＿＿＿＿＿＿＿＿＿＿

该项目可能遭遇的难点（瓶颈）：＿＿＿＿＿＿＿＿＿＿＿＿＿＿＿＿＿＿＿＿＿＿

＿＿＿＿＿＿＿＿＿＿＿＿＿＿＿＿＿＿＿＿＿＿＿＿＿＿＿＿＿＿＿＿＿＿＿＿＿＿

＿＿＿＿＿＿＿＿＿＿＿＿＿＿＿＿＿＿＿＿＿＿＿＿＿＿＿＿＿＿＿＿＿＿＿＿＿＿

该项目的其他可能发展方向：＿＿＿＿＿＿＿＿＿＿＿＿＿＿＿＿＿＿＿＿＿＿＿＿

＿＿＿＿＿＿＿＿＿＿＿＿＿＿＿＿＿＿＿＿＿＿＿＿＿＿＿＿＿＿＿＿＿＿＿＿＿＿

3. 请同学们轮流上台，向其他同学介绍自己选择的获奖项目，并且谈谈自己的收获与心得。

＿＿＿＿＿＿＿＿＿＿＿＿＿＿＿＿＿＿＿＿＿＿＿＿＿＿＿＿＿＿＿＿＿＿＿＿

＿＿＿＿＿＿＿＿＿＿＿＿＿＿＿＿＿＿＿＿＿＿＿＿＿＿＿＿＿＿＿＿＿＿＿＿＿＿

＿＿＿＿＿＿＿＿＿＿＿＿＿＿＿＿＿＿＿＿＿＿＿＿＿＿＿＿＿＿＿＿＿＿＿＿＿＿

＿＿＿＿＿＿＿＿＿＿＿＿＿＿＿＿＿＿＿＿＿＿＿＿＿＿＿＿＿＿＿＿＿＿＿＿＿＿

＿＿＿＿＿＿＿＿＿＿＿＿＿＿＿＿＿＿＿＿＿＿＿＿＿＿＿＿＿＿＿＿＿＿＿＿＿＿

实训二 准备参加创新创业大赛

参加创新创业大赛，有利于扩大自身项目的知名度和影响力，锻炼项目成员的创新实践能力，同时也更有希望获得投资等后续支持。因此参加创新创业大赛对大学生创业有很大的帮助，请同学们按照以下步骤，对参加创新创业大赛进行准备。

1. 请同学们通过网络搜索、电话咨询等方式，了解自己在近期能够参加的创新创业比赛，梳理其基本信息，填入表 11-4 中。

表 11-4 创新创业大赛信息

赛事名称	举办时间	报名时间	参赛条件	所需材料	报名方式	备注

2. 请同学们自由组队，每一个小组准备一个参赛项目，包括项目名称、成员介绍、项目简介、创新点等，并选择要参与的比赛，了解其评审规则。

项目名称：_____

成员介绍：_____

项目简介：_____

_____

_____

创新点：_____

_____

_____

拟参与的比赛及其评审规则：_____

_____

3. 通常，在创新创业大赛中，团队需要通过播放演示文稿来展示项目并打动评委。请同学们为自己的项目制作一份演示文稿。注意，演示文稿应符合以下要求。

（1）完整展示项目的商业模式以及运作思路。

（2）突出项目亮点，贴近评审规则。

（3）精简有力，篇幅不宜过多。

（4）可以利用可靠的数据和图表来说明项目的优势。

4. 在创新创业大赛中，留给每一个项目的展示时间往往只有几分钟。请同学们结合演示文稿，练习用 5 分钟演讲介绍项目。同学们可以使用表 11-5 所示的提纲进行辅助。

表 11–5　演讲提纲

介绍内容	核心观点	具体措辞	用时

5. 创新创业大赛中，在展示环节后，通常还会设置答辩环节，即由评审提出问题，团队成员回答。答辩对最终成绩有很大的影响，请团队成员观看往届比赛录像，并集思广益。想一想，自己团队可能会被提什么问题，应如何回答，填入表 11-6 中。

表 11–6　答辩准备

预期提问内容	拟定回答

创业家故事：从校园步步走上创业路

　　杨安仁家里世代做桐油生意，2013年9月，他考入某大学农学院。在一次师生交流时，学校老师根据他的情况，推荐他聚焦"油桐适栽土壤"方向，勇敢追求自己的创新创业梦。在学校、学院构建的"耕读实践、社会实践、实训实践、创新实践、生产实践"体系托举下，在"遴选—培育—竞赛—孵化"一体化双创项目培育机制助力下，杨安仁走上了创新创业道路。大学期间，除了上专业理论课，他基本泡在实验室里，每年寒暑假返校时，行李箱里总是塞满油桐基地的土壤和油桐果。

杨安仁在基地检查油桐种植情况

　　2015年，杨安仁的油桐基地遭遇毁灭性病害枯萎病，所有油桐树全军覆没，多年的心血付之东流，杨安仁倍感挫折，那时，他就梦想有一天，可以研究出一种抗枯萎病油桐品种。"枯萎病的暴发让我清醒地认识到农业创业的局限性和知识的重要性。"杨安仁告诉记者，为了突破油桐枯萎病难题，杨安仁与中国林业科学研究院亚热带林业研究所汪阳东教授历时5年多，成功选育出了全球唯一抗枯萎病油桐品种，突破了油桐枯萎病这一难题。

　　从2016年"创青春"全国大学生创业大赛金奖，到2018年中国"互联网+"大学生创新创业大赛银奖，再到2021年中国国际"互联网+"大学生创新创业大赛金奖……杨安仁用10余年的时间实现油桐产业从0到1的突破，打造出全国首家桐油产销一体化企业，建立了全球唯一抗枯萎病油桐基地和拥有546份种质的国家油桐种质资源库。10年时间，杨安仁和他的团队将一座座的荒山变绿变宝，企业也走出了贵州，迈向了全国，在完成1万亩油桐基地投产的基础上，在三都水族自治县进行3万亩基地扩建，在重庆市丰都县进行6万亩基地建设……杨安仁的鸿发农业在贵州、重庆、四川、湖南等省市打造了油桐种植基地，带动近4000人就业、2000余户农民增收。

　　2023年11月，鸿发农业与中国林科院的亚林所、林化所和哈尔滨林业机械研究所联合，在独山组建了油桐产业研究院。提及建立研究所的目的，杨安仁坦言："构建科技加持、人才支撑、产业升级、龙头引领、股份经济合作社参股、百姓获利的油桐产业高质量发展新模式，是我们的主要目标。"

　　一路走来，杨安仁先后被授予"全国乡村振兴青年先锋标兵""全国农村创新创业优秀带头人""大国农匠"等多项荣誉，并于2023年获得"中国青年五四奖章"。回顾自己多年的创业历程，杨安仁说："必须脚踏实地才能做好企业。要做永不停歇的攀登者，带领企业走得更远、走得更好。"